“十三五”国家重点图书

改革开放40年中国猪业发展与进步

猪育种技术进展

主编　鲁绍雄　李继良
主审　殷宗俊

中国农业大学出版社
·北京·

内容简介

改革开放40年来，我国猪育种技术取得了长足进步，对促进我国猪育种效率提升和养猪产业发展做出了重要贡献。

本书以我国猪育种技术的发展与进步为主线，介绍了遗传学与猪育种技术进步，种猪性能测定、选种选配技术、育种体系、猪育种中的生物技术，以母猪分胎次饲养、批次管理技术为主的种猪生产管理技术进展，以及我国地方猪遗传资源发掘、保护与利用状况，归纳整理了改革开放40年来我国猪育种领域的重要事件。

本书可供从事猪育种、生产工作的科研人员和生产技术人员阅读，也可作为动物科学相关专业研究生及本科生的参考读物。

图书在版编目(CIP)数据

改革开放40年中国猪业发展与进步. 猪育种技术进展 / 印遇龙等主编；鲁绍雄，李继良分册主编. —北京：中国农业大学出版社，2018.10

“十三五”国家重点图书

ISBN 978-7-5655-2107-2

Ⅰ.①改… Ⅱ.①印… ②鲁… ③李… Ⅲ.①养猪业-产业发展-研究-中国 ②猪-家畜育种 Ⅳ.①F326.33 ②S828.2

中国版本图书馆CIP数据核字(2018)第228580号

书　名 改革开放40年中国猪业发展与进步 猪育种技术进展

作　者 鲁绍雄　李继良　主编

策划编辑 丛晓红　赵　中　　**责任编辑** 韩元凤

封面设计 郑　川　黄海滔

出版发行 中国农业大学出版社

社　址 北京市海淀区圆明园西路2号　　**邮政编码** 100193

电　话 发行部 010-62818525,8625　　读者服务部 010-62732336

编辑部 010-62732617,2618　　出　版　部 010-62733440

网　址 http://www.caupress.cn　　**E-mail** cbsszs@cau.edu.cn

经　销 新华书店

印　刷 涿州市星河印刷有限公司

版　次 2018年10月第1版　2018年10月第1次印刷

规　格 787×1 092　16开本　9.5印张　235千字

定　价 388.00元(全九册)

编审委员会

总策划人 孙德林

主　　编 印遇龙　李　职　云　鹏　邓近平　张从林

副 主 编 张荣波　黄瑞华　许典新　吴买生

委　　员 鲁绍雄　李继良　殷宗俊　李千军　穆淑琴　孙世铎
单　虎　朱连德　周伦江　贺东昌　王伟伟　万昭军
沈富林　乔松林　曹洪战　胡安戟　周继平　李清宏
吴志君　苗玉涛　徐宝才　张树敏　刘　娣　郑小明
尚以顺

主编单位 国家生猪产业技术创新战略联盟
中国农机学会机械化养猪工程分会
广西扬翔股份有限公司
北京市生猪产业技术体系创新团队

本册主编 鲁绍雄　李继良

主　　审 殷宗俊

副 主 编 董新星　严达伟

主编单位 云南省生猪产业技术体系
天津市宁河原种猪场

主审单位 安徽省生猪产业技术体系

参编人员 王孝义　胡　伟　李明丽　马　黎　李平华
牛培培　张总平　黄瑞华　丁月云　张晓东
赵云翔　兰国湘　苟　潇

序

国庆之后，孙德林先生来到我的办公室，系统介绍了即将出版的《改革开放40年中国猪业发展与进步》一书并邀我做序，我为之一振。

这部系统记录中国改革开放40年养猪业巨大变化的恢宏著作，就像中国养猪人的“系谱”，描述了我国猪产业在遗传改良、营养与饲料科学、猪场设计与环境控制、疫病防控与生物安全和猪场管理等各方面的技术进步，述说着一代代养猪人的情怀。

1978年全国生猪出栏1.6亿头，到2017年全国生猪出栏6.89亿头；猪肉消费从改革开放初期人均约15 kg，到现在人均约40 kg。由于养猪业的发展，我们彻底改变了中国人动物性蛋白质食品供应不足的局面，实现了猪肉自给自足，这是一个开天辟地的飞跃。这样的成果来之不易，感恩于党领导下的改革开放政策的引领，感恩于亿万养猪从业者脚踏实地、持之以恒的勤奋努力。

中国养猪业经历了从分散饲养发展成规模化与集约化生产的过程。改革开放初期，中国养猪还不能称之为产业，40年来，我们学习借鉴国外先进工艺设计，从机械化养猪到工厂化养猪，再到现代化和智能化养猪，我们走了一条引进、消化、吸收与创新的道路。在猪种方面，我们也是从中国地方猪品种到培育新品种、引进国外高产高效猪种，再到实现中国地方猪品种与外来猪品种杂交，生产安全、优质猪肉的生产模式。在育种技术上，我们从常规体尺测定到动物数量遗传学在育种上的应用，再到现在高科技生物技术在养猪生产中应用，实现了育种手段上跨越式的发展。

该书（全9册）是养猪科学家与企业家联袂打造的成果，体现了合作共赢的理念，表达了养猪接力棒的传承。我们还不是养猪强国，目前任务还很艰巨，未来任重道远，需要我们继续努力创新，加快提高养猪生产力水平。新一代养猪从业者的胸襟、抱负、视野和理念决定着中国养猪业未来的发展，我们将拭目以待。

作为中国畜牧战线的一名科技工作者，拿到沉甸甸的书稿，我真是心潮澎湃。看到一个个熟悉的中青年科技工作者，看到飞速发展的中国养猪产业，我感到骄傲与自豪，在无比的喜悦中快乐地分享着。在此将该书推荐给广大养猪界的朋友们，以此感谢勤苦付出的编委团队。祝大家猪业新程，再立新功！

中国科学院院士
中国农业大学教授 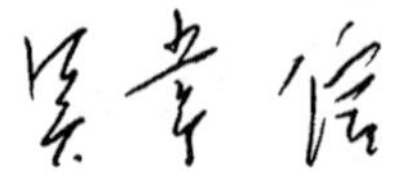
2018 年 10 月于北京

前　　言

育种是养猪生产的基础性环节，是保障种猪质量、提升养猪产业核心竞争力的关键。改革开放 40 年来，我国猪育种技术取得了长足进步。数量遗传学广泛应用于猪育种实践，分子生物学技术在猪育种中的应用方兴未艾；性能测定技术和装备不断革新，种猪遗传评估与选种选配技术日臻完善，育种体系由小群闭锁逐渐走向大开放大联合，种猪生产管理由粗放不断走向精细化。育种技术的进步推动了我国猪育种进程，提升了育种效率，对促进我国养猪产业发展做出了历史性贡献。

作为《改革开放 40 年中国猪业发展与进步》一书的分册，本书以我国猪育种技术发展与进步为主线，基于我国生猪育种改良在改革开放 40 年间的发展历程，保持了生猪育种相关的基本框架，介绍了遗传学与猪育种技术进步，种猪性能测定技术、装备和性状的发展与变化，种猪选种选配方法与育种体系的进步与变迁，现代生物技术的发展及其在猪育种中的研究与应用，母猪生产管理技术进步，以及我国地方猪遗传资源发掘、保护与利用等内容，以期反映我国猪育种技术的进步，为生猪育种改良提供一定的借鉴。

在写作过程中，我们为改革开放 40 年来我国猪育种技术取得的巨大成就而深感自豪，更被一代代养猪人为我国养猪业发展所付出的艰辛而感动，尤其是老一辈科学家对真理孜孜不倦的追求和对养猪事业的挚爱深深地感染着我们。因此，本书另一个目的就是回顾过往、缅怀先辈，传承老一辈养猪人留给我们的宝贵精神财富，树立为养猪业努力奋斗的信心与决心。

在本书编写过程中，主审人殷宗俊教授对书稿进行了仔细审阅，并提出了许多宝贵的修改意见，孙德林教授为本书的策划、选题和出版不辞辛劳、多方奔走。在此谨向所有关心和支持本书编写、出版工作的朋友们致以衷心感谢！此外，本书还参考了大量的国内外著作和文献，在此，一并向原作者表示诚挚的感谢！

本书写作团队多为猪育种领域的中青年人，尽管我们力图将改革开放40年来我国在猪育种技术领域所取得的历史成就和进步翔实、全面地呈现给大家，但由于水平有限，书中难免有错漏和不妥之处，恳请各位同行专家和广大读者批评指正。

《猪育种技术进展》编写组

2018年7月

目　　录

第1章
遗传学与猪育种技术进步

本章内容提要

遗传学是现代动物育种的重要理论基础。1977年,《统计遗传学》一书的出版,标志着我国动物数量遗传学科的诞生。数量遗传学的传播与发展大大促进了我国猪育种技术进步,提升了我国猪的育种效率。20世纪80年代以来,随着DNA分子标记技术的迅猛发展与应用,加速了分子遗传学与数量遗传学的交叉融合,催生了一门崭新的交叉学科——分子数量遗传学,并正在深刻地影响着猪的育种方式和进程。近20年来,我国学者在猪重要经济性状的QTL定位、功能基因发掘以及分子育种等领域开展了大量卓有成效的工作,取得了一批原创性的科技成果。随着动物遗传理论与育种技术的不断进步,我国生猪育种也必将向着更高的目标迈进。

改革开放以来,我国养猪业取得了举世瞩目的辉煌成就。2017年,全国生猪存栏量、出栏量和猪肉总产量分别为4.33亿头、6.89亿头和5 340万t,分别较1978年的3.01亿头、1.61亿头和789万t增加了1.32亿头、5.28亿头和4 551万t;人均猪肉占有量由8.2 kg上升到39.52 kg。1978—2017年,全国生猪出栏率、料重比、每头出栏猪平均产肉量分别由53%、(4.5~5.0)∶1、49.0 kg提高到158%、(2.6~3.5)∶1和77.5 kg,养猪生产水平和效率取得了巨大提升,这与我国猪育种技术的进步是分不开的。

从历史进程看,人们有意识或无意识地对猪的表型进行选择以提高其生产性能已有数千年的时间,但真正开展科学、系统的猪育种改良却只是近百年的事情。从现代遗传学尤其是数量遗传学诞生以来,猪的育种就从过去依靠育种者的经验逐渐转到了以遗传学理论为基础。遗传学理论与技术的进步直接促进了现代猪育种技术的进步,并大大提高了育种效率。

1.1 遗传学理论的发展

从动物育种的角度来看,遗传学理论的发展历程大致经历了孟德尔遗传学、群体遗传学、数量遗传学和分子数量遗传学4个阶段(吴常信,1993)。

1865年,奥地利遗传学家Mendel发表论文《植物杂交试验》,阐述了遗传学中的两条基本规律——分离定律和自由组合定律,但这一具有巨大价值的发现在当时及后来的几十年里并未引起人们的注意。直至1900年,孟德尔遗传定律才被重新发现,经典遗传学理论由此建立。在接下来的20年间,动物育种学家们一直致力于孟德尔遗传定律在育种实践中的应用。

在畜牧生产中,大多数畜禽重要经济性状为复杂的数量性状,如生长、繁殖、肉质等性状,对该类经济性状的遗传分析,孟德尔遗传定律显得手足无措。1908年,Hardy和Weinberg提出了群体遗传学的核心内容——遗传平衡理论。1909年,Nilsson Ehle提出了数量性状的遗传基础——微效多基因假说。20世纪30年代,英国统计学家Fisher出版的《自然选择的遗传原理》,将统计学和生物学联系起来;美国统计遗传学家Wright提出了通径系数的概念,为分析动物亲缘关系、配种制度提供了基本原理和方法;英国群体遗传学家Haldane先后发表了《自然与人工选择的数理理论》和《进化的原因》,提出进化和选择的关键在于群体基因频率的改变,阐述了进化理论与育种实践中的基本原则。Fisher、Haldane和Wright的研究共同奠定了数量遗传学的理论基础。20世纪40年代,美国学者Lush提出了数量性状的两个重要遗传参数——遗传力(heritability)和重复力(repeatability)的概念;他的学生Hazel随后又提出了另一个重要参数——遗传相关(genetic correlation)。进入50年代后,随着概率论、线性代数、多元统计和随机过程等理论的逐步应用,使数量遗传学的内容又有了进一步扩展,为现代家畜育种奠定了重要的理论基础。1960年,英国数量遗传学家Falconer的《数量遗传学导论》第一版问世(该书于1965年由杨纪珂教授和汪安琦研究员合译),标志着数量遗传学已经发展成为一门系统、完整、成熟的遗传学分支学科。

进入20世纪80年代以后,分子生物学技术尤其是DNA分子标记技术得到了迅猛发展,为人们从分子水平上研究数量性状的遗传机制提供了有力工具。分子遗传学与数量遗传学的相互融合与渗透,逐渐产生了一门新的交叉学科——分子数量遗传学(吴常信,1997)。畜禽数量性状基因座位(quantitative trait loci, QTL)的不断深入研究,为人们从分子水平上剖析和揭示数量性状的遗传基础,利用分子育种(molecular breeding)技术促进这些性状的遗传改良奠定了重要基础。

1.2 数量遗传学与猪的育种

数量遗传学在我国的起步较早,早在20世纪40年代,著名学者李景均、吴仲贤等就从事这方面的研究和介绍。1948年,国立北京大学出版社出版了时任北京大学农学系主任李景均著的*An Introduction to Population Genetics*(《群体遗传学导论》),总结了20世纪前半期“由数学应用于孟德尔遗传学所形成的数理遗传学的几乎全部重要结果”(吴仲贤,1980),在国际上产生了重大影响。新中国成立以来，虽然我国遗传学的发展走了一些弯路，经历了不少曲折，但老一辈遗传育种学家凭着对科学真理的追求和对事业的挚爱，勤于耕耘，为我国数量遗传学的发展做出了不可磨灭的贡献，也为我国生猪育种技术的进步奠定了重要理论基础。

1.2.1　动物数量遗传学在我国的传播与发展

我国遗传学的发展经历了艰难而曲折的过程。新中国成立初期，受苏联影响，我国生物科学界特别是遗传学界大力推行“米丘林学说”，批判并禁止讲授和研究孟德尔遗传学和统计学，使我国遗传学研究蒙受了巨大损失。1956 年 8 月，在党的“百花齐放、百家争鸣”方针指引下，在青岛召开了著名的遗传学座谈会，达成了恢复孟德尔、摩尔根遗传学合法地位的协议。这次会议对遗传学在我国的发展具有重要的历史意义，是我国遗传学发展的一次历史转折。1956 年 10 月 7 日出版的《人民日报》专门以《一个成功的学术会议——记遗传学座谈会》做了专题报道。青岛遗传学座谈会后，孟德尔遗传学，特别是数量遗传学逐渐在我国得到广泛传播和发展，为我国猪育种工作奠定了重要的理论和方法基础。

1.2.1.1　传播与普及

在我国数量遗传学科的创立与发展中，吴仲贤教授起到了开创性的作用。早在 1958 年，吴仲贤教授就翻译了英国学者 Mather 的 *Biometrical Genetics*（《生统遗传学》）。1959—1966 年，吴仲贤教授重新开设动物遗传学，开始招收研究生进行畜禽遗传育种实践的研究；1961 年主编了我国第一本《动物遗传学》，并于 1963 年举办了全国高校数量遗传学教师进修班；1965 年，其在《畜牧兽医学报》上发表了《数量遗传学在家畜育种上的应用》，系统介绍了数量性状的三大遗传参数及其在家畜育种上的应用；1977 年出版的我国第一部数量遗传学专著《统计遗传学》系统、详细介绍了数量遗传学和现代育种理论与方法，是我国十年封闭后奋起直追，在数量遗传学方面赶上世界水平的标志，是我国数量遗传学发展的一个重要里程碑（盛志廉，1996；吴常信，2001），标志着我国动物数量遗传学科的诞生。

1978 年，在华中农学院举办了为期 5 个月的“数量遗传学师资培训班”，盛志廉、吴常信、张斌、徐继初等学者在这次培训班上进一步广泛传播了数量遗传学及相关育种方法。这次培训班结束后，在吴仲贤教授的关心和全国动物遗传育种工作者的努力下，全国动物数量遗传理论及其应用科研协作组成立，吴仲贤教授任顾问，盛志廉教授任组长。1979 年，动物数量遗传科研协作组创办了内部刊物《动物数量遗传通讯》（至 1984 年共办了 5 期），刊发了大量数量遗传学方面的论文。同年，由盛志廉教授主持，全国 19 个单位共同承担的农业部重点课题“畜禽遗传规律及其应用的研究”立项实施，研究成果于 1984 年荣获农牧渔业技术改进一等奖。1982 年，吴仲贤教授在其《数量遗传学的创造性》一文中从理论和实践角度对数量遗传学的重要意义进行了精辟论述。1979—1984 年，韩光微教授连续在《黑龙江畜牧科技》上分 9 期系统介绍了“数量遗传学基础与家畜育种”。一系列活动对数量遗传学在我国的传播和推广起到了重要作用。

1.2.1.2　研究与发展

20 世纪 80 年代是我国数量遗传学术活动非常活跃的年代，动物数量遗传学也逐渐由普及走向研究发展。1980 年，新的全国统编教材《动物遗传学》和《家畜育种学》先后出版，引入了大量现代遗传育种的概念和方法，对更新我国畜牧教学内容产生了很大影响。1981 年，吴仲贤教授翻译的李景均名著《群体遗传学》第二版出版，其关于估计复合育种值的科研成果获农业部技术改进一等奖；同年，全国第一次畜禽遗传育种学术讨论会召开。1983 年，在第二次全国畜禽遗传育种学术讨论会上，成立了中国畜牧兽医学会数量遗传研究会(现中国畜牧兽医学会动物遗传育种学分会)，由吴仲贤任会长，盛志廉、吴常信、张斌、徐继初任副会长，张斌兼任秘书长。分会自成立至今，很好地传承了老一辈科学家的优良传统，学术氛围浓厚，坚持每两年召开一次全国性学术讨论会。至 2017 年，已连续举办了 19 次，对促进我国动物遗传育种学术交流起到了不可或缺的作用。在这一时期，全国各地还举办了大量生物统计、计算机应用、线性模型和畜禽遗传育种的讲习班和学术讨论会，开展了大量关于最佳线性无偏预测(best linear unbiased prediction，BLUP)方法、杂种优势、选择理论与方法、育种方案优化、保种理论与技术等系列研究，大大加速了动物数量遗传学在我国的传播与研究应用。

20 世纪 80 年代以来，由于分子生物学的飞速发展，在国内外学术界兴起了数量遗传学与分子遗传学相结合的研究热潮。吴仲贤教授率先采用数理统计方法研究饲料中各种氨基酸的相对含量与相应密码子的关系，预测了“分子数量遗传学”的新研究领域。近年来，许多学者在畜禽重要经济性状的遗传机理、QTL 检测与定位、分子标记辅助选择(marker-assisted selection，MAS)、全基因组关联分析(genome-wide association study，GWAS)与全基因组选择(genome selection，GS)等方面开展了大量深入研究，并逐渐形成了分子数量遗传学与分子育种学新学科领域，进一步完善了动物数量遗传学的理论体系，为进一步促进畜禽遗传改良奠定了坚实的理论基础。《数量遗传学》(盛志廉主编)、《畜禽育种中的线性模型》(张沅、张勤著)、《猪的遗传改良》(彭中镇主编)、《动物遗传育种的计算方法》(张勤著)等一系列学术专著的出版，对丰富和发展数量遗传学理论与方法，促进数量遗传学在猪育种实践中的应用起到了重要作用。当前，数量遗传学已经成为我国遗传学和畜牧学一个不可缺少的组成部分，并正在稳步地向纵深发展。

1.2.2 数量遗传学与我国猪的育种

在 20 世纪 60 年代前，我国猪的育种实践缺乏系统、科学的遗传学理论指导，对性状的遗传改良几乎无规律可循，种猪选种多凭育种者个人的经验依据表型进行，选种效果的预见性差，选种的准确性和效率低下，选择进展和改良速度缓慢。在之后的几十年里，我国猪育种的根本性变化在于选种有了数量遗传学作为理论基础(彭中镇，2008)，数量遗传学对促进我国猪育种技术进步与育种效率的提高起到了重要作用。

1.2.2.1 猪育种科研大协作

20 世纪 70 年代，在著名学者吴仲贤、许振英、陈润生、盛志廉等的推动下，数量遗传学开始向我国猪育种领域传播和渗透，对促进我国猪育种工作发展和观念改变起到了历史性作用。其间，全国猪育种科研协作组及全国动物数量遗传理论及其应用科研协作组在养猪界对传播、普及数量遗传学与育种技术起到了重要作用。

1972 年成立的全国猪育种科研协作组，对推进全国和地区性的猪育种科研大协作起到了重要作用。协作组先后制定了《全国猪育种科研协作计划(草案)》，提出了《关于优良猪种选育若干技术问题的意见》，为全国统一种猪测定技术、测定标准、计算方法和种猪选育方法奠定了重要基础。此后，华北、东北、西北、西南地区及各省、自治区、直辖市猪育种科研协作组也相继成立，同时一些正在选育的猪种也组建了育种协作组。全国猪的育种科研协作呈现了生机勃勃的景象。

1973年，在广东顺德召开的全国猪育种科研协作组第二次会议暨第一次学术讨论会上，许振英教授、吴仲贤教授提出了我国猪育种工作必须大力普及现代遗传学特别是数量遗传学知识的倡议。许振英教授介绍了加拿大拉康比猪的育成经验，提出了多世代表型选择法；吴仲贤教授以"数量遗传学在养猪育种中的应用"为题，论述了数量遗传学的理论、方法如何应用于猪的育种实践；陈润生教授做了题为"三江白猪育种方案的理论依据与技术关键"的报告，阐述了数量遗传学理论指导下的育种思路与措施。这些学术报告为我国现代遗传育种理论的应用，猪群体继代选育技术的推广，猪杂种优势利用的广泛开展和肉用型、瘦肉型猪的大发展起到了重要的引导、奠基和里程碑作用。

1974—1975年，受农业部委托，东北农学院先后举办了3期全国猪育种技术训练班，第一次在国内向猪育种工作者介绍数量遗传学基本知识和现代猪育种的新进展，对于改变我国猪育种工作的观念和方法起到了重要作用。

1972—1982年，通过科研、教学、生产单位的大协作，开展了大量富有成效的猪育种工作。成功培育了哈尔滨白猪、新淮猪、上海白猪、浙江中白猪、新金猪、伊犁白猪、新疆白猪、北京黑猪、汉中白猪、宁夏黑猪、赣州白猪、吉林花猪等15个新品种。1982年在山东泰安召开了全国猪育种科研协作组十年总结暨学术交流会，进一步修订了《全国猪育种科研协作计划》和《关于优良猪种选育若干技术问题的意见》，提出继续做好地方猪种选育、研究筛选猪高效杂交组合、进一步建立健全良种繁育体系，加强遗传理论与选种方法、猪品系繁育等研究。1983—1990年，又相继育成了三江白猪、甘肃白猪、广西白猪、芦白猪、湘白猪Ⅰ系、山西黑猪、湖北白猪、福州黑猪、吉林黑猪、泛农花猪等25个新品种(系)。其中，我国第一、二个瘦肉型猪新品种三江白猪(1983年)和湖北白猪(1986年)的成功育成开创了我国猪新品种选育从总体思路到具体措施都较好地体现数量遗传学理论指导作用的先例(彭中镇，2008)。

全国猪育种科研协作组从1972年9月成立到1992年10月结束，前后经历了整整20年。其间开展了大量全国性猪育种的专题性协作科研工作，为恢复当时的养猪生产秩序、促进我国猪育种技术进步和养猪产业发展做出了卓越贡献(赵志龙，2007)。在全国猪育种科研协作基础上，1991年成立了中国畜牧兽医学会养猪研究会(即现在的中国畜牧兽医学会养猪学分会)，1992年成立了中国养猪行业协会。

1.2.2.2 猪联合育种

改革开放以后，为适应我国瘦肉型猪发展的需要，各地相继从国外引进了一批大白、长白和杜洛克种猪并建立了相应的原种猪场。为了有效地保持和提高这些优良种猪的性能，发挥这些种猪在我国养猪生产中的作用，减少从国外重复引种带来的疾病风险，培育适应我国市场和生产条件的大白、长白和杜洛克种猪，1993年成立了大白猪、长白猪、杜洛克猪育种协作组。在此后的13年间，3个协作组成员单位由最初的15个扩大到155个，成员单位辐射了全国近2/3的省(自治区、直辖市)，各育种协作组开展了形式多样的专题学术报告、经验交流和技术培训，积极推进种猪性能测定、遗传评估技术和联合育种，为后来的全国猪联合育种奠定了重要基础。

1998年成立全国种猪遗传评估工作小组；1999年讨论制定《全国种猪遗传评估方案》；在实际调研的基础上，充分研究借鉴国外养猪发达国家在种猪育种方面的经验和做法，全国畜牧兽医总站于2000年5月印发了《全国种猪遗传评估方案(试行)》,对我国种猪测定性状、测定数量及遗传评估方法等做了规范,开始利用动物模型BLUP方法进行种猪遗传评估,为区域及全国计算机联网和信息共享,建立种猪遗传联系,实现全国种猪联合育种奠定了基础。

2006年10月,在原长白猪、大白猪和杜洛克猪3个品种育种协作组基础上,整合成立了全国猪联合育种协作组。协作组成立以来,开展了大量卓有成效的工作,有力地推进了我国生猪联合育种进程。至2017年,全国猪联合育种协作组成员单位已达327家。2009年8月,农业部办公厅印发了《全国生猪遗传改良计划(2009—2020)》,并制定了《〈全国生猪遗传改良计划(2009—2020)〉实施方案》。根据《实施方案》的规定,进一步明确和细化了我国生猪遗传改良计划的总体思路、目标、工作要求和重点工作任务,全国生猪遗传改良计划正式启动实施。

全国生猪遗传改良计划的推进,遴选了一批国家生猪核心育种场,组建了一支由22名知名专家组成的猪遗传改良专家队伍,研发建立了我国基于动物模型BLUP的种猪遗传评估技术体系,大力推进种猪性能测定、数据收集与管理、育种技术人员培训等工作,对促进我国种猪企业加强基础育种工作条件建设,规范种猪性能测定与选育,提升我国种猪选育整体水平和市场竞争力产生了深远影响。

我国生猪联合遗传评估已开展了20年、全国生猪遗传改良计划已实施近10年,经历了从学习借鉴到因地制宜开展创新的发展历程(鲁绍雄和吴常信,2001;张勤等,2015)。在全国猪联合育种协作组专家开展的大量研究工作基础上,2014年结合生产实际将种猪测定体重范围由过去的85～115 kg调整为85～130 kg,优化调整了父系指数和母系指数中各性状的相对权重;2016年优化调整了种猪达100 kg体重日龄和达100 kg体重活体背膘厚校正公式,进一步提高了种猪目标体重和背膘厚校正的准确性。截至2017年,全国共遴选了92家国家生猪核心育种场和2个国家级种公猪站,核心群种猪数量达15万头,成为全球最大的生猪育种核心群。尽管,我国猪联合育种的实施还存在着一些困难和问题,但随着该项工作的不断推进,必将有效促进我国生猪的育种改良进展。

1.3 分子数量遗传学与猪的育种

1953年,DNA双螺旋结构模型的提出,标志着分子遗传学的诞生,标志着人类对遗传学的研究与探索进入了分子水平新时代。1980年,第一个DNA分子标记——限制性片段长度多态性(restricted fragment length polymorphism, RFLP)产生,开创了应用DNA分子标记研究生物性状遗传基础的新时代。之后又相继建立和发展了小卫星DNA(minisatellite DNA)、微卫星DNA(microsatellite DNA)、随机扩增多态DNA(random amplified polymorphic DNA, RAPD)、扩增片段长度多态性(amplified fragment length polymorphism, AFLP)以及单核苷酸多态性(single nucleotide polymorphism, SNP)等分子标记,尤其是近年来DNA芯片和测序技术的迅猛发展为人们深入研究和解释生物基因组的DNA变异提供了有力工具。

随着分子遗传学和数量遗传学研究的深入开展,如何从分子水平角度深度解析数量性状的遗传机制成了两个学科共同面临的使命和难题,从而促使了两个学科的交叉融合,催生了分子数量遗传学,加速了包括猪在内的生物功能基因发掘,开辟了分子育种新时代,并正在深刻地影响着畜禽育种的方式和进程。

1.3.1　猪 QTL 定位与功能基因发掘

1.3.1.1　猪重要经济性状的 QTL 定位

20 世纪 90 年代以来，随着 DNA 分子标记的迅猛发展与应用，猪重要经济性状的 QTL 定位研究取得了巨大进展，对深入解析猪重要经济性状的遗传基础，推动猪分子标记辅助选择技术进步起到了重要作用。

利用 DNA 分子标记采用连锁分析方法检测与定位猪 QTL 的研究始见于 1994 年，Andersson 等首次成功开展了较大规模的 QTL 检测，发现猪 4 号染色体上存在影响背膘厚、小肠长度及生长速率的 QTL。之后，国内外学者在这一领域开展了大量研究，取得了显著进展。截至 2018 年 6 月，Animal QTLdb 数据库中已收录了国际上发表的影响猪 663 个性状的 27 465 个 QTL，各类性状的 QTL 数目分别为：生长性状 2 368 个、繁殖性状 2 058 个、肉质和胴体性状 14 748 个、健康相关性状 6 074 个、体型外貌性状 2 217 个。

20 世纪 90 年代后期以来，我国学者紧跟国际研究前沿，相继建立了一批基于地方品种与引进品种杂交猪的资源群体（resource population），并在猪生长、繁殖、胴体、肉质等经济性状的 QTL 检测与定位方面开展了系列研究，对猪重要经济性状的 QTL 定位研究做出了重要贡献。

华中农业大学以大白猪为父本、梅山猪为母本进行杂交，建立 F_2 资源群体，对猪重要经济性状的 QTL 检测与定位开展了系列研究，开创了我国猪 QTL 定位的新实践。2002 年，苏玉虹等以该资源群体为基础，利用 48 个微卫星标记构建了猪 1～4、6～7 号染色体遗传连锁图谱，并对生长性状、胴体脂肪沉积性状的 QTL 进行了检测，结果发现 1 号和 2 号染色体上分别存在 1 个影响 60 日龄体重、出生至 60 日龄平均日增重的 QTL，4 号和 6 号染色体上各有 1 个影响 60 日龄至宰前平均日增重的 QTL；除 2 号染色体外的其他 5 条染色体上共有 14 个影响脂肪沉积的 QTL，其中影响平均背膘厚的 QTL 定位于 1 号、4 号和 7 号染色体，影响花油率的 QTL 定位于 6 号染色体，内脂率 QTL 定位于 7 号染色体，肥肉率等其他 4 项脂肪性状的 QTL 分别定位在 3 号、4 号和 7 号染色体上。屈彦纯等（2002）对 2 号和 6 号染色体上可能影响生长、胴体及肉质性状的 QTL 进行了检测，发现 2 号染色体上各有 1 个 QTL 显著影响眼肌面积、背最长肌大理石纹、倒数第 3～4 肋活体背膘厚、倒数第 3～4 腰椎活体背膘厚和估测瘦肉率；在 6 号染色体发现了显著影响肌内脂肪、肌肉大理石纹等肉质性状和板油重的 QTL。姜勋平等（2002）利用分布于 1 号、2 号和 6 号染色体上的 24 个微卫星标记，对该资源群体猪肌肉蛋白质含量的 QTL 进行了检测，发现 1 号、2 号和 6 号染色体上各有 1 个影响肌肉蛋白含量的 QTL。张敬虎等（2002）利用第 4、8 和 13 号染色体上的 23 个微卫星标记，对 11 个肉质性状的 QTL 进行了检测，定位了 6 个显著影响猪肉品质的 QTL，其中 13 号染色体上有 1 个 QTL 影响肌内脂肪含量，4 号染色体上有 1 个 QTL 影响背最长肌含水量，8 号和 13 号染色体上分别有 1 个 QTL 影响股二头肌色值，8 号染色体上有 2 个 QTL 分别影响背最长肌大理石纹评分和股二头肌大理石纹评分。2007 年，他们又对部分内脏器官和乳头数的 QTL 进行了检测，发现了 7 个影响内脏器官重和 2 个影响乳头数的 QTL，其中 4 号、6 号、7 号、8 号和 13 号染色体上分别有 1 个 QTL 影响心脏重、肋骨数、肺重、胆囊重、脾脏重、小肠重、大肠重，6

号和7号染色体上各有1个QTL影响乳头数(Zhang et al., 2007)。

华南农业大学以长白猪为父本、蓝塘猪为母本建立 F_2 资源群体(李加琪等,2004),对猪生长、胴体、肉质等性状的QTL进行了检测与定位。2004年,李加琪等以该资源群体为素材,在6号染色体上检测到了影响背膘厚、胴体瘦肉率、皮脂率、肉色、大理石纹等胴体组成和肉质性状的QTL。2011年,凌飞等又在1号和4号染色体上分别检出了1个影响体高和体长的QTL。

江西农业大学利用建立的白杜洛克×二花脸 F_2 资源群体,对猪重要经济性状的QTL进行了检测与定位。2009年,肖石军等采用分布于19对染色体上的183个微卫星标记,对影响后腿质量的QTL进行了检测,在第2、4、5、7、8、12、15、17、18号染色体上检测到10个QTL,其中7个QTL达到了5%基因组显著水平;陈从英等(2009)利用183个微卫星标记对29类四肢骨骨骼长度、6类四肢骨直径及股骨和肱骨骨壁厚度、骨髓腔长度和骨髓腔直径等性状的QTL进行了检测,共定位了75个影响猪四肢骨骼性状的QTL,其中14个QTL达1%基因组显著水平,14个QTL达5%基因组显著水平,47个QTL达5%染色体显著水平。2010年,兰旅涛等利用183个微卫星标记对210日龄8个体尺性状的QTL进行了检测,在8条染色体上检出了19个影响猪体尺性状的QTL,其中5个QTL达1%基因组显著水平,2个QTL达5%基因组显著水平。

南京农业大学利用皮特兰×二花脸 F_2 资源群体,对22个微卫星标记与猪应激指标的关系进行了分析,发现11个微卫星标记对血浆促肾上腺皮质激素(ACTH)、胰岛素、皮质醇、T3、T4、BS3、BS10和BS17等应激指标有显著影响(王晓娜等,2008)。

在开展猪重要经济性状的QTL定位研究中,我国学者亦对基于家系的远交群体开展了相应的QTL检测与定位,取得了积极进展。2004年,郭晓令等以多品种杂交的商品猪群为参考家系,构建了包括172个微卫星标记和3个基因(*RYR*1、*PRKAG*3、*PIT*1)的连锁图谱,在6号染色体末端检出了1个显著影响猪耳型的QTL。2008年,巩元芳等以长白猪、大白猪、松辽黑猪3个品种16个公猪家系为资源群体,选取2号、7号、8号染色体上的35个微卫星标记,对18项血常规指标的QTL进行了检测,共检出了22个在5%水平下显著的QTL,其中9个位于2号染色体,7个位于7号染色体,6个位于8号染色体;2011年,张陈华等利用10号染色体上的13个微卫星标记,进一步对该资源群体的血常规指标QTL进行了检测,发现在10号染色体的81~136 cM区域存在4个影响血常规指标的QTL。

1.3.1.2 猪重要经济性状的功能基因发掘

经连锁分析定位的QTL,其置信区间一般在10 cM以上,定位精度远不能满足对单个基因效应的识别,更难以进行功能基因的分离和克隆,因而大大限制了其在育种实践中的应用。在猪的育种实践中利用分子育种技术改良目标性状时,如能明确目标性状的功能基因及其基因突变位点,则可通过直接选择理想基因型的个体,实现精准快捷的选择,从而提升育种的精准性和选种效率。因而,通过各种途径和手段发掘猪重要经济性状的功能基因成了各国学者关注的重点。

1. 猪重要经济性状候选基因分析

在大规模DNA测序技术出现以前,人们对猪功能基因的发掘大多是通过候选基因分析(candidate gene approach)的途径来进行的,即根据已知的生物学及生理生化知识,选择那些可能影响目标性状的已知基因作为候选基因,再通过相应试验对其效应加以验证。如较早发现的影响猪应激综合征(porcine stress syndrome，PSS)和肉质的骨骼肌兰尼定受体基因(ryanodine receptor，*RYR*1)(Fujii et al.，1991)，影响猪产仔数的雌激素受体基因(estrogen receptor，*ESR*)(Rothschild et al.，1996)以及促卵泡素 β 亚基基因(follicle stimulating hormone β subunit，*FSHβ*)(赵要风等，1999)等就是通过候选基因分析的方法发掘的。

20 世纪 90 年代中期以来，我国学者对猪大量候选基因的效应进行了研究与验证，取得了很多有意义的结果，如影响猪生长性能的类胰岛素生长因子 2 基因(*IGF*2)、肌肉生长抑制素基因(*MSTN*)、垂体特异性转录因子-1 基因(*PIT*-1)、黑素皮质素受体-4 基因(*MC*4*R*)、过氧化物酶体增殖剂激活受体基因(*PPAR*)、肌细胞生成素基因(*MYOG*)、胆囊收缩素受体基因(*CCKAR*)等，影响猪繁殖性能的雌激素受体基因(*ESR*)、促卵泡素 β 亚基基因(*FSHβ*)、催乳素受体基因(*PRLR*)、骨桥蛋白基因(*OPN*)、视黄酸受体 γ 亚基基因(*RARG*)、骨形成蛋白 15 基因(*BMP*15)、骨形成蛋白受体 1B 基因(*BMPR*1*B*)、褪黑素受体基因 1A 基因(*MTNR*1*A*)、促卵泡素受体基因(*FSHR*)、瘦素受体基因(*LEPR*)、备解素因子基因(*BF*)、视黄醇结合蛋白 4 基因(*RBP*4)、核受体辅激活蛋白 1 基因(*NCOA*1)、透明带精子结合蛋白 4 基因(*ZP*4)等，影响猪肉品质的氟烷基因(*HAL* 或 *RYR*1)、“酸肉”基因(*RN* 或 *PRKAG*3)、心脏脂肪酸结合蛋白基因(*H*-*FABP*)、钙蛋白酶抑制蛋白基因(*CAST*)、激素敏感脂肪酶基因(*HSL*)、脂蛋白脂肪酶基因(*LPL*)、脂肪细胞分化和决定因子-1 基因(*ADD*1)等，影响猪抗病性状的黏蛋白 13 基因(*MUC*13，仔猪断奶前腹泻候选基因)、α-(1,2)-岩藻糖转移酶基因(*FUT*1，仔猪断奶后腹泻候选基因)、白细胞抗原基因(*SLA*)、抗黏液病毒基因(*Mx*1)、天然抗性巨噬蛋白 1 基因(*NRAMP*1)、Toll 样受体基因(*TLR*)、组蛋白去乙酰化酶基因(*HDAC*1)、干扰素基因(*IFN*)、杀菌通透性增强蛋白基因(*BPI*)等。

与连锁分析定位 QTL 的方法相比，候选基因分析无需专门的试验设计群体，不依赖遗传连锁图谱，因而应用范围较广；且不需要进行大量的 DNA 标记检测，因而成本较低；同时，如果所选择的候选基因本身确实就是目标性状的 QTL，那么检验出它是 QTL 的可能性较大，即统计检验的效率较高。然而，受已知生物学知识的限制，通过候选基因分析无法检测那些功能未知的 QTL，且很难确定候选基因本身就是目标性状的 QTL。近 20 年来，随着 DNA 分子标记技术的迅猛发展，人们对猪重要经济性状功能基因的发掘也逐渐由个别基因的效应验证逐渐转向了全基因组范围的发掘。

2. 猪重要经济性状功能基因发掘

随着 SNP 标记技术的发展和商业化高通量 SNP 芯片及分型技术的诞生，全基因组关联分析(GWAS)策略应运而生。借助 GWAS，人们可以鉴定出与目标性状显著关联的基因组区域和 DNA 标记，并寻找影响目标数量性状的确切突变位点，即数量性状核苷酸位点(quantitative trait nucleotide，QTN)，从而揭示引起性状差异的根本原因。2005 年家猪基因组序列公布，2012 年 *Nature* 又报道了杜洛克猪的全基因组测序结果。在此基础上，国内外学者利用猪的高密度 DNA 芯片对猪重要性状进行 GWAS，发掘了许多重要的 SNP、QTL 和候选基因。

2010 年以来，我国学者在猪体型外貌、生长、繁殖、胴体、肉质和健康等重要经济性状的功能基因发掘方面开展了大量研究并取得了丰硕的成果(赵谦等，2015；杨宁和姜力，2018)，对促进猪重要经济性状的遗传机制解析和分子育种进程做出了重要贡献。

(1)体型外貌性状　2011 年，江西农业大学对藏猪、大河猪等中国地方猪进行 GWAS，发现了一些和猪棕色毛色显著相关的SNP，并证实棕色毛色变异的原因是*TYRP*1基因中6个碱基的缺失（Ren et al.，2011）。同年，又将影响猪耳大小的主效QTL定位于SSC7上的一段区域内，进一步研究发现该QTL内的过氧化物酶体增殖物激活受体δ基因（*PPARD*）中一个错义突变G/A导致编码的蛋白序列中甘氨酸变为谷氨酸，使得*PPARD*的功能受到影响并导致猪耳大小性状的差异，解释了主效QTL影响猪耳大小的根本原因，找到影响猪耳大小的QTN（Ren et al.，2011）。这一研究表明，可先利用GWAS定位候选QTL，再辅以其他研究从而精确定位QTN，最终阐明性状变异的根本原因。中国农业科学院北京畜牧兽医研究所研究团队针对体高、体长、管围等体型性状，对大白猪×民猪的F_2代杂交猪进行GWAS，发现SSC7上138个SNP与体高、体长、管围和臀围关联，SSC1上1个基因组水平显著SNP与胸深关联（Wang et al.，2014）。

（2）生长性状　华南农业大学张哲等（2014）以杜洛克猪为素材，对达100 kg体重日龄、活体背膘厚和活体眼肌面积3个性状分别进行GWAS，在达100 kg体重日龄和活体眼肌面积2个性状中分别检测到1个基因组水平和6个染色体水平显著关联的SNP，B细胞易位基因1（B-cell translocation gene 1，*BTG*1）和EF-手钙结合结构域6基因（EF-hand calcium binding domain 6，*EFCAB*6）可能是影响猪生长性状的重要候选基因。2015年，江西农业大学对白杜洛克×二花脸F_2群体和苏太猪半同胞群体的GWAS分析结果，检出了分别显著影响生长、脂肪性状的14个和39个SNP，发现7号染色体上的高迁移率族蛋白A1基因（*HMGA*1）和4号染色体上的多形性腺瘤基因1（*PLAG*1）是显著影响猪生长和脂肪性状的重要候选基因（Qiao et al.，2015）。2016年，该研究团队成功鉴定了导致椎骨数增加的功能基因——椎体发育同源物基因（*VRTN*）以及因果突变位点（Yang et al.，2016）。2017年，北京养猪育种中心与中国农业大学等单位在对大约克猪群的研究中，检出了显著影响猪生长性状的SNP，发现磷脂酶Cβ1基因（*PLCβ*1）和丝裂原活化蛋白激酶6基因（*MAP*2*K*6）对猪早期生长有重要影响（Meng et al.，2017）。

（3）繁殖性状　1999年，中国农业大学研究团队以二花脸猪为试验材料，以*FSHβ*基因作为猪产仔数的候选基因，对猪*FSHβ*基因结构区内的292 bp插入突变进行了精确定位，成功创建了该突变位点基因分型的PCR方法，首次证明该基因位点显著影响猪产仔数，其中AA基因型母猪比BB基因型母猪平均每胎可多产仔1.5头（赵要风等，1999），得出该基因可能是控制猪产仔数的主效基因或与此基因存在紧密连锁的结论。西北农林科技大学以在乳房内皮细胞发育过程中起着重要作用的淋巴激活素结合因子1基因（lymphoid enhancer binding factor 1，*LEF*-1）作为猪乳头数的候选基因，对关中黑猪、汉江黑猪、八眉猪和大白猪*LEF*-1基因的多态性进行检测，发现*LEF*-1基因外显子4的A/G和内含子9的C/T突变位点与乳头数量显著关联，推测这两个位点可能是影响猪乳头数量的QTN（Xu et al.，2014）。华中农业大学以商业母猪群为素材，基于60K SNP芯片对母猪总产仔数、产活仔数进行了GWAS，检出了与母猪头胎总产仔数显著关联的31个SNP位点，与头胎产活仔数显著关联的20个SNP位点（刘小磊等，2012）。贵州大学谢健等（2016）对可乐猪乳头数进行GWAS，鉴定了全基因组水平潜在关联的4个SNP。2018年，四川农业大学的研究检测到了8个、23个和20个SNP分别与母猪总产仔数、产活仔数、初生窝重显著关联，发现1号染色体上的*AIM*1和*FOXO*3基因与产活仔数关联，*SLC*36*A*4和*INTU*基因与初生窝重显著关联（Wu et al.，2018）。

(4)胴体性状　2011 年,华中农业大学对母猪背膘厚、眼肌面积、体型和四肢的稳健度进行 GWAS,鉴定出许多候选染色体区域,并在这些区域内发现了一些新的候选基因,如影响背膘厚的 *CHCHD3* 基因,影响眼肌面积、体尺和肢蹄性状的 *BMP2* 基因等(Fan et al., 2011)。2012 年,中国农科院北京畜牧兽医研究所等单位利用大白猪×民猪 F_2资源群体开展了瘦肉量性状的 GWAS,获得了 14 个在染色体水平与瘦肉量性状显著关联的 SNP 位点(程笃学等,2012)。

(5)肉质性状　猪肉质性状是近年来国内外学者关注度较高的性状之一。中国农业科学院北京畜牧兽医研究所等单位以杂交猪(大白×民猪)为试验群体,利用混合模型、回归和基因组控制的三步分析方法(GRAMMAR-GC)对肌间脂肪含量、大理石纹、水分含量等性状进行了 GWAS,发现 45 个显著 SNP 与肉质性状相关,其中的 36 个 SNP 位于 SSC12 上(Luo et al., 2012)。2013 年,江西农业大学研究团队基于苏太猪和白杜洛克×二花脸 F_2资源群体,对 pH、颜色、滴水损失等肉质性状进行 GWAS,鉴定出染色体水平显著的 127 个 SNP 与肉质性状相关,其中的 11 个 SNP 在全基因组水平显著,还找到一些与肉质性状相关的 QTL 和候选基因(Ma et al., 2013);通过对猪背最长肌和腹部脂肪的脂肪酸组成进行 GWAS,发现在全基因组水平显著的 15 个 QTL 与 12 种脂肪酸含量相关,其中最显著的 2 个 SNP 分别与腹部脂肪 C20:0 脂肪酸含量和肌肉 C18:0 脂肪酸含量相关(Yang et al., 2013)。翌年,该团队首先利用 GWAS 将糖酵解潜能主效 QTL 定位于 SSC3 上一段区域内,随后发现,该 QTL 内的 *PHKG1* 基因中内含子 9 的拼接受体位点发生 C/A 点突变,造成开放阅读框中 32 bp 碱基的缺失并且产生一个终止密码子,导致蛋白水平的表达降低和酶活性的减弱。在不同的猪群体中,突变体表现出糖原含量高和肉质差,证实 *PHKG1* 基因的 C/A 突变是影响猪肉质性状的 QTN(Ma et al., 2014)。2016 年,他们对 5 个分化猪群脂肪酸代谢性状进行 GWAS 分析,检出了 11 个基因组水平显著的 SNP,发现了 *FADS2*、*SREBF1*、*PLA2G7* 等 3 个具有重要育种应用价值的脂肪酸组成性状候选基因(Zhang et al., 2016)。2014 年,华中农业大学等单位发现,*ANGPTL4* 基因第 3 个内含子内 G/A 的突变与猪肉质性状显著相关,推测该位点可能是影响猪肉质的 QTN(Ren et al., 2014)。*BMPER* 基因是血管再生和血管发生过程的一个重要基因。南京农业大学研究发现,血管再生和血管发生过程的一个重要基因 *BMPER* 启动子内 A/C 突变改变了启动子与 GATA 的亲和力,从而影响 *BMPER* 基因的转录。这一突变与背最长肌肌间脂肪含量相关,推测该位点可能是影响猪肌间脂肪含量的 QTN(Liu et al., 2014)。

(6)遗传缺陷与健康性状　有关猪遗传缺陷与健康性状功能基因的发掘方面,江西农业大学研究团队开展了大量工作。2012 年,Ren 等以白杜洛克×二花脸 F_3代杂交群体、DLY 三元杂种猪群、苏太猪和 15 个地方猪群为素材,在 GWAS 基础上证实 *MUC13* 基因显著影响仔猪腹泻。2013 年,他们对白杜洛克×二花脸 F_2资源群体 18、46、240 日龄 3 个阶段的 18 个血液生理指标进行单标记 GWAS 后,发现基因组水平上 185 个显著的 SNP 与血液生理指标相关(Zhang et al., 2013)。血脂含量是临床上评估患心血管疾病风险的重要指标,且具有较高的遗传力。该团队利用 GWAS 鉴定出显著影响猪血脂含量的 109 个 SNP(Chen et al., 2013)。为了鉴定影响血液性状的 QTL,该团队又对 495 头苏太猪进行了单标记 GWAS 和单体型分析,单标记 GWAS 发现 161 个 SNP 与 11 个血液性状显著关联,其中的 44 个 SNP 在全基因组水平显著;通过单体型分析发现 499 个 SNP 与 9 个血液性状显著关联,其中的 154 个 SNP

在全基因组水平显著(Ma et al.，2013)。2014年,该团队又利用白杜洛克×二花脸F_2资源群体,对影响猪阴囊疝的易感位点及位置候选基因开展了基于Illumina porcine 60K SNP芯片的GWAS分析,并在远缘纯种猪阴囊疝三联体核心家系(Trio)群体中进行了重复验证,在2号、8号、17号染色体上共发现了108个猪阴囊疝关联的SNP位点,在SSC2和SSC17上分别鉴别了1个和4个阴囊疝易感位点,在SSC17上鉴别到两个易感单倍型,其中2号染色体上的*IQGAP2*基因和17号染色体上的*CHMP4B*基因可能是影响猪阴囊疝发生的位置功能候选基因(阮国荣等,2014)。

中国农业大学研究团队基于混合模型的单位点回归分析对18个血液性状进行GWAS,经过permutation法对多重检验进行校正后,发现10、24和77个染色体水平上显著的SNP分别与白细胞、红细胞和血小板性状相关(Wang et al.，2012)。随后,该团队采用单位点回归模型对猪T淋巴细胞性状进行GWAS,鉴定出染色体水平61个显著的SNP和基因组水平显著的3个SNP与猪T淋巴细胞性状相关,还发现27个显著的SNP位于免疫相关的QTL区域内(Lu et al.，2012)。他们利用ROADTRIPS软件对仔猪的大肠杆菌F4ab/F4ac菌株小肠黏膜体外黏附表型进行GWAS,检测到28和18个显著SNP分别与易感F4ab和F4ac菌株表型关联,并发现*HEG1*和*ITGB5*两个潜在的候选基因(Fu et al.，2012)。该团队还对细胞因子和免疫球蛋白G进行了GWAS,鉴定出染色体水平上32个显著的SNP,其中4个SNP在基因组水平显著(Lu et al.，2013)。

中国农科院北京市畜牧兽医研究所等单位采用GRAMMAR-GC法对F_2代杂交猪(大白×民猪)的7项红细胞性状进行GWAS,找到62个基因组水平和3个染色体水平显著相关的SNP,其中7和5个SNP分别与血细胞比容和血红蛋白相关(Luo et al.，2012)。

2012年,四川农业大学研究团队利用高通量测序技术绘制了猪脂肪组织和肌肉组织的全基因组甲基化图谱,并研究了差异甲基化基因与差异表达基因之间的调控关系(Li et al.，2012)。2013年,该团队通过对藏猪和家猪的基因组比较研究,鉴定出大量藏猪高海拔适应性的快速进化基因以及家猪中受到强烈人工选择的与肌肉生长、脂肪沉积和免疫相关的基因(Li et al.，2013)。2015年,江西农业大学对11个不同品种的猪进行了全基因组重测序,深入研究了在进化过程中的基因渗入,获得了与中国南北方猪不同温度适应性有关的位点(Ai et al.，2015)。同年,黑龙江省农业科学院与中国农业大学合作,完成了民猪全基因组测序,成功绘制了民猪的首部全基因组序列图谱……我国学者在转录组、蛋白质组、表观遗传组和宏基因组等方面,也开展了大量研究,鉴定了一批与生长、肉质、繁殖等重要经济性状相关的差异表达基因、差异表达蛋白、差异甲基化基因、miRNA、lncRNA等,并对它们之间的调控关系进行了探究。随着猪基因组序列图谱和基因组功能注释等研究工作的不断深入,猪重要经济性状的分子遗传机制将更加明确,调控猪重要经济性状的"黑箱"有望被一一打开,这将对猪育种技术和进程产生革命性的深远影响。

1.3.2 猪标记辅助选择与全基因组选择

以标记辅助选择和全基因组选择为主的分子育种技术是伴随着DNA分子标记技术的发展和应用而逐渐发展起来的。早期的标记辅助选择仅局限于少量功能基因或分子标记信息的利用上,随着大量影响猪重要经济性状的功能基因或SNP的发掘,基于基因组SNP标记的全基因组选择也逐渐由研究转入应用。我国在猪分子育种方面也取得了长足进步，一些功能基因，如 *RYR*1、*ESR*、*FSH-β*、*MUC*13、*VRTN* 等已经在猪育种实践中成功应用，全基因选择的应用正在方兴未艾。随着相关研究工作的深入推进，分子育种技术必将在我国猪育种改良中发挥更加重要的作用。

1.3.2.1　标记辅助选择

标记辅助选择的研究与应用始于 20 世纪 90 年代初期，是伴随着 DNA 分子标记及 QTL 定位的发展而逐渐发展起来的。在利用标记辅助选择开展种猪选择时，可利用两种不同类型的标记信息：一种是直接标记（即主效基因），即标记本身就是功能突变位点，其多态性直接决定目标性状的表达（如 *RYR*1 基因）；另一种则是连锁标记，即与功能突变位点相连锁的多态位点。其中，在利用连锁标记开展标记辅助选择时，由于大多数 QTL 定位的精度偏低，其实施的条件要求高、难度大，因而在实际中的应用较为有限。基于直接标记的标记辅助选择是较为理想的情形。随着猪重要经济性状 QTL 定位研究的不断深入，标记辅助选择在猪育种实践中已得到一定应用，并取得了明显成效。

我国学者在大量功能候选基因分析及标记辅助选择理论研究的基础上，开展了标记辅助选择的实践与探索。在众多的功能基因中，应用范围最广的莫过于影响猪应激敏感性和肉质性状的氟烷基因（*HAL*）。20 世纪 90 年代中期以来，我国学者针对 *HAL* 基因在猪育种和生产中的应用，就其对生长、胴体、肉质性状（程支中等，1995；蒋思文等，1997；巨新义等，1999；杜立新等，2001）、繁殖性状（姜勋平等，1999；杜立新等，2001）的可能影响进行了进一步研究确认；并对不同品种猪群的基因频率差异等进行了系列分析（彭吉超等，1995；杜立新等，2001；白改翠等，2013），为该基因在猪育种实践中的应用奠定了重要基础（李建农等，2001；谈永松等，2001）。我国培育的一些猪新品种（系）及配套系，如湖北白猪、军牧 1 号白猪、宣和猪、滇撒猪配套系等，在其选育过程中都成功应用了 *HAL* 基因检测与净化技术，国内不少种猪企业也在其种猪性能测定中加入了 *HAL* 基因的检测内容。目前，我国猪育种实践中已应用的基因主要有：影响猪肉品质的 *HAL*（*RYR*1）基因、*RN* 基因（*PRKAG*3），影响猪繁殖性能的 *ESR* 基因、*FSHβ* 基因、*PRLR* 基因，影响仔猪断奶前腹泻的 *MUC*13 基因、影响仔猪断奶后腹泻的 *FUT*1 基因，影响猪椎骨数的 *VRTN* 基因等。随着大量功能基因的陆续发掘，猪标记辅助选择的实际应用也必将逐渐走向深入。

1.3.2.2　全基因组选择

全基因组选择技术最早由挪威学者 Meuwissen 等于 2001 年提出，近年来受到了全球的广泛关注，被誉为是动植物育种领域革命性的、最前沿的技术。该技术最早应用于奶牛的遗传评估并取得了巨大成功，模拟研究和实践应用表明全基因组选择可大幅提高青年公母牛育种值估计和选择的准确性，降低后裔测定成本和缩短世代间隔。2009 年，Illumina 公司发布了首款猪的全基因 SNP 芯片（Ramos et al.，2009），使全基因组选择技术应用于猪的育种实践成为可能。随后，国际上利用该芯片开展了大量全基因组选择的应用研究，表明利用 DNA 芯片得到的基因组估计育种值（genomic estimated breeding value，GEBV）具有较高的准确性。一些国际种猪育种公司，如 PIC、Danbred、Hypor 和 Genesus 等先后将全基因组选择技术应用于各自的种猪遗传评估中。其中，PIC 是世界上第一个启动猪全基因组选择技术的猪育种企业。据该公司报道，对于中等遗传力性状（如背膘厚），全基因组选择的准确度提高约 30%；对于低遗传力性状（如产仔数和死亡率），全基因组选择的准确度提高 60%～140%（王晨等，

2016)。公司报告显示，通过应用全基因组选择技术，PIC 猪群的遗传进展提高了 35%。2014—2017 年，PIC 每头商品猪由于全基因组选择技术额外增加的收益从 4.4 元/头增加到 17.6 元/头。TopigsNorsvin 公司自全面实施全基因组选择技术后，遗传进展也提高了 30%。

在国内，中国农业大学与广东温氏食品集团等单位合作于 2011 年率先在杜洛克猪群体中启动了全基因组选择技术的应用研究，目前国内少数种猪公司已陆续开展了全基因组选择的应用。2013 年，我国首例采用全基因组选择技术选育的 1 头杜洛克公猪在广东诞生(王青来和李亚兰，2014)。2017 年，我国自主研发的两款 DNA 芯片——中国农业大学牵头研发的 CAUporcine55K 和江西农业大学牵头研发的“中芯 1 号”猪 DNA 芯片正式发布(周磊等，2018)。在 2017 年全国猪联合育种协作组年会上，我国“猪全基因组选择育种平台”项目正式启动，该平台汇聚了全国 7 家科研单位和 31 家育种企业，标志着我国猪育种技术已开始步入全基因组选择时代，我国生猪育种将翻开崭新篇章。

参考文献

白改翠，王嵌，兰国湘，等．从 *RYR*1 基因角度探讨猪种资源的保护与选育利用[J]．云南农业大学学报(自然科学版)，2013，28(4)：476-481.

陈从英，郭源梅，杨斌，等．在白色杜洛克×二花脸 F_2 资源群体中定位猪四肢骨骨骼长度和直径 QTL [J]．中国农业科学，2009，42(4)：1378-1385.

陈伟生．合作共赢加快建立中国生猪育种体系[J]．中国牧业通讯，2010，24：26-27.

陈英．遗传学上的百家争鸣——记青岛遗传学座谈会[J]．农业科学通讯，1956，10：603-605.

程笃学，罗维真，张龙超，等．利用大白猪×民猪 F_2 资源群体开展瘦肉量全基因组关联研究[J]．农业生物技术学报，2012，20(8)：858-866.

程支中，罗安治，乔绍权，等．猪氟烷及其标记基因与经济性状的相关研究[J]．四川畜牧兽医，1995(4)：7-10.

杜立新，王爱华，姜运良，等．猪 *RYR*1 基因的检测及其对生产性能的遗传效应[J]．畜牧兽医学报，2001，32(6)：481-486.

巩元芳，卢昕，王志鹏，等．猪 2、7 和 8 号染色体上影响血常规指标的数量性状基因座(QTL)检测[J]．生物化学与生物物理进展，2008，35(11)：1291-1297.

郭晓令，Christian L，Norber R，等．利用商品猪群定位猪耳型 QTL[J]．遗传学报，2004，31(8)：819-821.

姜勋平，熊远著，邓昌彦，等．猪肌肉蛋白质含量的 QTL 分析[J]．遗传学报，2002，29(12)：1068-1072.

姜勋平，张牧，刘桂琼，等．猪 *RYR*1 基因对繁殖性能的影响[J]．江苏农业研究，1999，20(1)：48-51.

蒋思文，熊远著，邓昌彦，等．猪 *RYR*1 基因的 PCR-RFLP 分析和氟烷基因利用的研究[J]．中国畜牧杂志，1997，33(2)：9-10，21.

巨新义，帅素容，罗安治，等．猪 *RYR*1 基因对生产性能的效应研究[J]．四川农业大学学报，1999，17(4)：401-405.

兰旅涛，郭源梅，陈从英，等．在白色杜洛克×二花脸 F_2 资源家系中定位影响猪 210 日龄 8 个体尺性状的 QTL [J]. 中国农业科学,2010,43(15):3214-3220.
李加琪,刘小红,王种,等. 长蓝猪 QTL 定位资源群建立及其遗传分析[J]. 遗传学报,2004,31(12):1361-1368.
李加琪,张豪,刘小红,等. 长白-蓝塘猪资源群第 6 号染色体的 QTL 检测[J]. 中国农业科学,2004,37(1):130-135.
凌飞,张豪,蔡更元,等. 蓝塘×长白猪 F_2 资源群 1、4 和 8 号染色体活体性状的 QTL 定位[J]. 中国农业科学,2011,44(8):1745-1752.
刘小磊,杨松柏,Rothschild M,等. 利用紧缩线性模型和贝叶斯模型对猪总产仔数和产活仔数性状的全基因组关联研究[J]. 遗传,2012,34(10):1261-1270.
鲁绍雄,吴常信. 采用多点核心群联合育种促进引进猪种选育提高的探讨[J]. 中国畜牧杂志,2001, 37(5):3-4.
彭吉超,李学伟,肖永柞. 猪氟烷标记基因及基因型频率的品种间比较研究[J]. 四川农业大学学报,1995,13(3):353-358.
彭中镇. 30 年来我国猪育种工作进展与展望[J]. 猪业科学,2008,1:92-95.
彭中镇. 30 年来我国猪育种工作进展与展望(续 1)[J]. 猪业科学,2008,2:86-89.
彭中镇. 30 年来我国猪育种工作进展与展望(续 2)[J]. 猪业科学,2008,3:102-103.
彭中镇. 30 年来我国猪育种工作进展与展望(续完)[J]. 猪业科学,2008,4:106-107.
屈彦纯,邓昌彦,熊远著,等. 猪 2 号染色体遗传连锁图谱的构建与 QTL 定位分析[J]. 遗传学报,2002,29(11):972-976.
屈彦纯,邓昌彦,熊远著,等. 猪 6 号染色体部分遗传连锁图谱的构建与 QTL 定位[J]. 华中农业大学学报,2002,21(5):409-413.
阮国荣,龙毅,宿英,等. 全基因组关联分析(GWAS)鉴别猪腹股沟/阴囊疝易感基因[J]. 畜牧兽医学报,2014,45(11):1775-1783.
盛志廉. 动物数量遗传学在中国[C]. 中国畜牧兽医学会庆祝成立六十周年论文集,北京:中国农业大学出版社,1996.
苏玉虹,熊远著,张勤,等. 大白×梅山猪资源家系生长性状 QTL 的检测[J]. 遗传学报,2002,29(7):607-611.
苏玉虹,熊远著,张勤,等. 猪胴体脂肪沉积性状的 QTL 定位[J]. 遗传学报,2002,29(8):681-684.
谈永松,张似青,张忠明,等. PCR-RFLPs 检测法在无氟烷隐性基因皮特兰猪建群中的应用[J]. 上海农业学报,2001,17(3):34-37.
王晨,秦珂,薛明,等. 全基因组选择在猪育种中的应用[J]. 畜牧兽医学报,2016,47(1):1-9.
王青来,李亚兰. 全国首例全基因组选育特级种猪在粤诞生[J]. 农业知识,2014,2:25.
王晓娜,汪秀星,赵茹茜,等. 应激 QTL 座位 22 个微卫星标记与猪应激性状指标的关系[J]. 遗传,2008,30(11):1439-1447.
吴常信. 动物数量遗传学在我国的发展——祝吴仲贤教授九十华诞[C]. 庆祝吴仲贤教授九十华诞论文集,2001:13-15.
吴常信. 分子数量遗传学与动物育种[J]. 遗传,1997,19(增刊):1-3.
吴常信. 为创建一门新的边缘学科——《分子数量遗传学》而努力[J]. 中国畜牧杂志,1993,

29(4):54-55.

吴仲贤. 数量遗传学的创造性[J]. 中国良种黄牛,1982,Z1:8-14.

吴仲贤译. 群体遗传学[M]. 北京:农业出版社,1981.

肖石军,高军,祁文杰,等. 采用全基因组扫描法定位影响猪后腿质量 QTL [J]. 畜牧兽医学报,2009,40(10):1435-1439.

谢健,喻昌燕,许瑶,等. 可乐猪乳头数性状全基因组关联分析[J]. 中国畜牧兽医,2016,43(11):2866-2872.

宿英,阮国荣,龙毅,等. 全基因组关联分析鉴别白色杜洛克×二花脸 F_2资源家系中猪阴囊疝易感基因位点的鉴定[J]. 中国农业科学,2014,47(14):2872-2880.

杨明,王青来,刘敬顺,等. *MUC*13、*FUT*1 基因在 2 个种猪核心群中的分子标记辅助选择研究[J]. 华南农业大学学报,2015,35(6):1-8.

杨宁,姜力. 动物遗传育种学科百年发展历程与研究前沿[J]. 农学学报,2018,8(1):55-60.

叶健,郑恩琴,胡晓湘,等. 基因组选择技术及其在猪育种中的应用探讨[J]. 中国畜牧杂志,2017,53(11):5-10.

张陈华,蔡绍倩,巩元芳,等. 猪 10 号染色体上影响血常规指标的数量性状基因座(QTL)定位[J]. 中国农业科学,2011,44(2):395-401.

张敬虎,熊远著,左波,等. 猪 4、8 和 13 号染色体上肉质性状的 QTL 定位[J]. 畜牧兽医学报,2007,38(10):1009-1014.

张勤,丁向东,陈瑶生. 种猪遗传评估技术研发与评估系统应用[J]. 中国畜牧杂志,2015,51(8):61-73.

张哲,贺金龙,邓熙,等. 杜洛克猪生长性状全基因组关联分析[J]. 广东农业科学,2014,14:139-143.

赵谦,浦亚斌,关伟军,等. 猪重要性状全基因组关联分析的研究进展[J]. 畜牧兽医学报,2015,46(6):873-881.

赵要风,李宁,肖璐,等. 猪 *FSHβ* 亚基基因结构区逆转座子插入突变及其与猪产仔数关系的研究[J]. 中国科学(C 辑),1999,29(1):81-86.

赵志龙. 难忘的岁月——忆"全国猪育种科研协作组"光辉 20 年[J]. 猪业科学,2007,11:92-95.

周磊,杨华威,赵祖凯,等. 基因组选择在我国猪育种中应用的探讨[J]. 中国畜牧杂志,2018,54(3):4-8. Ai H S, Fang X D, Yang B, et al. Adaptation and possible ancient interspecies introgression in pigs identified by whole-genome sequencing [J]. Nature Genetics, 2015, 47: 217-225.

Andersson L, Haley C S , Ellegren H, et al. Genetic mapping of quantitative trait loci for growth and fatness in pigs [J]. Science, 1994, 263:1771-1774.

Chen C, Yang B, Zeng Z, et al. Genetic dissection of blood lipid traits by integrating genome-wide association study and gene expression profiling in a porcine model [J]. BMC Genomics, 2013, 14(1): 848.

Fan B, Onteru S K, Du Z Q, et al. Genome-wide association study identifies loci for body composition and structural soundness traits in pigs [J]. PloS One, 2011, 6(2): e14726.

Fu W X, Liu Y, Lu X, et al. A genome-wide association study identifies two novel promising candidate genes affecting Escherichia coli F4ab/F4ac susceptibility in swine [J]. PLoS One, 2012, 7(3): e32127.

Fujii J, Otsu K, Zorzato F, et al. Identification of a mutation in porcine ryanodine receptor associated with malignant hyperthermia [J]. Science, 1991, 253: 448-451.

Li M Z, Tian S L, Jin L, et al. Genomic analyses identify distinct patterns of selection in domesticated pigs and Tibetan wild boars [J]. Nature Genetics, 2013, 45(12): 1431-1433.

Li M Z, Wu H L, Luo Z G, et al. An atlas of DNA methylomes in porcine adipose and muscle tissues [J]. Nature Communications, 2012, 3: 850.

Liu Z, Sun W, Zhao Y, et al. The effect of variants in the promoter of BMPER on the intramuscular fat deposition in longissimus dorsi muscle of pigs [J]. Gene, 2014, 542(2): 168-172.

Lu X, Fu W X, Luo Y R, et al. Genome-wide association study for T lymphocyte subpopulations in swine [J]. BMC Genomics, 2012, 13(1): 488.

Lu X, Liu J F, Fu W X, et al. Genome-wide association study for cytokines and immunoglobulin G in swine [J]. PloS One, 2013, 8(10): e74846.

Luo W, Chen S, Cheng D, et al. Genome-wide association study of porcine hematological parameters in a Large White × Minzhu F_2 resource population [J]. International Journal of Biological Sciences, 2012, 8(6): 870-881.

Luo W, Cheng D, Chen S, et al. Genome-wide association analysis of meat quality traits in a porcine Large White × Minzhu intercross population [J]. International Journal of Biological Sciences, 2012, 8(4): 580-595.

Ma J, Yang J, Zhou L, et al. A splice mutation in the *PHKG*1 gene causes high glycogen content and low meat quality in pig skeletal muscle [J]. PLoS Genetics, 2014, 10(10): e1004710.

Ma J, Yang J, Zhou L, et al. Genome-wide association study of meat quality traits in a White Duroc× Erhualian F_2 intercross and Chinese Sutai pigs [J]. PloS One, 2013, 8(5): e64047.

Meng Q, Wang K, Liu X, et al. Identification of growth trait related genes in a Yorkshire purebred pig population by genome-wide association studies [J]. Asian-Australasian Journal of Animal Sciences, 2017, 30(4): 462-469.

Meuwissen T H, Hayes B J, Goddard M E. Prediction of total genetic value using genome-wide dense marker maps [J]. Genetics, 2001, 157(4): 1819-1829.

Qiao R, Gao J, Zhang Z, et al. Genome-wide association analyses reveal significant loci and strong candidate genes for growth and fatness traits in two pig populations [J]. Genetics Selection Evolution, 2015, 47(1): 17.

Ramos A M, Croojmans R A, Affara N A, et al. Design of a high density SNP genotyping assay in the pig using SNPs identified and characterized by next generation sequencing technology [J]. PLoS One, 2009, 4(8): e6524.

Ren J, Duan Y, Qiao R, et al. A missense mutation in PPARD causes a major QTL effect on ear size in pigs [J]. PLoS Genetics, 2011, 7(5): e1002043.

Ren J, Mao H, Zhang Z, et al. A 6-bp deletion in the *TYRP1* gene causes the brown colouration phenotype in Chinese indigenous pigs [J]. Heredity, 2011, 106(5): 862-868.

Ren J, Yan X M, Ai H S, et al. Susceptibility towards enterotoxigenic Escherichia coli F4ac diarrhea is governed by the *MUC13* gene in pigs [J]. PloS One, 2012, 7(9): e44573.

Ren Z Q, Wu W J, Liu W H, et al. Differential expression and effect of the porcine *ANGPTL4* gene on intramuscular fat [J]. Genetics and Molecular Research, 2014, 13 (2): 2949-2958.

Rothschild M, Jacobson C, Vaske D, et al. The estrogen receptor locus is associated with a major gene influencing litter size in pigs [J]. PNAS, 1996, 93: 201-205.

Wang J Y, Luo Y R, Fu W X, et al. Genome-wide association studies for hematological traits in swine [J]. Animal Genetics, 2013, 44(1): 34-43.

Wang L, Zhang L, Yan H, et al. Genome-wide association studies identify the loci for 5 exterior traits in a Large White× Minzhu pig population [J]. PLoS One, 2014, 9(8): e103766.

Wu P, Yang Q, Wang K, et al. Single step genome-wide association studies based on genotyping by sequence data reveals novel loci for the litter traits of domestic pigs [J]. Genomics, 2018, 110(3): 171-179.

Xu R X, Wei N, Wang Y, et al. Association of novel polymorphisms in lymphoid enhancer binding factor 1 (*LEF*-1) gene with number of teats in different breeds of pig [J]. Asian-Australasian Journal of Animal Sciences, 2014, 27(9): 1254-1262.

Yang B, Zhang W, Zhang Z, et al. Genome-wide association analyses for fatty acid composition in porcine muscle and abdominal fat tissues [J]. PLoS One, 2013, 8(6): e65554.

Yang J, Huang L S, Yang M, et al. Possible introgression of the VRTN mutation increasing vertebral number, carcass length and teat number from Chinese pigs into European pigs [J]. Scientific Reports, 2016, 6: 19240.

Zhang J, Xiong Y, Zuo B, et al. Detection of quantitative trait loci associated with several internal organ traits and teat number trait in a pig population [J]. Journal of Genetics and Genomics, 2007, 34(4): 307-314.

Zhang W, Yang B, Zhang J, et al. Genome-wide association studies for fatty acid metabolic traits in five divergent pig populations [J]. Scientific Reports, 2016, 6: 24718.

Zhang Z, Hong Y, Gao J, et al. Genome-wide association study reveals constant and specific loci for hematological traits at three time stages in a White Duroc × Erhualian F_2 resource population [J]. PLoS One, 2013, 8(5): e63665.

第2章
种猪性能测定的进步

本章内容提要

科学规范的性能测定是保证猪遗传评估准确性和育种效果的基础性工作。1972—1992年开展的全国猪育种科研大协作，2000年启动实施的《全国种猪遗传评估方案（试行）》以及2009年启动实施的全国生猪遗传改良计划等，有力地推动了我国种猪性能测定的规范化进程。随着我国猪育种工作的深入开展，种猪性能测定方式经历了由后裔测定为主向以个体测定和同胞测定为主的变迁，"以场内测定为主，测定站测定为辅"的种猪性能测定体系基本形成。种猪自动饲喂测定系统、超声波测定仪以及CT扫描技术、计算机信息技术和基因诊断等技术的应用，加快了测定装备和技术进步。种猪性能测定的精准化和智能化，必将大大提高猪的育种进展和效率。

种猪性能测定就是按照既定的测定方案，将测定猪置于一定的饲养管理条件下采用一定的方法对目标性状进行度量的全过程，是科学开展生猪育种、提高种猪质量的基础性工作。按现代遗传育种学观点，没有种猪性能测定就没有准确的遗传评估（genetic evaluation），就没有真正意义上的育种，猪群的遗传进展就难以保证。种猪性能测定的系统实施改变了过去主要根据系谱、外形和繁殖力来选种的局面，有效地促进了猪育种效率的提升，世界养猪发达国家的成功经验已很好地证明了这一点。

我国种猪性能测定技术体系是随着猪育种工作的不断深入而逐渐建立和完善起来的。1972年，全国猪育种科研协作组成立。在之后的20年里，协作组围绕我国猪育种的若干问题开展了大量协作研究，对推动和规范我国猪性能测定做出了重要贡献。1993年启动的中加瘦肉型猪合作项目，同年成立的大白猪、长白猪、杜洛克猪育种协作组，2000年发布实施的《全国种猪遗传评估方案（试行）》，2006年成立的全国猪联合育种协作组，2009年开始实施的全国生猪遗传改良计划等，进一步推动了我国种猪性能测定的进步。

2.1 种猪性能测定方案

根据遗传学理论，按改良计划和育种目标设置标准化的条件，为准确度量和评定种猪，使种猪某些需要改良的性状得到最大的遗传进展而制定的整套测定方案与技术规程通常称为种猪测定制度（张沅等，2001）。种猪测定制度包括测定方案、测定规程、信息与测定结果使用等方面。由于不同国家和不同地区具体情况、育种计划与目标不同，其测定方式、测定方案、测定技术规程会有所不同，因而形成了不同的种猪测定制度。

我国于20世纪50年代开始试验性地进行后裔测定，70—80年代开始实施综合测定；1985年第一个种猪性能测定中心——武汉种猪测定中心的建立，结束了我国没有种猪中心测定站的历史，标志着我国种猪测定工作开始向正规化方向发展（彭中镇，2008）。随着我国猪育种工作的深入开展，种猪性能测定方式经历了由后裔测定（progeny test）为主向以个体测定（individual test）和同胞测定（sib test）为主的变迁，“以场内测定为主，测定站测定为辅”种猪性能测定体系基本形成（熊远著，2005；刘望宏等，2014）。

2.1.1 后裔测定、同胞测定与个体测定

与世界各国相似，我国种猪性能测定也大致经历了由后裔测定为主向以个体测定和同胞测定为主的变迁。但从根本上说，后裔测定、同胞测定和个体测定并非是彼此独立的。例如，个体测定与全同胞测定实质上也是对其父母的后裔测定，父系半同胞测定实质上也是对父亲（上一代种公猪）的后裔测定。现代猪育种的一个重要观点就是利用一切可利用的信息提高遗传评估和选种的准确性。从这个意义上讲，育种实践中应尽量将3种测定方式有机结合起来使用，只不过是在猪的育种中更侧重于个体测定和同胞测定而已。

2.1.1.1 后裔测定为主的种猪测定方案

众所周知，丹麦是最早系统开展种猪性能测定的国家。1896年建立了世界上第一个育种猪群，在国家层面上开展种猪质量认证、纯种选育、种猪登记和杂交生产。1899年首次在育种群中开展后裔测定。1907年建立了世界上第一个种猪后裔测定站，并通过系统的后裔测定成功培育了世界著名的瘦肉型猪品种长白猪（倪德斌，2016）。之后，世界各国兴起了种猪后裔测定热潮，如瑞典、加拿大、日本相继于1923年、1935年和1960年建立了种猪后裔测定站，开展了后裔测定工作。

20世纪70年代，我国在汉白猪、哈白猪、黑花猪及上海白猪等猪种的选育过程中都曾采用过后裔测定。当时，育种学家认为在一个育种单位保持相对稳定的饲养管理条件下，在现有的种公猪中进行性能鉴定评定出种公猪的优劣，这种方法切实可行，也行之有效（黑龙江省畜牧研究所黑花猪育种课题组，1979）。通过种公猪的后裔测定，选出优秀种公猪和其继承者，并将这些种猪的后代集中推广，使得优秀的后裔猪群迅速扩大，有效提高了猪群质量。

2.1.1.2 个体测定和同胞测定为主的种猪测定方案

在1957—1978年的20年间，丹麦种猪的胴体品质和肉质改良主要依据同胞测定，实施的

是同胞与后裔相结合的测定制度。20 世纪 40—70 年代，随着数量遗传学的发展，特别是 70 年代超声波技术成功用于活体测膘后，丹麦在农场和测定站中都先后开始转向个体测定，实施了个体测定与同胞测定相结合的制度。20 世纪 70 年代，美国、英国、加拿大等国家也都转向了个体性能测定与同胞测定相结合的综合测定制度。

20 世纪 80 年代，在我国上海白猪的育肥性能测定中，有人认为后裔测定进度较慢，不如同胞测定可以缩短世代间隔而加速遗传改良的进度。但当时育种学家认为在实际工作中首先需要了解已在使用的种公猪育肥性能，以定取舍。在评选核心群母猪时，也需要了解其育肥性能，于是实施以后裔测定为主，结合后备公猪同胞测定的测定方法。至于后备母猪，则实行多留精选，并随着品系繁育的进展逐步加强同胞测定，但后裔测定并不可完全摒弃。

在猪的经济性状中，生长速度、背膘厚、饲料转化效率等性状属中高遗传力性状，通过个体测定即可获得理想的选择效果。同胞测定可用于限性性状、屠宰性状、阈性状的选择，用于早期选种；同胞数目可以很大，可有效提高育种值估计的准确度。当测定的全、半同胞数量较多时，其育种值估计的准确度甚至可高于个体测定，所能获得的遗传进展也高于世代间隔更长的后裔测定。20 世纪 80 年代以后，最佳线性无偏预测(best linear unbiased prediction, BLUP)的应用使得人们可以充分利用各种亲属信息估计个体的育种值，因而种猪性能测定也更加侧重于世代间隔更短的个体测定和同胞测定。

2.1.2　测定站测定与场内测定

根据测定场所的不同，种猪性能测定可分为测定站测定(station test)和场内测定(on-farm test)两种形式。测定站测定是将待测种猪集中到测定站，在同一环境条件下进行测定，经测定的优良种猪引入人工授精站或返回育种群使用。场内测定则利用本场设施和技术直接在各个猪场内进行测定，也不要求在统一的时间内进行，测定结果主要用于本场的种猪选择。

2.1.2.1　种猪的测定站测定

1907 年，丹麦建立了世界上第一个猪的中心测定站。随后，瑞典、芬兰、挪威、美国、加拿大、日本等国也相继建立了各自的中心测定站。20 世纪 60—70 年代，测定站测定在发达国家得到了普遍应用。1985 年，我国建立了第一个种猪性能测定中心——武汉种猪测定中心，在此基础上于 1994 年建立了农业部种猪质量监督检验测试中心(武汉)，标志着我国种猪测定开始向规范化和标准化方向发展(熊远著，2005)，为我国开展种猪测定奠定了重要基础。1995 年，我国第二个种猪测定中心——广东省种猪测定中心，即后来的农业部种猪质量监督检验测试中心(广州)建成。之后，四川、北京、浙江、重庆、云南、上海、河南、广西、黑龙江、江苏等省(市、区)也建设了相应的种猪性能测定中心(站)，开展了种猪性能的测定站测定工作，对推进我国种猪性能测定工作起到了积极作用。

1. 测定站测定的主要优、缺点

测定站测定的主要优点在于：①所有个体的测定环境条件相同，个体间在被测性状上的差异主要为遗传差异，因而个体的遗传评估更为可靠；②容易保证测定结果的中立性和客观性；③可对一些需要特殊设备或较多人力才能测定的性状进行测定。但也存在如下缺点：①测定成本相对较高；②测定规模受限，选择强度也相应较低；③运输过程及不同猪场种猪集中在一起测定，疫病传播的风险较高；④某些情况下，依据测定站测定结果所得的种猪估计育种值(estimated breeding value，EBV)排序可能与生产条件下的实际排序不一致，这在一定程度上影响了测定站测定结果在育种群种猪选择上的应用。

2. 我国种猪测定站测定的主要应用

武汉种猪测定中心建立之初，主要为出口外贸猪场瘦肉型种猪提供性能测定第一手资料。2000年以来，以武汉种猪测定中心和广东省种猪测定中心为代表的测定站测定在我国得到了迅速发展，测定站主要是对公猪进行性能测定。随着种猪性能测定工作的推进及全国生猪遗传改良计划的实施，种猪性能测定站的主要作用也逐渐明确：①为种猪场技术人员进行种猪性能测定和记录的培训与示范；②比较不同个体种猪生长速度、饲料报酬、背膘厚等生产性能的差异；③为种猪场、商品猪场和人工授精站提供经过性能测定的优良种公猪等。近年来，部分种猪测定中心还承担了全国统一组织的种猪生产性能年度测定任务。结合种猪的测定站测定，1994年，广东省养猪行业协会举行了全国首次种猪拍卖活动，至2017年已连续举办了43届。2001年，湖北省举办首届种猪拍卖会，至2017年已连续举办了17届。我国很多省市都相继举行过种猪拍卖会，种猪拍卖逐渐向规范化和理性化方向发展，对促进我国种猪展示与交流起到了积极作用。

2.1.2.2　种猪的场内测定

场内测定的优、缺点则正好与测定站测定相反，当各场间缺乏遗传联系时，不同猪场的测定结果不具有可比性，因而不能进行种猪的跨场遗传评估。

20世纪80年代以来，猪人工授精技术的发展及广泛应用为种公猪的跨场使用及场间遗传联系的建立创造了条件；在建立场间遗传联系基础上，应用动物模型BLUP方法可以有效校正不同环境的影响，从而实现种猪的跨场遗传评估和跨场比较。2009年以来我国持续实施的国家生猪遗传改良计划，不仅进一步推动了种猪性能测定的规范化，还大大提升了以国家生猪核心育种场为代表的种猪性能测定装备水平。这样就使场内测定原有的一些重要缺陷，如遗传评估准确性偏低、测定性状受限、不同猪场测定结果不具可比性等得到了弥补，使得场内测定逐渐成为种猪性能测定的主要方式，并逐渐形成了“以场内测定为主，测定站测定为辅”的格局。其中，场内测定主要用于各猪场的种猪选择，测定站测定则主要测定和选择优秀公猪，并与种公猪站建设相结合，通过人工授精将优秀公猪的优良基因分配到各种猪场，增加各场猪群间的遗传联系，促进种猪的跨场遗传评估和联合育种，提高猪群遗传进展(丁向东，2012)。

由于场内测定是直接为种猪场自身种猪遗传改良服务的，因此测定方案应从解决本场猪群实际问题出发，测定项目、方法应符合本场实际，并配合本场育种计划进行，着重围绕提高本场核心群遗传进展和种猪质量开展性能测定(彭中镇，2005)。在生产实践中，一些猪场对性能测定的意义仍认识不清，只求完成测定任务，结果使性能测定成了猪场“负担”，却没能促进猪群的改良。从性能测定对选种效果的影响来讲，测定规模越大，要是能全群测定，则其对育种的作用也越大，但实际中很难做到。一般而言，育种场的年测定规模约为其全年所需种猪数的8倍(公母各半)，繁殖场约为其全年所需种猪数的3.2倍(公母比例为1∶2)。我国种猪遗传评估方案的建议是，每窝至少测定1头公猪、2头母猪。

2.2　种猪性能测定技术与装备

测定技术和装备对种猪性能测定的方式、性状类别和准确性有着重要的影响。随着我国猪育种工作的不断深入，种猪性能测定技术不断进步、性能测定的装备化水平不断提升。种猪体型外貌评定逐渐由定性评定转向定量与定性相结合；种猪自动饲喂测定系统的应用不仅有效提高了种猪生长性能的测定效率，还大大提高了饲料转化率(feed conversion rate，FCR)测定的准确性；活体超声测定等技术和装备的发展及应用促进了猪活体胴体性能测定的不断拓展；以DNA标记为主的分子生物学技术的迅猛发展和应用，正在深刻地影响着种猪性能测定与遗传评估。随着种猪性能测定技术和装备的不断发展，必将有力地推动我国猪育种技术进步和育种效率的提升。

2.2.1　种猪体型外貌评定

体型外貌虽不是生产性能，但会影响种猪的生产性能和种用价值，也会影响猪的商业价值。在育种和生产实践中，无论是育种值还是选择指数，都不能完全准确地反映一头种猪种用价值的高低。因此，种猪的体型外貌评定仍然是种猪选择的重要技术手段，也是种猪性能综合评价的重要组成部分。

在猪育种工作早期阶段，人们对种猪体型外貌的评定仅仅根据肉眼观察，主要从形态学上对种猪进行主观评定，并无严格的定量标准。后来逐渐发展了两种比较客观的评定方法：一种是基于身体结构的协调性定出种猪身体结构的理想尺寸，再将各个体与之相比较，这种协调性主要是从解剖学角度而不是生理学的角度去考虑的；另一种方法则是给猪体各部位评分，对个体体型外貌的评定除了有总体评定外还有各个部位的评分，但这种评分是用肉眼观察给出的，或多或少都带有一定的主观性。

目前，国内外一些大型种猪企业都已经形成了标准化的种猪体型外貌评定方法。尽管不同评定方案在一些具体细节上会有差异，但对种猪主要外貌特征的要求基本上是一致的。现以其中的一种方法(赵书广等，2013)简要介绍如下：

1.评定内容

在实际中进行种猪的体型外貌评定时，一般将猪体分为几个部分来观察，然后再进行整体观察，同时考虑第二性征的发育和遗传缺陷等内容，分项评分。其中，遗传缺陷具有一票否决权。对于瘦肉型猪品种，可按头颈部、前躯、中躯、后躯、肢蹄结实度、体质与体型结构等6项内容分别进行评定。

(1)头颈部(5分)　品种特征典型，符合相应品种标准规定的要求；上下颌、唇吻合良好，鼻面部无变形；眼角无明显泪斑；颈肩结合良好，无明显的肥腮。

(2)前躯(5分)　肩胛平宽，胸宽深，发育良好，肌肉丰满；鬐甲与颈、胸、背部结合良好，无凹陷或鬐甲高于颈背部的现象。

(3)中躯(5分)　背腰平直，宽深而长，发育良好，肌肉丰满；腹线平直，胸腹侧无皱褶，有效乳头数12个以上且排列均匀、整齐；公猪包皮无严重积尿。

(4)后躯(5分)　腿臀发育良好，肌肉丰满结实；荐尾部结合良好，尾根较高；公猪睾丸发育良好，左右对称，大小适中，阴囊有弹性、不下垂；母猪外阴发育良好，不上翘。

(5)肢蹄结实度(5分)　前后肢各关节发育正常，无变形现象；前后肢与前后躯各部位结合紧凑；站立时，前肢轴线与地面垂直，后肢不前倾，跗关节不内靠、不外翻；前后腿和系部粗壮结实，有弹性；趾蹄结实、对称、大小一致，无蹄裂。运动时起卧快捷自然，四肢动作灵活协调，无扭动、跛行等异常现象。

(6)体质与体型结构(5分)　背线平直或微弓，各区发育均衡适度，结合良好；腹线平直，胸腹部紧凑无皱褶，肩、胸、腹、大腿部结合良好，体型结构匀称，符合瘦肉型猪体型。体质结实、紧凑，皮毛光亮，膘情适中，反应敏捷，符合种用体况。公猪有雄性表现，精力旺盛；母猪性情温顺，精神状态良好。起卧自然、快捷，运动时各部位协调、灵活。

2. 评定方法

国内外对种猪外形评定的方法不尽相同，一般较为常见的方法为分项评分法，即在上述分项评分的基础上，再根据每项内容的重要性进行加权，得到个体的体型外貌评分：

$$P = 2(P_1 + P_2) + 3P_3 + 4(P_4 + P_6) + 5P_5$$

其中，P 为体型外貌评定总分(百分制)；$P_1 \sim P_6$ 分别为头颈部、前驱、中躯、后躯、肢蹄结实度、体质与体型结构评分。

2.2.2　种猪生长性能测定

猪的生长性能测定的性状主要包括达目标体重日龄(age to target living weight)、日增重(average daily gain, ADG)和饲料转化率3个性状。前两个性状的测定相对较为容易，而饲料转化率(即料重比)的测定就较为困难。我国对猪饲料转化率的测定大致经历了群体平均、单栏记料的长期历程。20世纪90年代以来，随着种猪自动饲喂测定系统的引入与应用，使得我国猪包括饲料转化率在内的生长性能测定逐渐发展到了一个新的阶段。目前，种猪自动饲喂测定系统的产品很多，如美国OSBORNE公司生产的FIRE系统、法国ACEMO公司生产的ACEMA64系统等，但其基本原理都大致相同。

2.2.2.1　种猪自动饲喂测定系统的组成

种猪自动饲喂测定系统主要由射频识别(radio frequency identification，RFID)电子耳号牌、测定站和主电脑控制系统3部分组成(黄瑞森等，2012；黄瑞森和李焕烈，2012)。

1. RFID电子耳号牌

固定在猪耳朵上，是每头种猪在测定系统内的唯一标识，它与测定站的读卡器配合使用以进行猪的个体识别。

2. 测定站

由测定护栏、读卡器、自动给料计量装置和自动称重装置等组成。当种猪进入测定围栏后，RFID电子耳号牌向读卡器发出信号，读卡器迅速识别后就实现了主机连接，测定站和主电脑控制系统就开始对该种猪进行监控测定，建立全部测定记录。种猪进入测定站的采食箱时，自动给料装置开始给料，采食完毕后停止给料。系统会自动记录测定种猪此次进入和退出测定站的时间及采食量，并将每头猪的采食量自动累加成为当天的总采食量。测定站内的自动称重装置在种猪采食时完成称重，系统将自动记录该种猪此次采食时的体重及每天多次进站体重平均值，作为当日的体重值。

3. 主电脑控制系统

智能型种猪测定系统能连续准确地记录种猪在群养下，每头种猪每天的采食开始时间和结束时间、采食次数和总采食量、每天的体重。主电脑控制系统根据测定统计数据自动生成每头种猪每天的日增重和料重比等测定报告。同时还可对系统内测定种猪的性能进行排序。

2.2.2.2　种猪自动饲喂测定系统的优点

总的来说，种猪自动饲喂测定系统具有数据准确、劳动效率高的优点（Jones 和周立臣，2011）。

1. 数据准确，精度高

通过种猪性能测定系统，可建立采食事件数据库、数据库内容包括测定栏号、测定猪 RFID 电子耳牌号码、场内编号、采食开始及结束时间、采食开始及结束时的料槽重量、采食量、猪只体重。采食事件数据是所有测定数据的计算基础，数据不可更改，不可取消。由采食事件数据库得到猪性能报告的数据，它包括测定栏号、RFID 电子耳牌号码、场内编号、测定开始日期、测定天数、总采食量、总采食次数、总采食时间，以及该猪在测定期内每天的采食量、采食次数、采食时间和每天的体重，由测定猪性能报告的数据得到测定猪生产性能综合报告，包括测定站号或范围、测定猪号、采食总量、开始体重、总增重、平均日采食量、平均日增重、饲料报酬以及对各项指标进行自动排序。

2. 劳动效率高

每个测定站可饲养 12～15 头种猪，每台主电脑控制系统可管理 128 个测定站，所以智能种猪测定系统不仅测定准确而且其自动化程度和生产效率很高，1 个人可以管理 300～400 头种猪的测定工作。因此，种猪性能测定系统在遗传育种公司、大学、研究所的实验室、政府部门的测定中心、饲料生产企业、兽药生产企业、纯种猪场等得以广泛的应用。

种猪自动饲喂测定系统强大的数据记录和处理功能对猪只的采食行为、日饲料利用率、采食曲线等做出细微分析，有助于猪行为学、采食性状和精准饲料配方的研究。目前，除各省建立的种猪测定中心（站）外，不少种猪企业也配备了一定数量的种猪自动饲喂测定系统，对促进我国种猪性能测定及选育技术的发展起到了积极作用。

近年来，国内一些单位在猪自动饲喂测定系统方面也开展了一系列研发，对促进我国种猪性能测定装备的发展起到积极作用（徐世军和叶秋冬，2012；麦永强，2014；陈军梅等 2014；熊本海等，2017）。针对缺乏 6～30 kg 体重幼猪自动饲喂测定系统的状况，广东省现代农业装备研究所研究应用无线射频识别技术、传感技术、信息传输技术，开发出能够监测与记录 6～30 kg 阶段幼猪实时采食行为、采食量、实时体重的测定和分析系统，实现了大规模群养的猪只情况自动记录，分析其生长性能（罗土玉等，2017）。该系统设备可以更早地反映每头猪的生产水平，及早淘汰相对较差的猪只，从而提高种猪选种效率。

2.2.3　种猪活体胴体性能测定

猪的胴体组成是衡量一头猪经济价值的最重要指标，因而也是猪生产性能测定的最重要组成部分。在猪胴体性能的系列性状中，背膘厚、眼肌面积和瘦肉率是3个十分重要的性状。严格的胴体组成必须在屠宰后对猪的胴体进行分割后测定，但这需要较高的人力、物力和财力，而且无论多么优秀的个体在屠宰后都不可能再做种用（除非保存了冷冻精液）。因此，如何准确、便捷地开展胴体性状的活体测定一直是猪育种工作者梦寐以求的目标。

猪背膘厚的活体测定技术经历了刺尺测膘、A超示波测膘、A超数显测膘、B超测膘、A超专业化数显测膘和B超集成型测膘等发展过程。其中，刺尺测膘是最早的活体测膘技术，尽管测定过程较为麻烦，且对猪有损伤和应激，但直到20世纪80—90年代我国仍有应用（连林生等，1994）。在超声技术引入猪活体测定之前，人们对眼肌面积、瘦肉率的活体测定几乎是无能为力的。超声活体测定技术的建立与发展使其成为现代猪育种的一个重要手段，并正在推动着猪活体胴体及肉质测定技术的深度发展。

2.2.3.1 猪胴体性能的超声测定

超声活体测定技术自20世纪80年代用于猪的活体背膘测定以来，还相继被应用于活体眼肌面积和活体瘦肉率的测定，进一步发展了猪胴体性能的活体测定技术。利用超声测定猪活体胴体性状的基本原理是，猪的表皮、脂肪、肌膜、肌肉、骨骼等不同组织间声阻抗值存在差异，当超声波通过不同组织构成的界面时会产生可识别的反射，根据回声的分布、强弱即可推断不同组织在猪体内的位置和大小，从而测量出其长度、面积等信息（李根等，2017）。根据超声回声显示方式的不同，超声仪器又有A型、B型、D型、M型4类。在猪育种和生产中常用的为A型和B型。其中，由于B超具有更高准确性，不少种猪场都逐渐以B超取代了A超。

背膘厚是猪瘦肉率（量）改良的一个重要的间接性状，已被广泛应用于猪的遗传改良实践。眼肌面积也与瘦肉率密切相关，其准确测定对评估和改进猪瘦肉率也具有重要意义。最早的猪背膘厚活体测定技术是由Hazel于1945年发明的探针法。随着超声波技术在猪活体测定上应用的日趋深入，人们已经可以借助B型或A型超声波背膘测定仪较为准确、快捷地完成猪活体背膘厚的测定，并在国内外猪育种和生产实践中得到了广泛应用。猪眼肌面积是胴体性能测定中的一个重要指标，迄今为止的大多数测定仍然是在猪只屠宰后进行的。现在应用B超即可在背膘测定的同时，快捷地测定出眼肌高度及面积（图2-1），并应用于猪的选种。

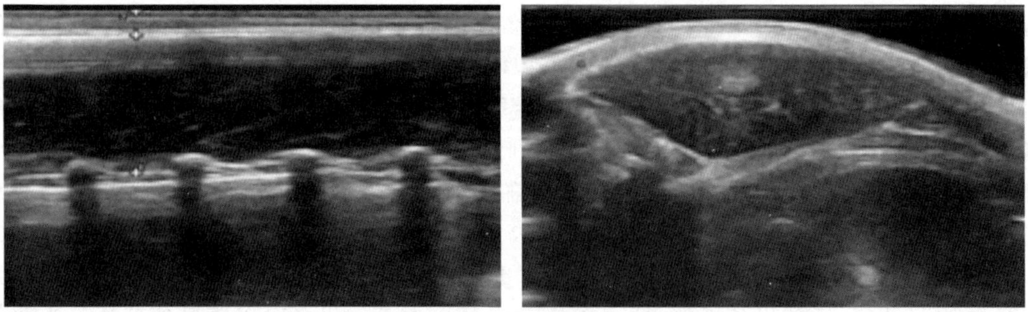

图2-1 猪活体背膘(左)和眼肌(右)B超影像图

根据B超测定的活体背膘厚、眼肌面积或高度等性状，即可估测出个体的瘦肉率。目前已有在背膘厚测定的同时估计出瘦肉率的B超设备。

在实际中进行猪胴体性状的活体超声测定时，不同仪器、测定人员的操作水平和熟练程度等都会对测定结果的准确性产生影响，应引起必要的注意。

2.2.3.2　计算机断层扫描技术

通过计算机断层扫描(computed tomography，CT)技术对猪只个体进行扫描时，由于猪的骨组织密度较高，且有大量矿物质，因而对 X 射线的吸收能力很强；相反，脂肪组织对于 X 射线的吸收能力则很弱。不同衰减程度通过计算机转化为灰度图像，再通过灰度的深浅可以了解猪的骨架结构，也可以用来计算猪的身体构成(如瘦肉率)，还可以了解猪的肉质(如肌肉中脂肪含量)等。

在猪的育种上，CT 技术在以下几个方面具有诱人的应用价值：①评估猪的胴体组成。通过 CT 图像，人们可以对猪的瘦肉率、屠宰率、特殊部位的出肉率(如五花肉的出肉率)进行测算。而且胴体不同组织的分类和计算可以通过计算机自动完成。②评估肉质。与肉质相关的一些性状，如肌间脂肪含量、脂肪的饱和程度都可以通过 CT 进行测量。③骨骼强壮程度和兽医诊断成像。CT 可以检测骨的性状、结构和密度，且可以显示猪骨骼的内部畸形。可以让我们在种猪选留时对猪的骨骼健壮程度进行选择，从而降低种猪因肢蹄问题而导致的淘汰。此外，CT 技术还可以辅助进行兽医诊断。CT 扫描仪对每头猪采集 1 100 张图像，每 0.05 英寸采集 1 张，每头猪的图像大小平均为 500 M。利用 CT 技术我们可以快速获得大量猪体内部的性状信息，因而有望拓展猪的选择性状，加快猪群的遗传改良。

尽管目前 CT 技术在猪育种实践上的应用仍不多见，但其潜在的应用前景还是引起了育种工作者的极大兴趣，是一项值得进一步探索的猪性能测定技术。

2.2.4　猪肉品质测定

随着人们生活水平和消费能力的提高，对优质猪肉的需求也与日俱增。最近几十年来，世界范围内的主流猪种在生长速度、瘦肉率和繁殖性能的选育上取得了巨大的进展，养猪生产效率大幅提高。可以预见，今后猪育种对肉质的关注度将越来越高。猪肉质性状的准确测定对优质肉猪选育具有十分重要的现实意义。

事实上，我国对猪肉质性状的测定与研究由来已久。陈润生教授等于 1978 年在三江白猪培育的后期率先在国内进行了猪肉质评定方法的探索研究。1979 年，由许振英、张照、龙天厚主持的“中国地方猪种质特性测定”课题将肉质列为重要的测定性状进行了测定，先后开展了民猪、姜曲海猪、二花脸猪、嘉兴黑猪、金华猪、内江猪、香猪和大花白猪共 8 个代表性地方猪种及大白猪、长白猪等外来品种猪的肉质测定，开创了我国大规模猪肉品质测定的先河。1983 年，全国猪育种科研协作组在浙江农科院召开了第一次全国猪肉质评定经验交流会，开展了广泛的学习讨论和交流，对提高肉质研究的理论水平和规范测定方法起到了重要推动作用。1989 年，农业部标准局委托中国农业科学院畜牧研究所组织编写《瘦肉型猪肉质评定方法》国家标准，先后作了 6 次修订并通过了专家鉴定，但因种种原因未见颁布。直到 2004 年，《猪肌肉品质测定技术规范》(NY/T 821—2004)才正式发布，使猪肉质测定有了全国统一的技术规范。目前，我国猪肉质测定已经有了一套较为完整的指标和技术体系。

在猪肉质评定的系列指标中，肌内脂肪(intramuscular fat，IMF)含量是公认的影响猪肉口感、风味、嫩度和多汁性最重要的指标之一。围绕猪肉肌内脂肪含量的测定与评估，国内外学者从多种角度开展了大量研究(Newcom et al.，2002；Newcom et al.，2005；Jung et al.，

2015；张哲等，2006；侯明倖等，2013；张雄等，2018），可直接测定猪活体肌内脂肪含量的B超技术已经诞生。张哲等(2006)尝试了计算机视觉技术在猪眼肌肌内脂肪含量测定中的应用，初步发现这一方法的可行性。侯明倖等(2013)报道，猪B超活体肌内脂肪含量测定值与屠宰测定值间呈显著的正相关，说明应用B超进行活体肌内脂肪含量的方法可用于猪的育种实践。袁才珺等(2013)设计并实现了基于超声图像的活体猪肌内脂肪含量算法和分析模型。陈亚静等(2015)比较了近红外光谱法等4种方法对猪肌内脂肪含量的测定结果，认为近红外光谱法具有简便快捷准确的优点，可以作为猪肌内脂肪含量的快速检测方法。张雄等(2018)以从江香猪为素材，基于活体眼肌面积超声图像和背膘厚构建的回归模型，可应用于肌内脂肪含量的活体预测。

2.2.5 种猪应激敏感性测定

猪的应激敏感性或氟烷敏感性是导致猪应激综合征(porcine stress syndrome, PSS)或恶性高温综合征(malignant hyperthermia syndrome, MHS)的根本原因。应激敏感猪在运输、转栏、高温、预防注射和配种等应激因子的作用下会导致呼吸急促、心跳亢进、体温升高、肌肉僵直、后肢呈现痉挛性收缩等症状，严重者发生死亡；且这种猪往往会以异常高的频率发生PSE(pale, soft, exudative)或DFD(dark, firm, dry)肉，给肉猪生产造成很大的经济损失。

猪活体应激敏感性的测定是预测猪肉品质的重要手段，随着DNA分子标记技术的发展和应用，猪应激敏感性的活体测定方法经历了由氟烷测验(halothane test)、血液生化标记检测到DNA诊断的发展历程。最早的氟烷测验法不能识别氟烷基因(*HAL*)杂合子，且会出现一定比例的假阳性。根据磷酸己糖异构酶(Phi)、6-磷酸葡萄糖酸脱氢酶(6-Pgd)、血清后白蛋白-2(Po_2)、H血型位点、S血型位点与*HAL*位点的连锁关系来推断个体的氟烷基因型(熊远著等，1996)，其准确率可以达到90%左右，但检测方法相对较为复杂，在实践中的大规模应用有一定难度。

已经证实，猪的应激敏感性或氟烷敏感性受猪骨骼肌兰尼定受体(ryanodine receptor, *RYR*1)基因的一个单碱基突变位点C1843→T1843(C1843T)所控制(Fujii et al., 1991)，且该位点的突变导致了限制性内切酶*Hha*Ⅰ(5′GCG↓C3′)酶切位点的消失，并据此建立了快速检测*RYR*1基因C1843T位点基因型的PCR-RFLPs技术。目前，只需少量组织样品(血液、毛发或皮肤)，即可实现猪应激敏感性的快速、准确检测，并在国内外猪育种和生产实践中得到了广泛应用。

2.3 种猪性能测定性状与选择性状的变化

作为猪育种的基础性工作，其测定性状会随着特定历史阶段育种目标的变迁而发生相应的变化。在一个具体的育种方案中，性能测定的性状始终要围绕具体的育种目标开展。性能测定技术和装备的进步在很大程度上推动了种猪测定性状的变化，性能测定的准确性也逐渐提高。

2.3.1　我国种猪测定性状的变化

在我国猪育种工作的发展历程中，早在 1972 年，全国猪育种科研协作组讨论制定的《关于优良猪种选育若干技术问题的意见》（后更名为《关于猪种选育若干技术问题的意见》，简称《意见》）中就已有猪性能测定性状的系统描述，至 1982 年，协作组对《意见》进行了 3 次修改。《意见》明确了生长发育、繁殖性能、育肥性能、胴体品质、肉质共 5 类 40 个性状，其中生长发育性状 11 个、繁殖性状 8 个、育肥性状 2 个、胴体品质性状 11 个、肉质性状 8 个（全国猪育种科研协作组，1983）。2004 年，我国集中发布了《种猪登记技术规范》（NY/T 820—2004）、《猪肌肉品质测定技术规范》（NY/T 821—2004）、《种猪生产性能测定规程》（NY/T 822—2004）、《瘦肉型猪胴体性状测定技术规范》（NY/T 825—2004），为种猪性能测定提供了统一的技术规范。上述 4 个标准共涉及 5 类 40 个性状，其中生长育肥性状 5 个、繁殖性状 10 个、胴体性状 10 个、肉质性状 7 个、体型外貌性状 8 个。

改革开放以来，随着我国猪育种目标的变化以及性能测定技术和装备的发展，使性能测定的性状也发生了相应变化。与过去育种实践中的测定性状相比，现行种猪测定性状主要有如下变化：①活体胴体性状的测定受到重视，目标体重活体背膘厚纳入主选性状进行遗传评估，部分企业还开展了活体眼肌面积、估计瘦肉率的测定；②生长性能测定性状中，2～6 月龄生长发育测定逐渐淡出，测定阶段简化为始测体重至结测体重，主要测定达目标体重（如 100 kg 体重）日龄；③一些过去难以准确测定的性状（如采食量、饲料转化效率等）已陆续开展测定，以应激敏感基因为主的功能基因检测已在部分种猪企业应用。

2.3.2　我国猪主选性状的变化

在种猪性能测定中，测定性状是随着育种目标变迁和技术手段的进步而变化的。20 世纪 90 年代以前，由于我国养猪生产的整体水平和效率较低，产业发展以数量增长为主要目标，加之测定技术和手段的限制，猪的育种目标更多地关注生长速度和繁殖性能，而对瘦肉率的关注度不高。90 年代以后，随着瘦肉型猪需求的逐渐增长及性能测定技术与手段的进步，猪的育种转而更加注重瘦肉率的提高，背膘厚也逐渐被广泛纳入主选性状加以选择。

2.3.2.1　主选性状的变化

在 1982 年全国猪育种科研协作组修订的《关于猪种选育若干技术问题的意见》中，尚未提及活体背膘厚这一性状，对背膘厚的测定仅在屠宰后进行，因而难以纳入主选性状加以有效选择。在这一时期，猪选择指数的主选性状也较为分散。例如，在广东大花白猪的选育中，曾利用 6 月龄体长、6 月龄腿臀围和 6 月龄体重构建选择指数进行种猪选择（广东省农科院畜医所等，1978）；姜曲海猪同时使用了两个选择指数来进行种猪的选留，其中母猪繁殖性能选择指数以产活仔数、断奶仔数和仔猪断奶平均个体重为主选性状，后备种猪的选留则以 6 月龄体重、6 月龄体长和外貌评分 3 个性状构建的选择指数来进行选择（王林云和蒙妙枝，1979）；在大河猪火毛快长系的选育中，则利用 6 月龄体重、体长和腿臀围构建的综合选择指数来选择后备种猪（连林生等，1992）。

20世纪90年代以后，超声波背膘测定仪逐渐应用于猪的性能测定，为准确快捷地测定活体背膘厚提供了有力工具，从而大大促进了这一性状的选择，我国猪育种的主选性状也发生了相应变化。如1993年开始的撒坝猪选育中，将6月龄活体背膘厚纳入主选性状，利用6月龄体重、体长和活体背膘厚3个性状构建的选择指数进行后备种猪选择（连林生等，2000）。

2000年颁布实施的《全国种猪遗传评估方案（试行）》，2009年启动实施的全国生猪遗传改良计划实施方案（王宗礼等，2013），要求的必测性状为3个：总产仔数、达100 kg体重日龄和100 kg体重活体背膘厚，建议测定和记录的性状共有8个，包括4个生长性状（30～100 kg体重日增重、100 kg体重肌内脂肪含量、采食量和饲料转化效率）、4个繁殖性状（产活仔数、产仔间隔、初产日龄和21日龄窝重），同时鼓励有条件的种猪场开展胴体和肉质性状测定。明确将100 kg体重活体背膘厚纳入主选性状进行遗传评估，所制订的父系指数（sire line index，SLI）包括达100 kg体重日龄、100 kg体重活体背膘厚2个性状，用于父系品种（如杜洛克、皮特兰）的选择；母系指数（dam line index，DLI）则包括总产仔数、达100 kg体重日龄和100 kg活体背膘厚3个性状，用于母系品种的选择（如长白猪、大白猪）。从两个选择指数的性状构成可知，提高猪群产肉性能和繁殖性能是国家生猪遗传改良计划的主攻方向。

2.3.2.2 种猪主选性状校正公式的优化

自2000年以来，我国实施的种猪遗传评估方案中，种猪达100 kg体重日龄和100 kg活体背膘厚的校正公式以及父系指数、母系指数中各性状的经济加权值一直是借用加拿大CCSI的校正公式，对推动我国种猪测定和遗传评估起到了积极作用。为了进一步提高两个性状校正的准确性，全国猪联合育种协作组专家经过3年测试，基于大量数据研发了种猪达100 kg体重日龄和100 kg体重活体背膘厚的校正公式。经企业校验，新公式的准确性优于旧的校正公式，并由全国生猪遗传改良计划工作小组领导办公室于2016年正式发布启用。

猪只体重在85～130 kg范围内称重，同时用B超测定倒数第3～4肋间、距背中线5 cm处的背膘厚（以mm为单位），计算实际日龄（结测日期－出生日期），然后按以下公式计算达100 kg体重日龄和100 kg体重活体背膘厚。

达100 kg体重日龄校正公式为：

达100 kg体重日龄＝实际日龄 ＋（100－实际体重）×（实际日龄－A）/实际体重

式中的A根据不同品种和性别由表2-1给出。

表2-1 不同品种猪的A值

品种	公猪	母猪
大白猪	50.775	46.415
长白猪	48.441	51.014
杜洛克	55.289	49.361

100 kg体重活体背膘厚的校正公式为：

100 kg体重活体背膘厚＝实际背膘厚＋（100－实际体重）×实际背膘厚/（实际体重－B）

式中的B根据不同品种和性别由表2-2给出。

表 2-2　不同品种猪的 *B* 值

品种	公猪	母猪
大白猪	－7.277	－9.440
长白猪	－5.623	－3.315
杜洛克	－6.240	－4.481

同时，针对多年来种猪企业普遍存在猪群生长速度进展不大、产仔数下滑的现象，进一步将父系指数中达 100 kg 日龄和 100 kg 活体背膘厚的相对重要性由过去的 52%和 48%调整为 70%和 30%，母系指数中总产仔数、达 100 kg 体重日龄和 100 kg 体重活体背膘厚的相对重要性由过去的 50%、26%和 24%调整为 60%、30%和 10%（张勤等，2015），以进一步加强达 100 kg 体重日龄和总产仔数的选择，加快其遗传进展。

市场需求的变化永远是猪育种的目标和方向，伴随着育种目标的变化，必然催生出一系列新的性能测定技术、新的测定方案。当下的猪肉市场需求已呈现出多层次、多元化的结构性变化，全基因组选择（genomic selection）与常规育种相结合的育种技术或许是猪育种的发展方向，大数据联合育种技术必将催生出大数据的跨区域同步种猪测定技术，新技术、新装备的陆续出现将促进种猪性能测定不断取得新的进步。

参考文献

陈军梅，黄瑞森，钟伟朝．智能种猪测定系统机械装备的设计与研发[J]．农机现代化，2014，8：98-103.

陈亚静，付雪林，倪德斌，等．猪肌肉肌内脂肪测定方法的比较[J]．华中农业大学学报，2015，34(4)：84-88.

陈志伟，杨华威．B 超在种猪生产性能测定中的应用[J]．湖北畜牧兽医，2013，34(12)：46-48.

丁向东．中心测定站在猪育种中的作用[J]．中国猪业，2012，5：9-10.

广东省农科院畜医所，顺德县良种场，顺德县水产畜牧局．"选种指数法"在广东大花白猪继代选育中的应用和效果[J]．广东农业科学，1978，1：39-42.

黑龙江省畜牧研究所黑花猪育种课题组．黑花猪的选育方法[J]．养殖技术顾问，1979，1：1-8.

侯明俸，蔡更元，吴珍芳，等．B 超在猪活体肌内脂肪含量测定中的应用[J]．畜牧与兽医，2013，45(7)：55-57.

黄瑞森，李焕烈．现代化养猪设备在猪场中的应用[J]．养猪，2012，4：75-78.

黄瑞森，钟伟朝，李焕烈，等．智能型种猪测定系统的研究[J]．现代农业装备，2012，1：64-66.

李根，彭妙莲，王垒，等．超声在猪背膘测定中的应用[J]．猪业科学，2017，34(6)：120-122.

连林生，王鹤云，严达伟，等．撒坝猪选优提纯及其杂种优势利用研究初报[J]．云南畜牧兽医，2000，1：5-7.

连林生，徐家珍，李祥，等．大河猪的选育试验[C]．1994 年养猪学术讨论会论文集，1994：59-63.

连林生，徐家珍，徐宝明，等．大河猪火毛快长系的选育与利用[C]．西南地区猪育种学术讨论会论文集,1992:59-61.
刘敬顺,刘小红. 全自动种猪性能测定系统(FIRE)在猪育种中的研究和应用[J]. 今日养猪业,2004,3:73-75.
刘望宏,倪德斌,胡军勇. 种猪性能测定的关键技术与应用[J]. 养殖与饲料,2014,9:1-5.
刘小红,刘敬顺,陈清森,等. 规模化种猪育种与生产数字化管理体系建设及案例分析(Ⅳ):性能测定计划的制订与实施[J]. 中国畜牧杂志,2014,50(14):55-64.
刘小红,赵云翔,薛永柱,等. 规模化种猪育种与生产数字化管理体系建设及案例分析(Ⅴ):种母猪选育与监控,2014,50(16):58-67.
罗土玉,边峰,钟日开,等. 幼猪生长性能智能测定系统设计和试验[J]. 现代农业装备,2017,2:65-67.
麦永强. 智能型种猪测定系统的软件设计[J]. 现代农业装备,2014,3:54-60.
倪德斌. 性能测定在猪育种中的作用及其发展[J]. 养殖与饲料,2016,8:1-2.
彭中镇. 30年来我国猪育种工作进展与展望[J]. 猪业科学,2008,1:92-95.
彭中镇. 30年来我国猪育种工作进展与展望(续完)[J]. 猪业科学,2008,4:106-107.
彭中镇. 再议当前场内种猪的测定与选择[C]. 全国畜禽遗传资源保护与利用学术研讨会论文集,2005:12-17.
全国猪育种科研协作组. 关于猪种选育若干技术问题的意见[J]. 甘肃畜牧兽医,1983,2:80-86.
沈林園,蒋小兵,雷怀刚,等. 猪的肉质测定技术[J]. 猪业科学,2012,8:110-111.
王林云,蒙妙枝. 姜曲海猪的选择指数公式[J]. 江苏农业科学,1979,1:59-62,53.
王林云. 优质猪肉生产和地方猪种利用[J]. 畜牧与兽医,2001,33(5):18.
王宗礼,郑友名,左玲玲,等. 全国生猪遗传改良计划工作手册[M]. 北京:中国农业大学出版社,2013.
熊本海,蒋林树,杨亮. 种猪生产性能测定系统开发与性能测试[J]. 农业工程学报,2017,33(9):174-179.
熊远著,蒋思文,邓昌彦,等. 猪应激敏感性生化遗传标记的研究[J]. 畜牧兽医学报,1996,27(2):131-136.
熊远著. 种猪测定与遗传评估[J]. 养殖与饲料,2005,10:9-10.
徐世军,叶秋冬. 智能型猪性能测定系统中饲喂站的研究与设计[J]. 重庆理工大学学报(自然科学版),2012,26(1):66-73.
袁才珺,石丹,刘东权,等. 一种猪肌内脂肪含量测定的方法及其改进[J]. 现代计算机,2013,9:31-36.
曾勇庆,唐辉. 猪遗传改良的策略与发展趋势[J]. 养猪,2008,2:30-32.
张勤,丁向东,陈瑶生. 种猪遗传评估技术研发与评估系统应用[J]. 中国畜牧杂志,2015,51(8):61-73.
张雄,张勇,尚以顺,等. 面向从江香猪选育的肌内脂肪活体超声无损测定[J]. 农业工程学报,2018,34(7):187-191.

张沅，李金泉，陈瑶生，等．家畜育种学[M]．北京：中国农业出版社，2001.

张哲，王楚端，王立贤，等．计算机视觉技术在猪眼肌肌内脂肪含量测定中的应用[J]．猪业科学，2006，2:24-25.

赵书广，熊远著，王林云，等．中国养猪大成[M]．北京：中国农业出版社，2013.

Fujii J, Otsu K, Zorzato F, et al. Identification of a mutation in porcine ryanodine receptor associated with malignant hyperthermia [J]. Science, 1991, 253: 448-451.

Jones L，周立臣．现代化设备在养猪生产中的应用[J]．中国猪业，2011，5(11)：6-8.

Jung J H, Shim K S, Na C S, et al. Studies on intramuscular fat percentage in live swine using real-time ultrasound to determine pork quality [J]. Asian-Australasian Journal of Animal Sciences, 2015, 28(3): 318-322.

Newcom D W, Baas T J, Lampe J F. Prediction of intramuscular fat percentage in live swine using real-time ultrasound [J]. Journal of Animal Science, 2002, 80(12): 3046-3052.

Newcom D W, Baas T J, Stalder K J, et al. Comparison of three models to estimate breeding values for percentage of loin intramuscular fat in Duroc swine [J]. Journal of Animal Science, 2005, 83(4): 750-756.

第 3 章

种猪选种选配技术进步

本章内容提要

选种选配是猪育种工作的核心环节。数量遗传学的传播与应用，有力地推动了我国猪选种选配技术进步。20 世纪 70 年代，选择指数开始在我国猪育种实践中应用；80 年代中期开始尝试应用 BLUP，全国掀起了持续 10 余年的 BLUP 热。1993 年成立的大白猪、长白猪、杜洛克猪育种协作组，2000 年开始实施的《全国种猪遗传评估方案（试行）》，2006 年成立的全国猪联合育种协作组及 2009 年开始实施的国家生猪遗传改良计划，进一步促进了 BLUP 的应用，推动了我国猪选种选配的科学化、精细化进程。近年来，随着 DNA 标记技术的迅猛发展，标记（基因）辅助选种选配及全基因组选种选配技术的应用已初见端倪，以选种选配为核心的猪育种技术正在发生革命性的变化。

猪的育种是指在性能测定基础上对猪群进行遗传评估，并将评估结果作为主要依据进行种猪的选种，进而对种群的选配进行人工干预，改变猪群的遗传进展，以便在世代的更替中，使猪群遗传性能优于上一代，生产性能等各方面快速达到特定的选育目标。种猪选种选配是实现猪群遗传改良的两个重要途径。通过选种，将遗传性能优秀的种猪挑选出来用于繁殖下一代，使得下一代的遗传性能优于上一代；通过选配，增加下一代的优秀个体出现概率，同时避免猪群近交系数上升过快而出现近交衰退现象。

选种选配技术的发展贯穿了我国猪育种研究与实践的整个过程。伴随着数量遗传学、分子遗传学、计算科学和网络技术等相关学科技术的发展及交叉融合，我国种猪选种选配技术得以持续进步，20 世纪 70 年代，我国猪育种工作者就已将选择指数应用于猪的育种实践。80 年代中期，国内学者开始尝试在猪的育种中应用 BLUP。2000 年来相继实施的《全国种猪遗传评估方案（试行）》和国家生猪遗传改良计划，进一步推动了 BLUP 的应用。近 20 年来，基于 DNA 分子标记的分子育种（molecular breeding）技术逐渐在猪育种实践中得以应用，并正在深刻地影响着我国猪育种的进程和效率。

3.1　遗传评估与选种技术的发展历程

一般认为家畜的育种工作从 18 世纪就开始了。1900 年以前，种畜的选种几乎是采取“见好就留”的表型选择方式，育种者的经验在很大程度上影响着选种决策和育种效果。而后伴随着数量遗传学、统计学、计算科学以及基因分析等科学技术的发展和交叉融合，遗传评估和选种方法得以不断发展，从最初的表型选择(phenotype selection)，历经指数选择(index selection)、最佳线性无偏预测(best linear unbiased prediction, BLUP)选择，发展到标记辅助选择(marker-assisted selection, MAS)，乃至基于覆盖整个基因组分子标记的全基因组选择(genomic selection, GS)。在这一发展历程中，遗传评估所用的信息量逐渐增大，选种的准确性逐步提高，从而大大提高了选种的准确性和育种效率。

猪的性状是在个体发育过程中逐渐形成和表现出来的。因此，选种是贯穿猪只发育过程的连续行为。在现代猪育种中，种猪的选留主要依据遗传评估结果，兼顾后备种猪的体型外貌、血缘分布和生长发育等情况分阶段进行。伴随着遗传评估等育种技术的发展，种猪选种方法大致经历了表型选择、指数选择、BLUP 选择等发展阶段，并正在步入以标记辅助选择和全基因组选择为主的分子育种阶段，种猪遗传评估与选种方法的进步，有效提高了猪选种的准确性和选种效率，促进了种猪质量的提高和养猪产业的发展。

3.1.1　基于表型和系谱信息的遗传评估与选种技术

常规选种方法以经典数量遗传学理论为基础，利用表型和系谱信息进行遗传评估进而实施种猪的选留，主要包括表型选择、指数选择和 BLUP 选择。

1. 表型选择

表型选择是猪育种工作中最早使用的选种方法，依据目标性状表型值的高低或体型外貌进行种猪选留，通常在特定饲养环境下目标性状充分表达的关键时期进行。表型选择的准确性在很大程度上取决于目标性状遗传力的高低。当目标性状的遗传力较高时，加性遗传方差占表型方差的比例较大，环境因素对性状表型值的影响程度较小，此时表型选择的准确性相对较高；反之，当目标性状的遗传力较低时，表型选择的准确性也较低。因此，对于中等以上遗传力的性状(如生长育肥性状)，表型选择所能获得的遗传进展相对较高，但对遗传力较低的性状(如繁殖性状)进行选择时，所能获得的遗传进展较低，且选择效果不稳定。另外，对种猪实施表型选择时，要想获得相对较高的准确性，后备种猪需处于相同的饲养管理条件下，以尽可能降低环境因素对性状表型值变异的影响。

2. 指数选择

选择指数(selection index)实质上是个体估计育种值(estimated breeding value, EBV)的一种形式，其思想和计算方法是随着数量遗传学理论的发展而逐渐建立起来的。最初的选择指数仅根据个体本身、祖先、同胞或后裔等单一亲属性能成绩进行计算，无法同时利用各种亲属信息来估计个体育种值。1937 年美国学者 Lush 提出的重复力、遗传力以及 1943 年 Hazel 提出的遗传相关构成了数量性状的三大遗传参数。1943 年，Hazel 首次将经济学观点引入育种，根据性状的遗传特性和相对经济重要性，提出了综合选择指数（total selection index）的概念和具体计算方法。之后，又衍生出了约束选择指数（restricted selection index）（Kempthorne & Nordskog，1959）、最宜选择指数（optimum selection index）（Tallis，1962）和通用选择指数（general selection index）（陈瑶生和盛志廉，1988）等形式。这些类型的选择指数适用于不同信息来源的种猪遗传评估，实际上都可以归为通用选择指数的一个特例。与其他选择指数相比，通用选择指数既综合了多个性状的表现水平，又综合了后备种猪各亲属相应性状的信息，因而其选择的准确性更高。

3. BLUP 选择

选择指数法自提出以来，在包括猪在内的畜禽育种中得到了广泛应用，但随着育种工作的不断深入开展，其固有的缺陷也逐渐显现出来，在育种实际中的应用受到了诸多限制，如要求待估个体及其亲属必须处于一个共同的环境中，且需要有事先已经估计好的遗传参数。随着人工授精等技术的推广应用及种猪引种交流的日趋频繁，公猪后代的分布范围也更加广泛，增大了不同个体间的系统环境偏差，从而限制了选择指数的实际应用效果。

为弥补选择指数方法的固有缺陷，美国学者 Henderson 早在 1949 年就开始潜心研究如何将混合模型方程组（mixed model equations，MME）的原理应用到不平衡资料中去，以便能估计出固定效应和预测出随机效应，建立了 BLUP 的基本思想。有关 BLUP 的理论和方法在 20 世纪 50 年代初就已基本成熟，但由于计算条件等因素的限制，此方法始终未能用于实际。到了 20 世纪 60 年代中期，牛育种中普遍使用的包括选择指数在内的对同群牛进行比较的育种值估计方法出现了明显的缺陷，因此，Henderson 于 1966 年将混合模型方程组的原理应用在育种值估计上，就形成了所谓的 BLUP 方法。20 世纪 70 年代以来，计算机技术和计算科学得到了迅速发展和普及，使难以手工计算的大规模多元线性方程求解问题成为现实。在此基础上，1972 年，Henderson 在纪念 Lush 的学术讨论会上系统地介绍了 BLUP 方法估计育种值的原理，自此 BLUP 方法开始受到了国内外育种学界的高度重视。1973 年，Henderson 在最小二乘法和方差参数无偏法的基础上，完整地提出了最佳线性无偏预测个体育种值的模型，并系统地阐述了其形成历史和前景。为优化计算效率，1987 年 Misztal 提出了可使计算更为简化而且不需要直接建立方程组进行迭代求解的一种等价模型，使得 BLUP 方法得到了丰富和发展。BLUP 方法提出后，又相继发展了基于公畜模型（sire model）、公畜-母畜模型（sire-dam model）、外祖父模型（maternal grandsire model）和个体动物模型（animal model）等的 BLUP 方法。其中，动物模型 BLUP 方法可充分利用所有已知亲属的信息，有效校正环境因素（如场、季、年、性别和世代等）导致的表型偏差，从而得出个体随机遗传效应（育种值）的最佳线性无偏预测值，大大提高了遗传评估的准确性，因而逐渐成为猪育种中广泛应用的遗传评估方法。

3.1.2 基于 DNA 标记信息的遗传评估与选种技术

尽管 BLUP 方法可充分利用所有已知亲属的信息，使遗传评估的准确性在给定条件下最大化，但从根本上说，除非有大量可利用的信息，否则其准确性仍较为有限，尤其是对低遗传力性状、限性性状、活体难以测定的性状以及生长后期才能测定的性状，其选择效果并不理想。

20 世纪 80 年代以来，随着 DNA 分子标记技术的发展和应用，一批猪数量性状基因座位（quantitative trait loci，QTL）和主效基因（major gene）陆续被成功定位，标记辅助选择也应运而生。1989年，美国学者Fernando和Grossman将标记信息合并到混合线性模型，建立了标记辅助BLUP方法。之后，国内外学者对标记辅助选择的相关理论和方法开展了大量研究。已有的研究表明，与传统选种方法相比，标记辅助选择不仅可利用表型信息和系谱信息，还能利用DNA分子标记信息，同时DNA分子标记信息的获取不易受环境因素的影响，且没有性别、年龄的限制，因而允许进行早期选种，可缩短世代间隔，提高选择强度，从而提高选种的准确性和选择效果，尤其是对低遗传力性状、限性性状、抗病性状以及活体无法准确度量的性状进行选择时，其优势更为明显(Lande & Thompson，1990；鲁绍雄和吴常信，2002)。由于标记辅助选择相较于传统选种方法具有更大的优越性，故而被我国著名动物数量遗传学家吴仲贤先生誉为“选种方法的又一次飞跃”。

尽管如此，由于标记辅助选择所利用的标记数量较为有限，难以有效追溯控制目标数量性状的所有基因或QTL，导致其在育种实践中的应用不多且效果不明显。近年来，高通量DNA测序技术和高密度SNP检测技术的迅猛发展，使获取覆盖畜禽全基因组的高密度DNA分子标记信息成为现实(Bidanel & Rothschild，2002；Rothschild，2003；Rothschild et al.，2007；Yang et al.，2016)。全基因组关联分析(genome-wide association study，GWAS)为人们在全基因组范围内寻找显著影响猪重要经济性状的基因或分子标记提供了强有力支撑，基于全基因组分子标记的全基因组选择(Meuwissen et al.，2001)被提出，并向世人展示了其巨大的应用潜力。

3.2　表型选择与指数选择在我国猪育种中的应用

表型选择与指数选择是重要的传统选种方法，在我国猪育种工作中发挥了重要作用。20世纪70年代以来，我国许多猪新品种(系)的培育都成功应用了表型和指数选择方法，即使是在现代猪育种中，表型选择依然是猪体型外貌选择的重要方法，选择指数的思想和方法仍然在选种决策中发挥着重要作用。

3.2.1　表型选择

20世纪60—70年代，我国猪的育种工作总体上处于起步阶段，对种猪的选择大多采用表型选择的方法进行。尽管选种的准确性不高，但在特定历史条件下仍取得了积极成效，尤其是在体型外貌及一些高遗传力性状的选择上取得了明显进展。在这一时期，荣昌猪、湖北白猪、广东大花白猪、广西白猪、上海白猪、北京黑猪、黑花猪、新淮猪等猪种的选育都成功应用了表型选择。

1953年开始，四川省农业厅种猪试验站对荣昌猪进行了持续10余年的选育，就曾系统应用了表型选择的方法(黄谷诚等，1965)。如在体型外貌选择上，注意避免凹腰、卧系、前胸狭窄、体躯单薄，毛色不选“洋眼、飞花”，要求额宽、嘴短、“二方头”等；对初选入群母猪的体重、体长、体高、胸围、产仔数及哺育性能等做出了明确要求。通过选育使猪群性能获得了明显改进，生长速度提高、体型变大、育肥性能提高。1960年开始的湖北白猪早期选育中，从系谱、外形、繁殖性能和后裔育肥性能4个方面进行种猪鉴定，并根据鉴定结果进行种猪选留，也取得了积极效果(刘净和陆肖芬,1962)。1962—1973年,在广东大花白猪的选育过程中,也根据品种特征、生长发育和生产性能等对种猪进行全面鉴定,并据此进行选种,猪群头颈重、凹背、臀部倾斜、后肢弯曲等体型外貌缺陷得以改进,生长发育、繁殖性能等获得了明显提高(顺德县水产畜牧局等,1973)。

时至今日,在猪的育种实践中,表型选择仍然是种猪选留尤其是猪体型外貌选择的重要方法。

3.2.2 指数选择

20世纪70年代,随着数量遗传学的传播与应用,我国猪育种工作者就开始尝试在猪的育种实践中应用选择指数,如在广东大花白猪、泛农花猪、三江白猪、北京黑猪等新品种(系)培育过程中,就成功应用了指数选择方法。之后,选择指数被广泛应用于我国猪的育种实践,对促进我国猪育种进展发挥了重要作用。

1975—1977年,广东省农科院兽医所等单位利用6月龄体长(权重0.3)、腿臀围(权重0.3)和体重(权重0.4)构建选择指数,对广东大花白猪体长系持续开展了3个世代选育,3个主选性状分别提高了6.64 cm、4.50 cm和3.23 kg,选择指数提高了18.29(广东省农科院畜医所等,1978)。在三江白猪新品种培育过程中,1976年转入横交固定阶段后,分别在断奶、4月龄和6月龄时进行选种,其中6月龄时利用日增重、体长和平均背膘厚3个性状构建的选择指数进行种猪选择(陈润生和徐孝义,1979),猪群性能也取得了明显进展。1976—1980年,北京北郊农场畜牧试验站等单位在北京黑猪的选育过程中,分别针对繁殖母猪、青年公猪和青年母猪构建了相应的选择指数,实施多世代系统选育(王连纯等,1981)。其中,繁殖母猪选择指数包括产活仔数、60日龄窝仔数和60日龄窝重,青年公猪选择指数包括日增重和活体背膘厚,青年母猪选择指数包括同胞数和6月龄个体重。经3个世代选育,猪群60日龄窝仔数和窝重、6月龄体重及育肥猪的增重速度等指标均获得了明显改进和提高。

在实践应用的同时,国内学者还对不同育种目标下的选择指数开展了大量研究,有效推动了选择指数在我国猪育种实践中的应用。1979年,王林云和蒙妙枝在前人研究的基础上,以产活仔数、断奶仔数和仔猪断奶个体重3个性状,构建了姜曲海猪的繁殖性能选择指数。1983年,徐继初等以金华猪为素材,在通径分析基础上,以6月龄体重为直接选择性状,6月龄体长和胸围为辅助选择性状,构建了一个直接与间接选择并用的综合选择指数。郭春华(1990)介绍了综合育种值二次模型下的线性选择指数和二次选择指数,并以日增重和背膘厚为主选性状,提出了我国地方猪种瘦肉型选育的二次选择指数模型。吕学斌(1992)应用非典型综合选择指数,利用后备公猪及其亲代和同胞资料,制定了包括日增重、料重比和背膘厚3个性状的选择指数。胡锦平等(1992)在对杜洛克猪生长和胴体性状遗传参数估计基础上,构建了包括日增重、背膘厚、瘦肉率和饲料利用率的选择指数。王楚端和陈清明(1992)以丹系长白猪为素材,优化构建了繁殖母猪(断奶仔猪)和青年公猪的综合选择指数。

时至今日,指数选择在我国猪育种实际中仍在广泛使用,如在猪新品种(如晋汾白猪、宣和猪)培育过程中,通常利用综合选择指数对杂交创新后代进行选种。即使是在基于BLUP的猪育种工作中,选择指数的思想仍然在选种决策中发挥着重要作用。

3.3　BLUP在我国猪育种中的应用

20世纪80年代中期，国内学者开始尝试在猪的育种中应用BLUP。1985年，陈幼春、张沅、李学伟等教授以各种形式介绍、推广BLUP方法，全国掀起了持续10余年的BLUP热。2000年，全国畜牧兽医总站印发《全国种猪遗传评估方案(试行)》，正式向全国推广使用动物模型BLUP方法。2009年启动实施的国家生猪遗传改良计划，进一步推动了BLUP的应用。BLUP在我国猪育种实践中的应用，由最初的单个核心群遗传评估逐步向多个核心群联合遗传评估发展；选择指数经济加权值也由借鉴转向依据我国育种实际自主确定。经过多年的实践和优化，我国已基本建立了基于动物模型BLUP方法的种猪遗传评估体系。

3.3.1　BLUP技术的研究与应用历程

回顾BLUP技术在我国猪育种中的研究和应用，可以追溯到20世纪80年代。这一时期，除广泛介绍、推广BLUP方法外，不少学者还结合当时条件对BLUP的算法优化、实践应用等开展了大量研究。

1986年，为克服当时因计算机功能限制难以有效利用多次记录的问题，刘松元和盛志廉(1986)推导了利用多次记录估计公、母畜育种值的简化BLUP方法，大大简化了混合模型方程组，不仅提高了计算效率，而且其育种值估计的准确度也较单次记录明显提高。1987年，杨茂成和钱利增利用公畜模型BLUP估计了10头二花脸种公猪平均日增重的育种值，并将其与最小二乘法和离差法估计的育种值进行了比较，结果表明，3种估计方法所得的育种值相互间具有很高的相关程度，BLUP与最小二乘法、离差法间的顺位相关系数分别为0.964和0.952，但BLUP方法估计的误差较低，准确性较高。由于公畜模型BLUP不能利用待估个体本身的成绩，只有当其后代有表型记录时才对该种畜进行遗传评估，延长了世代间隔，而且此模型也无法估计那些本身无后代或者有后代但后代无表型记录或者自己也无表型记录的个体的育种值；动物模型BLUP方法克服了上述缺点，能够充分利用待估个体所有已知亲属的生产性能资料，但计算量较大，尤其对于多性状模型。1989年，谢庄等收集了36头二花脸公猪254个女儿及19头姜曲海公猪的124个女儿的繁殖性状数据，借助两种公畜模型BLUP方法(带亲缘相关矩阵和不带亲缘相关矩阵)估计了公猪繁殖性状的育种值，并与最小二乘法估计结果进行了比较，得出了最小二乘法估计效果最不理想，带亲缘相关矩阵的BLUP估计结果最为可靠的结论；并认为在猪群很大且亲缘关系不复杂时，可采用不带亲缘相关矩阵的BLUP法，而当猪群长期闭锁，个体间亲缘关系较为复杂或群内长期维持几个血统时，为充分利用亲属间相互提供的信息，提高育种值估计准确性，采用带亲缘相关矩阵的BLUP方法比较适宜。

1990年，彭中镇等利用公畜模型BLUP在公猪产仔数的育种值的研究中指出，在BLUP、最小二乘、未校正的Robertson以及校正的Robertson法等4种方法中，BLUP方法考虑得最为精细，除考虑到年、季、场等固定环境效应以外，还考虑到公畜的遗传效应和公畜的亲缘相关。同年，刘增廷等以6月龄背膘厚、体长和日增重3个目标性状为例，提出了多性状简化动物模型的设想，并在假设6月龄背膘厚、体长和日增重均存在可供利用的经济加权值的条件下，制定了一个选择指数 $I=a_1\hat{u}_1+a_2\hat{u}_2+a_3\hat{u}_3$（$a_i$为性状的经济加权值，$\hat{u}_i$ 为性状的估计育种值），认为此指数比单性状BLUP和综合选择指数法更能准确地反映家畜的遗传性能。周忠孝等(1992)就45～180日龄阶段平均日增重、6月龄活体背膘厚及外貌评分3性状对种公猪作了逆向再评定，以探讨公畜模型BLUP方法在猪继代选育中的应用，认为BLUP较最小二乘法更为准确，且以带亲缘相关矩阵的BLUP法估计误差方差最小，遗传评估准确性最高。

20世纪80年代初期到90年代中期，BLUP技术在我国猪育种中主要处于理论研究和实践探索阶段，由于计算条件和相关技术等因素的限制还未真正应用于猪育种实践中。随着计算科学的发展以及BLUP相关技术的优化完善，1996年，部分猪场开始将BLUP方法应用于猪育种实践中，如湖北省畜牧良种场。2000年，在由全国畜牧总站主持的中加瘦肉型猪项目的推动下，经专家研讨和反复征求意见，全国畜牧总站于5月颁布了《全国种猪遗传评估方案(试行)》，自此，基于BLUP遗传评估的种猪选种工作在国内全面开展。截至目前，BLUP方法的模型呈多样化、精细化、自主化，各育种场可以根据自身的猪群生产性能等情况，自主确定BLUP遗传评估的模型，进行个性化育种。

我国猪育种实践早期，育种目标单一，基于BLUP育种值的种猪选种技术主要应用于育种技术较高的一些种猪企业。同时各育种场独立运作，缺乏全国(区域)性的种猪性能测定中心，猪群性能测定在各猪场内进行，不同猪场的猪群间缺乏必要的遗传交流，导致各猪场间没有一定程度的遗传联系，而且尚未建设全国(区域)种猪遗传评估中心(邓政，2012；肖炜等，2005)。在这样的条件下，各猪场内部的种猪选种主要依据BLUP技术估算出的育种值。一些有条件的猪场根据自身猪群的生产性能水平和育种目标，确定各自的主选性状和遗传评估模型，制订了选育方案，在场内性能测定的基础上，利用BLUP方法对猪群进行遗传评估，进而实施场内选种选配，以期达到选育提高猪群生产性能的目的。目前，基于BLUP育种值的种猪选种技术仍广泛应用于我国种猪企业中，显著地提高我国生猪生产性能水平，同时也为大规模种猪联合育种工作的开展奠定了坚实的基础。

3.3.2 我国生猪遗传改良计划的种猪遗传评估

在大量前期工作基础上，2009年，农业部办公厅印发了《全国生猪遗传改良计划(2009—2020)》，制定了《〈全国生猪遗传改良计划(2009—2020)〉实施方案》，明确和细化了我国生猪遗传改良计划的总体思路、目标、工作要求和重点工作任务，全国生猪遗传改良计划正式启动实施。在近10年的时间里，遴选了一批国家生猪核心育种场，组建了一支知名专家组成的猪遗传改良专家队伍，研发建立了我国基于动物模型BLUP的种猪遗传评估技术体系，大力推进种猪性能测定、数据收集与管理、育种技术人员培训等工作，对促进我国种猪企业加强基础育种工作条件的保障和工作的开展，规范种猪性能测定与选育，提升我国种猪选育整体水平和市场竞争力产生了深远的影响。截至2017年，全国共遴选了92家国家生猪核心育种场和2个国家级种公猪站，核心群种猪数量达15万头，成为全球最大的生猪育种核心群，对促进我国生猪遗传改良起到了重要的作用。

3.3.2.1　我国种猪遗传评估的BLUP模型

我国生猪联合育种的主体是国家遴选的国家级生猪核心育种场。针对我国猪育种的实际情况，将总产仔数、达100 kg体重日龄和100 kg体重活体背膘厚3个性状指定为主选性状，参考其他国家（主要是加拿大）的遗传评估模型，现阶段主要对这3个主选性状设计了遗传评估模型（王宗礼等，2013）。

1. 总产仔数

采用单性状动物模型BLUP对总产仔数的育种值进行估计，具体模型为：

$$y_{ijk}=\mu+hys_i+l_j+a_{ijk}+p_{ijk}+e_{ijk}$$

其中，y_{ijk}为总产仔数观察值；μ为总产仔数的群体均值；hys_i为母猪产仔时的场-年-季等组合的系统固定效应；l_j为个体出生的胎次效应，服从（0，$\boldsymbol{I}\sigma_l^2$）分布；a_{ijk}为个体的随机遗传效应，服从（0，$\boldsymbol{A}\sigma_a^2$）分布；p_{ijk}为个体永久环境效应，服从（0，$\boldsymbol{I}\sigma_p^2$）分布；e_{ijk}为随机剩余效应，服从（0，$\boldsymbol{I}\sigma_e^2$）分布。

对于其他有关繁殖性能的性状，如产活仔数、断奶仔猪数、初生窝重、21日龄窝重、断奶窝重等的遗传评估可参照此模型进行。

2. 达100 kg体重日龄和100 kg体重活体背膘厚

由于达100 kg体重日龄和100 kg体重活体背膘厚彼此间存在一定的遗传相关，故采用二性状动物模型BLUP同时对这两个性状的育种值进行估计，具体模型为：

$$y_{ijklm}=\mu_i+hyss_{ij}+l_{ik}+g_{il}+a_{ijklm}+e_{ijklm}$$

其中，i为第i个性状（$i=1$或2，分别代表达100 kg体重日龄和100 kg体重活体背膘厚）；y_{ijklm}为第i个性状的观察值；μ_i为第i个性状群体均值；$hyss_{ij}$为个体出生时的场-年-季-性别等组合的系统固定效应；l_{ik}为窝（胎次）随机效应；g_{il}为虚拟遗传组固定效应；a_{ijklm}为个体的随机遗传效应，服从（0，$\boldsymbol{A}\sigma_a^2$）分布；e_{ijklm}为随机剩余效应，服从（0，$\boldsymbol{I}\sigma_e^2$）分布。

对于其他有关生长发育性能的性状，如日增重、饲料转化率、达100 kg体重眼肌面积等，其遗传评估可参照此模型进行。

3.3.2.2　基于BLUP-EBV的选择指数

猪育种实践中，同步选择的性状往往不止一个，需要根据BLUP方法计算出多个性状的EBV来构建一个选择指数，基于此选择指数的高低对种猪进行选留。

基于我国生猪产业的实际情况，推荐总产仔数、达100 kg体重日龄和100 kg体重活体背膘厚3个性状为主选性状。根据动物模型BLUP计算出的总产仔数、达100 kg体重日龄和100 kg体重活体背膘厚EBV，相关学者参考其他国家的情况，设计了2个选择指数，即父系指数（sire line index，SLI）和母系指数（dam line index，DLI），父系指数用于父系猪种（如杜洛克、皮特兰）的选择，母系指数用于母系猪种（如长白、大白）的选择。对于父系猪种，侧重于对生长性能的选择，故父系指数中仅包含达100 kg体重日龄和100 kg体重活体背膘厚这2个生长发育性状；而对于母系猪种，既要考虑生长性状，又要兼顾繁殖性能，故母系指数不仅包括达100 kg体重日龄和100 kg体重活体背膘厚，还包括了总产仔数。对于两个选择指数中各性状的加权值，理论上应该根据在商品猪生产中各性状的相对经济重要性，即对各性状的改进所能产生的相对经济效益的大小，计算相应的经济加权值。然而，我国商品猪市场极不稳定、波动很大，缺乏规律性，而且生产成本的核算也极其困难，故而难以准确计算各性状的经济加权值；再者，我国制订的父系指数和母系指数与加拿大CCSI的相应指数所包含的性状一致，故而在2014年以前，我国一直借用加拿大CCSI制订的父系指数和母系指数中各性状的经济加权值。父系指数和母系指数的构成如下：

$$SLI = 100 + b_{AGE} \times EBV_{AGE} + b_{FAT} \times EBV_{FAT}$$

$$DLI = 100 + b_{TNB} \times EBV_{TNB} + b_{AGE} \times EBV_{AGE} + b_{FAT} \times EBV_{FAT}$$

其中，b_{AGE}、b_{FAT}和b_{TNB}分别为达100 kg体重日龄、100 kg体重活体背膘厚和总产仔数的经济加权值（表3-1）；EBV_{AGE}、EBV_{FAT}和EBV_{TNB}分别为达100 kg体重日龄、100 kg体重活体背膘厚和总产仔数的估计育种值（EBV）。

表3-1　选择指数中各性状的经济加权值

选择指数	性状	品种		
		大白猪	长白猪	杜洛克
SLI	达100 kg体重日龄（AGE）	−3.49	−3.28	−3.75
	100 kg体重活体背膘厚（FAT）	−14.20	−13.30	−15.20
DLI	总产仔数（TNB）	34.90	34.30	43.40
	达100 kg体重日龄（AGE）	−2.54	−2.50	−3.16
	100 kg体重活体背膘厚（FAT）	−10.30	−10.20	−12.80

对于父系指数，达100 kg体重日龄和100 kg活体背膘厚的相对重要性分别约为52%和48%；对于母系指数，总产仔数、达100 kg体重日龄和100 kg体重活体背膘厚的相对重要性分别约为50%、26%和24%。

近年来，我国各类种猪企业普遍存在生长速度进展不大、产仔数下滑的现象，经全国种猪遗传评估中心专家组研究，并征求了各类猪企业的意见，决定从2014年起，对我国的种猪父系指数和母系指数进行调整，将父系指数中达100 kg体重日龄和100 kg体重活体背膘厚的相对重要性分别调整为70%和30%，母系指数中总产仔数、达100 kg体重日龄和100 kg体重活体背膘厚的相对重要性分别调整为60%、30%和10%，目的在于加快总产仔数和达100 kg体重日龄的遗传进展；另外，选择指数中不再采用经济加权值，而是直接采用性状的相对重要性进行加权，且长白猪和大白猪统一采用同一个母系指数（张勤等，2015）。调整后的选择指数如下：

父系指数（SLI）：

$$I_S = 0.7 \times \frac{-EBV_{AGE}}{\sigma_{AGE}} + 0.3 \times \frac{-EBV_{FAT}}{\sigma_{FAT}}$$

$$SLI = 100 + 25 \times \frac{I_S - \bar{I}_S}{\sigma_{I_S}}$$

其中，I_S为父系指数的初始值，σ_{AGE}和σ_{FAT}分别为EBV_{AGE}和EBV_{FAT}的标准差，$\bar{I}_S$和σ_{I_S}分别为I_S的群体均值和标准差，SLI是按照群体均值为100，标准差为25对I_S作标准化的父系指数。

母系指数(DLI)：

$$I_D = 0.6 \times \frac{EBV_{TNB}}{\sigma_{TNB}} + 0.3 \times \frac{-EBV_{AGE}}{\sigma_{AGE}} + 0.1 \times \frac{-EBV_{FAT}}{\sigma_{FAT}}$$

$$DLI = 100 + 25 \times \frac{I_D - \bar{I}_D}{\sigma_{I_D}}$$

其中，I_D为母系指数的初始值，σ_{TNB}为 EBV_{TNB}标准差，$\bar{I}_D$ 和 σ_{I_D} 分别为 I_D的群体均值和标准差，DLI 是按照群体均值为 100，标准差为 25 对 I_D作标准化的母系指数。

3.4　种猪选配技术发展

选配是指对家畜的配偶加以人为控制，使优秀个体获得更多的交配机会，并使优良基因更好地重新组合，促进畜群的改良和提高，其实质是解决公、母畜亲和力的问题。选种是选配的基础，但选种的作用必须通过选配来体现。利用选种可改变畜群的基因频率，利用选配可有意识地对公、母畜的遗传物质进行组合，使后代性能水平得以提高。种猪生产性能、遗传素质和系谱等信息是科学、精准选配的基础。

3.4.1　种猪选配的分类

根据选配的对象，种猪选配的方法可分为个体选配和种群选配两类。个体选配常用于猪群选育提高和育成新品种。个体选配时，一般以参与选配个体亲缘关系的远近和个体的遗传素质或性状品质为选配依据。其中，以参与选配个体亲缘关系的远近为选配依据的选配方式称为亲缘选配；以参与选配个体的遗传素质或性状品质为选配依据的选配方式称为品质选配。亲缘选配过程中，既要有意识地利用近交，加快遗传进展，又要防止猪群近交系数上升过快而出现近交衰退现象。品质选配过程中，同质选配的目的在于选优提纯，提高猪群生产性能；而异质选配的目的在于优化重组，既可实现猪群的选育提高，又可能育成猪新品种。

种群选配可分为纯种繁育和杂交繁育两大类。纯种繁育是指在本种群(一般指品种或品系)范围内，通过选种选配、品系繁育、改善培育条件等措施来提高种群性能的一种繁育方法。其基本任务是保持和发展一个种群的优良特性，增加种群内优良个体比例，克服该种群的某些缺点，达到保持种群纯度和提高整个种群质量的目的。杂交繁育是指选择不同种群的个体进行配种。其目的在于促进基因杂合，从而进行杂交育种或开展杂种优势利用。

3.4.2　我国种猪选配技术的发展

纵观我国猪育种的发展历程，在种猪表型、系谱和分子标记等多种信息整合利用的过程中，种猪选种的准确性不断提高，与此同时，我国种猪选配技术从最初经验选配发展到基于系谱和表型信息的个体选配，随着分子标记的发展和应用，进一步发展到分子标记辅助选配，选配的准确性逐渐提高，选配效果日益突出。

3.4.2.1　经验选配

从建国到20世纪70年代末是我国生猪养殖的恢复时期。养猪作为农民的一种家庭副业，目的是积肥与肉食品自给，其主体形式是分散型养猪(李和国，2009)。此阶段，生猪育种观念和育种技术较为落后，人们对性能测定极其不重视，种猪没有表型数据等相关信息，从而导致种猪选配没有可靠的参考信息，主要以经验选配为主，饲养者根据经验对公、母猪进行选配。这一阶段选配的准确性较低，选配的效果也不理想。

3.4.2.2　基于系谱和表型信息的个体选配

20世纪70年代末至今是我国生猪养殖的快速发展时期。养猪生产开始由传统分散型向集约型转变，一大批集约化、现代化、标准化的规模化猪场逐渐形成。在这一时期，人们逐渐意识到性能测定的重要性，开始对种猪的一些主要生产性能进行测定，并将之作为选种选配的主要依据。同时，系谱记录是养猪生产和种猪选育提高中的一项重要基础性工作，是评估猪群近交程度的主要信息来源。建立完善的系谱不仅可以帮助猪场建立科学的档案管理系统，为猪场生产管理提供参考依据；同时也为性能测定、遗传评估、种猪选种和选配等多项育种技术科学合理地开展提供了一定的保障。我国猪育种工作者逐渐意识到系谱信息的重要性，并予以记录，将之应用到种猪选种选配中去。猪育种工作者逐渐根据种猪的系谱和表型信息乃至遗传评估结果(EBV或者选择指数)开展选配。

与经验选配相比，基于系谱和表型信息的个体选配的准确性较高，可有效体现出选种的作用，不仅能增加下一代极端优秀个体出现的概率，同时还可避免猪群近交系数上升过快而出现近交衰退现象，从而获得较为理想的选配效果，加快遗传进展。现如今，基于系谱和表型信息的个体选配仍是我国种猪选配的主流形式。

3.4.2.3　分子标记辅助选配

伴随着分子标记的发展和应用，猪许多重要经济性状的QTL定位和候选基因挖掘工作得到了巨大进展(Dong et al.，2014；Qiao et al.，2015；Yang et al.，2015；Zhang et al.，2012；Zhang et al.，2014)。这些QTL或候选基因可以被看作分子标记进而对种猪实施分子标记辅助选配。

标记辅助选配是指借助分子标记信息来选择亲本进行配种，从而产生具有理想的基因型后代个体的一种选配方法。借助分子标记有意识地使能产生理想基因型后代个体的公、母猪进行交配，进而提高猪群遗传性能。例如，仔猪断奶后腹泻和水肿病主要是肠毒性大肠杆菌引起的细菌性疾病，死亡率可达11.5%～29.5%，对养猪业造成较大危害和损失。其中，大肠杆菌F18(*Escherichia coli* F18，*E. coli* F18)是重要的致病菌，与猪小肠黏膜上皮细胞刷状缘*E. coli* F18受体结合，从而大量繁殖，释放肠毒素而引起仔猪发病。若猪只表达出能与*E. coli* F18结合的受体，则此猪为敏感性基因携带者，反之则携带抗性基因，两者呈隐性遗传。位于6qll区段的α-(1,2)-岩藻糖转移酶1基因(*FUT*1)是控制*E. coli* F18黏附的候选基因；*FUT*1基因307位点发生的G→A突变与猪的腹泻显著关联，其中AA基因型表现为腹泻抵抗，而GG基因型表型为腹泻敏感。养猪生产实践中，可以将*FUT*1基因307位点看作一个分子标记，通过标记辅助选配来提高猪群中等位基因A的频率，进而提高猪群的抗腹泻能力(姜勋平等，2005）。

目前，已鉴定出影响猪重要经济性状的主效（候选）基因或 QTL 主要包括：与肉质相关的 *RYR*1、*RN*、*H-FABP* 和 *A-FABP* 等基因，与产仔数性状相关的 *ESR*、*FSH-β*、*PRLR* 和 *RBP*4 等基因，与生长发育相关的 *MC*4*R*、*GH*、*IGF*-1 和 *IGF*-2 等基因，与抗病性状相关的 *FUT*1、*SLA* 和 *NRAMP* 等基因（范春国等，2005；赵要风等，1999），与耳面积相关的 *LEMD*3 和 *WIF*1 等基因（Zhang et al.，2014），与椎骨数相关的 *VRTN* 等基因（Yang et al.，2016）。这些基因或 QTL 都可以用来进行种猪的分子标记辅助选配。若在基于系谱和表型信息的个体选配的基础上，再借助分子标记进行辅助选配，将会进一步提高种猪选配的准确性，加快猪群遗传进展。

另外，分子标记信息还可用于计算不同猪只间的亲缘关系，进而根据亲缘关系实施种猪间亲缘选配，提高有益等位基因组合的概率，以巩固和提高猪群遗传性能。同时，分子标记信息亦可以用于预测杂交亲本的配合力进而筛选出配合力较高的亲本进行杂交，使杂交后代表现出明显的杂种优势。

3.5　猪育种软件的研发与应用

迄今为止，关于单独计算 EBV 的程序已经有了相当多的研究，许多成熟的遗传参数计算软件已经研制成功并投入研究和生产使用。在现代集约化的养猪生产中，要想满足猪场的日常生产管理和育种管理，亟须使用方便简洁、符合猪场实际需求、易于操作和维护的猪场生产管理和育种管理的系统软件。另外，国内的生猪育种工作持续开展难度大，进展缓慢，许多猪场都没有使用相关育种软件来进行育种数据的管理和分析。引进的原种猪，经过若干代使用后，系谱混乱，无法追踪其血缘，也无法进行科学、准确的选种选配工作，甚至有些猪场使用混合的精液给母猪人工授精，以达到在一定程度上提高产仔数的目的，虽然可以在短期内增加收益，但从长远来看，导致猪的血缘混杂、系谱不清，使育种工作难以展开。因此，应用优质软件进行猪场的育种分析和生产管理就显得十分重要。应此需求，相当数量的猪场生产管理和育种分析的软件系统相继被研发出来，并应用于猪的育种和生产实践。

3.5.1　我国猪育种软件研发与应用历程

改革开放以来，我国多家单位、公司和企业紧密合作、联合攻关，相继研发了一些用于猪场生产管理和育种分析的软件，并出现了一些功能全面、成熟、商品化的软件。

1991 年，王林云等研制了猪育种生产微机系统，包括饲料配方子系统，配种预产子系统，种猪数据库子系统，数理统计子系统。1993 年，雒鸣峰等研制了 AMBLUP 和 SMBLUP 软件，用于种猪 EBV 的计算。1995 年，中国农业科学院畜牧研究所和北京养猪育种中心联合研制开发了现代化猪场管理系统（IPGMIS），IPGMIS 系统充分考虑了现代化猪场生产管理新特点，以母猪繁殖配种、妊娠检查、分娩、断奶、育仔、育成、育肥、出售为生产过程主线；通过各生产环节的数据采集、处理、分析和统计汇总，生成各种指导生产运作的技术报告以及供场长做出决策的汇总统计报表。1997年，李学伟等研制了种母猪遗传评估软件(MTSOWEBV)，该软件利用多性状动物模型BLUP方法计算种母猪各重要繁殖性状的EBV，并按各性状的经济重要性，估计种母猪年生产能力的综合育种值。1998年，广东省农机研究所研制了工厂化猪场计算机管理信息系统(PPMIS)，PPMIS系统主要功能包括打印各类通用报表，监控生产流程，自动生产种猪系谱卡片，计算猪群近交系数，提供优化的选配方案，保存完整的种猪繁殖历史资料以及分析猪场生产水平等。同年，孙德林和李炳坦研制开发了工厂化养猪计算机信息管理系统，该系统利用了Foxpro语言编程，采用了菜单化、模块化结构，其界面类似于Foxpro菜单屏幕的界面，使得本软件的操作简单明了，其主要功能是对种猪生产过程中所产生的数据资料进行搜索加工整理、生成报表和分析。这一系统是在借鉴国外经验的基础上，研发适合国内工厂化养猪生产系统的一次探索(杨泽明，2001)。

四川农业大学与重庆市养猪科学研究院联合研制开发了种猪场网络管理系统(NETPIG)，NETPIG软件有2个版本，一个用于遗传评估中心，通过该模块对整个地区的所有种猪进行统一的遗传评估，并将评估结果在网上予以共享；另一个用于猪场内部，用于各猪场场内遗传评估，以解决场内遗传评估与遗传评估中心发布评估结果存在时间差问题，为种猪选种提供一定的参考依据(李学伟，2000)。

网通科技公司和西江畜牧水产公司合作研发了猪场管理应用软件《猪场超级管家》，该软件在结合Windows NT和SQL Server大型数据库的基础上进行研发，前台使用PowerBulid 7.0进行开发，后台使用SQL Server进行数据管理，支持多种操作系统，开放的ODBC数据库接口，支持用户进行2次开发。海辰博远公司研发了猪场管理系统软件《猪场专家2008》，包括猪只管理、数据输入、生产管理、统计分析、财务管理和库存管理等几大模块，涵盖对种猪群体的生产管理、繁殖管理、疾病治疗、检疫免疫管理，提供丰富的报表图表和准确的生产预警提示。中国农业大学刘少伯和葛翔等专家研制了金牧猪场管理软件(pigCHN)，此软件吸收了国外比较流行的猪场管理软件PIGWIN和pigCHAMP的设计思路，并紧密结合了我国猪场的实际情况，主要功能包括种猪档案管理、商品猪群管理、猪群性能分析、成本核算、生产问题诊断、工作安排、配种计划以及生产预算、统计报表等(孙晓燕和姜勋平，2009)。中国农业大学动物科学技术学院和南京丰顿科技联合研制了GBS(general breeding system)育种软件。GBS是在中文Windows操作系统下的猪场生产管理与育种数据分析系统软件，集种猪、商品猪生产和育种数据的采集与分析于一体，非常适合于大型种猪生产企业使用，并支持联合遗传评估和联合育种，支持多种网络环境；可以在性能测定的基础上，利用多性状动物模型BLUP对育种值进行估计；同时为了适应不同企业发展和各种统计分析的要求，系统公开数据结构并提供多种与其他数据转换的接口；另外，Windows窗口标准界面设计直观易懂，用户使用起来简单方便，采集数据更加快捷、准确(杨泽明，2001)。

3.5.2 猪育种软件的基本特征和功能

集约化、规模化、全进全出的工厂化养猪生产模式决定了研发的猪生产和育种软件所具备的基本特征。现代种猪育种与养猪生产具有以下主要特性：①数据信息量大。例如，在一个年提供1万头猪的猪场内，每周要配种25头母猪，每周有20～25头母猪分娩，产生200头左右仔猪，相应各生产环节将有200头左右的猪只进行转进转出，这样每周将有大量数据产生。如此周而复始，一年仅生产一项就将产生数十兆字节的数据。如此大量的数据，靠传统手工方式很难达到数据处理的准确性、及时性、完整性的要求，难以实现对猪场的宏观管理和育种分析。②系谱和数据结构复杂。系谱和数据有时形成交叉结构，有时形成网状结构，有时结构很大，有时结构又很小。故而数据处理相当困难，必须建立信息管理和分析系统，数据处理的难题才能得以有效解决。例如，用人工制定选配方案时，先要到公猪库中找到公猪，再到母猪库中找到母猪，组成临时系谱，进行模拟配种，若按亲缘选配，先要计算模拟后代的近交系数，然后排队选配。若按品质选配，先需要查找到每头公、母猪的性能档案，然后按性能优劣进行排队选择。如果能利用优质的育种软件来进行信息管理和制订选配方案，原本需要很长时间的工作，短时间内就能完成。③育种分析计算复杂。如计算猪群近交系数，需要先对每个个体绘制系谱图、查找共同祖先、绘制通径图等工序，而且计算过程中还可能出现错误，猪群规模较大时，计算更加复杂。另外，在这样大的数据量下，利用BLUP法计算个体EBV时，手工完全是不可能的事，即使利用编写的程序来计算EBV，光是数据整理就需要花费很长时间，效率较低。④保证数据具有较高的安全性，能够对历史数据进行再利用。有些数据资料要求永久保留，安全存放，以备查找。例如，每头母猪的配种、妊娠检查、分娩和断奶等一整套资料都必须安全保存，这对于种猪的选种选配等都至关重要(杨泽明，2001)。

概括来讲，规模化猪场的生产与育种管理软件一般具有以下基本特征和功能：①具有种猪档案和生长发育猪资料等各类数据库，并具备增加、删除、修改和查询等功能；②能处理生产数据，记录猪只生长、育肥、配种情况以及销售、死残淘汰等变动情况，动态管理和自动更新各类数据库；③可根据市场需要，对已建立的数据库和所收集的生产数据资料进行综合管理、有效加工，统计分析；④可对生产流程进行仿真、监督和控制；⑤能提供表型和系谱信息，为遗传力等遗传参数估计和综合选择指数或育种值计算提供依据；并可对猪群近交系数进行计算；⑥可处理生成打印各类通用报表，包括生产报单和种猪系谱卡片等；⑦具备猪的常用饲料成分，营养标准，饲料配方；⑧具有疾病情况与疾病专家诊断系统；⑨具备经济核算与经营管理专家诊断系统；⑩能结合有害气体识别器、计算机、温湿度发生器和通风设备等，共同实现密闭猪舍的环境控制。

3.5.3　GBS软件在我国猪育种中的应用

GBS系统软件是在充分结合世界养猪先进发达国家的种猪科学管理经验基础上，总结我国生猪育种经验和经营管理理念，运用现代计算机技术实现生命周期内的种猪生产繁育过程的全方位监管，使种猪生产和发展更加规范化、科学化、透明化。GBS系统软件根据其功能应分为育种系统和管理系统两大板块。育种系统主要负责基础信息、种猪生产、生产性能、育种分析方面的实践操作；管理系统主要负责猪群管理、销售管理、疫病防治方面的日常管理。GBS种猪场管理与育种分析系统软件涵盖了种猪场发展所需的各个层面。其中GBS种猪育种数据管理与分析系统模块见图 3-1。

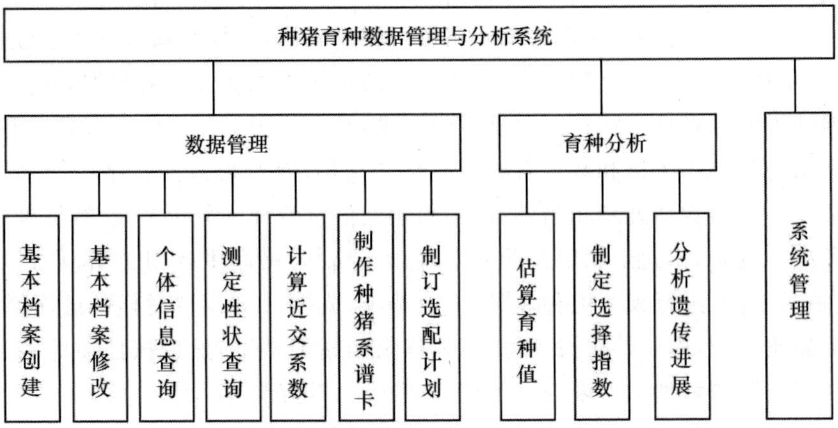

图 3-1　GBS 种猪育种数据管理与分析系统模块图

3.5.3.1　主要功能

GBS 软件系统主要功能有:①进行生产和育种数据的采集记录。收集生产过程中种猪配种、受胎、分娩和断奶数据;采集生长猪转群、销售、死淘和饲料消耗数据;记录种猪、肉猪的免疫和疾病情况;采集种猪生产性能以及其他在猪场实际生产和育种过程中发生的各种数据信息。数据采集遵循简便、明了、准确的原则,软件可以自动对不合理的数据进行校正或提示。②进行生产数据管理分析。根据生产数据统计并分析猪场生产情况,提供周、月、季、年等各种生产、销售情况的统计报表;提供生产实际工作中从仔猪出生到断奶、转群、淘汰、销售、免疫、配种等各种生产指导信息;提供实际生产中从仔猪期到种用期各个生产阶段的生产状态分析。③进行育种数据分析。根据实际性能测定数据和生产数据,软件提供了 30 多种统计分析模型,用于估计遗传参数(遗传力、重复力、遗传相关),计算基于 BLUP 等模型下的 EBV 及选择指数,进而对目标性状进行遗传评估,满足了国内外的种猪育种工作的需要。对于高级用户(对现代育种原理有足够了解的用户),软件提供了可自行定义的性状、模型和参数,以便猪场可以进行个性化育种。④输出各类育种数据报表。软件还提供了从种猪性能排队到种猪选留以及猪群近交情况分析等多达 24 种育种数据分析表,用户可直接将其应用于育种实践工作中,并且还可根据个体 EBV 和个体间的亲缘系数情况提供种猪选配计划,使种猪育种工作变得十分简便。另外,为方便实际育种工作,软件还提供了 16 种数据接口,用户可很方便地将本软件中的原始数据和分析结果转换成其他所需要的数据类型,以便用其他软件对数据进行多方面的加工处理;软件提供局域网与远程网的支持,对于没有网络的用户也可通过系统提供的虚拟网络功能完成数据传输功能(杨泽明,2001)。

3.5.3.2　主要成效

近年来,我国各类猪场科学、正确地使用 GBS 软件后取得了如下主要成效:①猪群生产性能得以提高。分别以牡丹江惠民养殖有限责任公司和杭州市种猪试验场为例,牡丹江惠民养殖有限责任公司在 2011—2013 年期间未使用 GBS 系统软件时猪群 28 日龄平均断奶体重为 7.8 kg,2014 年使用 GBS 系统软件后 28 日龄断奶体重为 8.3 kg,较使用前有所提高,同时分娩率、产活仔数和母猪分娩窝数等也有不同程度的升高；杭州市种猪试验场在使用 GBS 软件近 5 年后，母猪产活仔数提高 12.5%，年产胎次提高 11.17%，全程育成率提高 8.0%。②宏观调控突出，加强了生产管理的调控性。将每天生产、销售情况录入软件并进行汇总，使生产管理者对生产经营状况了然于心，以便于对整个生产进行统一协调与指导，加强了企业生产的调控性，从而达到进一步提高企业整体经济效益的目的。③工作安排合理，强化了工作效率的高效性。从场区生产管理者到统计人员，养成了即时收集原始数据的习惯，确保每天上报生产数据，对错误数据核查率明显提高，实现了生产监控的即时性和准确性。④系谱管理清晰，确保了种猪血缘的正确性。前期数据录入的准确性和实时性，使系谱管理更为严谨，确保了猪群血缘清晰，加强了选配效果，提高了选育效果。⑤统计分析精确，实现了育种分析和生产管理的有效性。规模化养殖、标准化操作，基础信息的准确实时录入，使软件的报表功能更加精确，能精确统计分析各类育种和生产数据，为育种和生产管理工作提供了高效决策依据。⑥销售管理科学，明确了种猪销售目的。通过多年对种猪销售情况登记、客户详细资料的维护等工作，能将不同地区、不同客户对种猪的不同要求及种猪市场行情即时反馈到选育中心，使选留种猪时目的更加明确，进而即时淘汰不符合要求的种猪，减少饲养成本支出。⑦生产管理细致，落实了相关规章制度操作的标准化以及猪场生产技术操作的标准化、规范化，确保了 GBS 软件的有效运转，同时软件的正常运转也监督了猪场生产的现场管理，在操作规程上不能有丝毫的松懈，否则将无法正常开展育种和生产工作。提高了一线员工严谨、细心、即时的工作作风，使各个环节均能按标准操作，使现场管理与软件运用进入良性循环的状态（夏彩锋和金访中，2014；于冰，2015）。

目前，GBS 系统软件在我国生猪育种中得以广泛应用。截至 2016 年，GBS 软件已经应用于北京市 10 个郊区的 85 个种猪场，占全市种猪场的 89.47%；并以国家种猪联合育种平台为纽带，在除北京市以外的 30 个省、市、自治区推广 GBS 软件 1 000 多套，应用于 800 多家种猪生产企业；并以 GBS 软件为核心，建立了北京市级种猪遗传评估平台和国家种猪联合育种平台，为实现全国范围内猪育种标准化、信息化管理和猪联合育种提供了支撑，促进了我国种猪业的信息化。

综上所述，纵观我国生猪发展历程，猪育种和生产管理软件从无到有，由粗糙到精细，一直处于不断优化完善的过程中。GBS 等猪育种软件的研发与应用对促进我国种猪质量提高及养猪产业发展起到了重要作用。

参考文献

陈润生，徐孝义．三江白猪育种工作的进展[J]．东北农学院学报，1979，2：16-25.

陈瑶生，盛志廉．通用选择指数原理[J]．遗传学报，1988，15(3)：185-190.

邓政．实现区域性联合育种加快种猪遗传改良[C]．第十届(2012)中国猪业发展大会会刊，2012：108-110.

范春国，乐玉海，方山地，等．猪重要经济性状的分子标记辅助选择的综述[J]．福建畜牧兽医，2005，27(Suppl)：12-14.

广东省农科院畜医所,顺德县良种场,顺德县水产畜牧局.“选种指数法”在广东大花白猪继代选育中的应用和效果[J]. 广东农业科学,1978,1:39-42.
郭春华.二次选择指数及其在猪育种中的应用[J]. 西南民族学院学报(自然科学版),1990,16(1):74-82.
胡锦平,翁经强,卢伟,等.杜洛克猪生长和胴体性状的遗传参数、表型参数、选择指数的研究[J]. 养猪,1992,1:30-33.
黄谷诚,刘树橙,刘昌谟.荣昌猪选育研究(第一报)[J]. 畜牧兽医学报,1965,8(2):65-76.
姜勋平,刘永刚,熊远著,等.猪 *FUT*1 基因对肉质和胴体性状的影响[J]. 遗传,2005,27(7):566-570.
李和国.我国养猪业的发展历程及问题概述[J]. 贵州畜牧兽医,2009,33(1):16-18.
李学伟.种母猪遗传评估软件的研制[J]. 西南农业学报,2000,13(Suppl):66-68.
刘净,陆肖芬.“湖北白猪”选育研究初报[J]. 湖北农业科学,1962,3:16-20.
刘松元,盛志廉.在 BLUP 中亲属多次记录利用研究[J]. 遗传学报,1986,13(4):302-309.
刘增廷,张沅,尹铮,等.多性状简化动物模型 BLUP 方法在猪育种工作中的应用[J]. 畜牧兽医学报,1990,21(1):41-42.
鲁绍雄,吴常信.动物标记辅助选择研究及其应用[J]. 遗传,2002,24(3):359-362.
吕学斌.非经典综合选择指数及其在猪育种中的应用[J]. 四川畜牧兽医,1992,1:7-9.
彭中镇,曹胜炎,刘志富.BLUP 法在公猪产仔数遗传评估上的应用[J]. 华中农业大学学报,1990,9(1):30-36.
顺德县水产畜牧局,顺德县顺峰山农场,广东省农科院畜牧兽医研究所.广东大花白猪的选育[J]. 广东农业科学,1973,6:4-8.
孙晓燕,姜勋平.猪育种软件的研究与应用[J]. 现代农业科技,2009,15:359-361.
王楚端,陈清明.丹系长白猪综合选择指数的研究[J]. 养猪,1992,4:11-12.
王连纯,师守堃,樊生楠.北京黑猪系统选育试验[J]. 北京农业大学学报,1981,7(3):47-58.
王林云,蒙妙枝.姜曲海猪的选择指数公式[J]. 江苏农业科学,1979,1:59-62,53.
王宗礼,郑友民,左玲玲,等.全国生猪遗传改良计划工作手册[M]. 北京:中国农业大学出版社,2013:6-10.
夏彩锋,金访中.GBS 软件在种猪生产管理中的应用要求与效果观察[J]. 浙江畜牧兽医,2014,39(5):69-70.
肖炜,云鹏,苏雪梅,等.我国猪联合育种的现状与存在的问题[J]. 当代畜牧,2005,5:31-32.
谢庄,潘锦清,张奉润,等.用 BLUP 法估计公猪繁殖性状育种值[J]. 南京农业大学学报,1989,12(4):88-93.
徐继初,杨德祥,王庄端,等.影响 6 月龄体重有关性状的相关分析及其选择指数的探索[J]. 浙江农业大学学报,1983,9(1):59-64.
杨茂成,钱利增.应用 BLUP 法估测种公猪平均日增重的育种值[J]. 南京农业大学学报,1987,1:75-79.
杨泽明.猪育种信息管理与分析系统软件的研究与开发[D]. 武汉:华中农业大学博士学位论

文,2001.
于冰．GBS 软件在种猪生产上的应用领域及其先进性研究[J]. 食品安全导刊,2015,14:73.
俞谓江,俞宗沅．乳用种公牛选择中的最优线性无偏估计法(BLUP)[J]. 中国奶牛,1984,1(4):21-26.
张勤,丁向东,陈瑶生．种猪遗传评估技术研发与评估系统应用[J]. 中国畜牧杂志,2015,51(8):61-65.
张沅,李金泉,陈瑶生,等．家畜育种学[M]. 北京:中国农业出版社,2001.
赵要风,李宁,肖璐,等．猪 *FSHβ* 亚基基因结构区逆转座子插入突变及其与猪产仔数关系的研究[J]. 中国科学(C 辑),1999,29(1):81-86.
周忠孝,郭传甲,刘文忠．继代选育中用 BLUP 法对公猪进行逆向再评定的研究[J]. 中国畜牧杂志,1992,28(2):15-17.
Bidanel J P, Rothschild M. Current status of quantitative trait locus mapping in pigs [J]. Pig News and Information, 2002, 23(2): 39-53.
Dong Q, Liu H Y, Li X Y, et al. A genome-wide association study of five meat quality traits in Yorkshire pigs [J]. Frontiers of Agricultural Science and Engineering, 2014, 1(2): 137-143.
Fernando R L, Grossman M. Marker assisted selection using best linear unbiased prediction [J]. Genetics Selection Evolution, 1989, 21(4): 467-477.
Hazel L N. The genetic basis for constructing selection indexes [J]. Genetics, 1943, 28(6): 476-490.
Henderson C R. A simple method for computing the inverse of a numerator relationship matrix used in prediction of breeding values [J]. Biometrics, 1976, 32(1): 69-83.
Henderson C. R. Rapid method for computing the inverse of a relationship matrix [J]. Journal of Dairy Science, 1975, 58(11): 1727-1730.
Kempthorne O, Nordskog A W. Restricted selection indices [J]. Biometrics, 1959, 15(1): 10-19.
Lande R, Thompson R. Efficiency of marker-assisted selection in the improvement of quantitative traits [J]. Genetics, 1990, 124(3): 743-756.
Meuwissen T H E, Hayes B J, Goddard M E. Prediction of total genetic value using genome-wide dense marker maps [J]. Genetics, 2001, 157(4): 1819-1829.
Qiao R M, Gao J, Zhang Z Y, et al. Genome-wide association analyses reveal significant loci and strong candidate genes for growth and fatness traits in two pig populations [J]. Genetics Selection Evolution, 2015, 47(1): 17.
Rothschild M F, Hu Z L, Jiang Z H. Advances in QTL mapping in pigs [J]. International Journal of Biological Sciences, 2007, 3(3): 192-197.
Rothschild M F. Advances in pig genomics and functional gene discovery [J]. Comparative and Functional Genomics, 2003, 4(2): 266-270.

Tallis G M. Note: A selection index for optimum genotype [J]. Biometrics, 1962, 18(1): 120-122.

Yang H, Huang X C, Zeng Z J, et al. Genome-wide association analysis for blood lipid traits measured in three pig populations reveals a substantial level of genetic heterogeneity [J]. PLoS One, 2015, 10(6): e0131667.

Yang J, Huang L S, Yang M, et al. Possible introgression of the VRTN mutation increasing vertebral number, carcass length and teat number from Chinese pigs into European pigs [J]. Scientific Reports, 2016, 6: 19240.

Zhang H, Wang Z P, Wang S Z, et al. Progress of genome-wide association study in domestic animals [J]. Journal of Animal Science and Biotechnology, 2012, 3(1): 26.

Zhang L C, Liang J, Luo W Z, et al. Genome-wide scan reveals *LEMD3* and *WIF1* on SSC5 as the candidates for porcine ear size [J]. PLoS One, 2014, 9(7): e102085.

第4章
猪育种体系及其发展

本章内容提要

在猪的育种体系中，核心群选育效果及种猪质量对猪群生产水平和效率具有决定性的影响。20世纪70年代中期，闭锁群继代选育法引入我国并在猪育种界盛行了20余年，在我国猪育种中发挥了重要的作用。随着猪育种工作的深入开展，其遗传基础狭窄、选择强度不高、容易发生近亲繁殖等缺点日益显现，进而发展了开放核心群育种体系以及闭锁与开放相结合的核心群育种体系。1993年成立的大白猪、长白猪和杜洛克猪育种协作组揭开了我国猪联合育种的序幕。近20年来，在全国生猪联合育种协作组及全国生猪遗传改良计划的推动下，我国种猪遗传评估技术体系已基本建立，但由于缺乏广泛的场间遗传联系，基于大规模种猪跨场遗传评估的全国性猪联合育种尚需时日。

在养猪生产中，完整的育种体系(breeding system)或繁育体系通常是一个“金字塔”式的结构：核心群或育种群位于“金字塔”的顶部，是整个育种体系的核心；繁殖群或扩繁群位于“金字塔”的中部；生产群或商品群位于“金字塔”的基部。其中，核心群的育种效果及种猪质量直接决定着整个繁育体系的生产水平和效率。对于长期开展种猪育种工作的猪场而言，如何确定核心群的规模、核心群的公母比例，以及采用哪种核心群管理模式，以实现最大化的选择进展是最需要考虑的因素(刘小红等，2014)。

在猪的育种体系中，通常根据核心群更新种猪的来源，将猪育种体系区分为闭锁核心群育种体系(closed nucleus breeding system, CNBS)和开放核心群育种体系(open nucleus breeding system, ONBS)。依据核心群开放程度、开放方式的不同，又可分为闭锁与开放相结合的育种体系(closed and open nucleus breeding system, CONBS)、多点核心群联合育种体系(multiply nucleus combined breeding system, MNCBS)等。

纵观我国猪育种的发展历程，在相当长的时期内，无论是地方猪种还是引进猪种，都采用了闭锁群继代选育（即闭锁核心群育种体系）的方法进行选育提高。随着猪育种工作的不断发展，这一方法因遗传基础太窄而导致的固有缺陷也不断凸显出来，于是人们就提出了开放核心群育种体系或闭锁与开放相结合的育种体系，并在此基础上发展了多点核心群联合育种体系。

4.1 闭锁核心群育种体系

一般的核心群育种体系（nucleus breeding system）是一个呈等级的金字塔形结构，顶部为核心群（育种群），中间为繁殖群（制种群），底部是生产群（商品群）。在育种体系中，如果种猪基因流动的方向是单向的，即从核心群流到繁殖群或生产群；核心群种猪只在核心群内留种更新，则这种育种体系就称为闭锁核心群育种体系（鲁绍雄和连林生，2003）。

4.1.1 闭锁核心群育种体系在我国猪育种中的应用

在我国猪育种实践中，闭锁核心群育种体系多以闭锁群继代选育的形式加以应用。20世纪70年代中期，加拿大Fredeen教授将Lacombe猪的育种过程介绍到我国，后来经我国学者总结，将这一过程称之为闭锁群继代选育或系统选育。这种方法的一般做法是：根据育种目标选择一定数量的公、母猪组成零世代核心群（通常公猪8～10头、母猪40～60头）；之后的选育过程中严格闭锁猪群，核心群的种猪更新仅从本核心群的后代中选留，不从群外引进种猪；种猪一般实行头胎留种，每代种猪的后代留种后即淘汰退出核心群。在整个过程中，围绕育种目标实施定向选种选配，一般经4～6代闭锁繁育后育成符合新品种（品系）标准、遗传稳定、规格整齐的群体（吴常信，1999）。

由于闭锁群继代选育所要求的核心群规模较小，投入成本低，世代周转快，见效快，与我国猪育种实际较为相符，深受我国猪育种工作者的欢迎，因而在我国猪育种实践中得到了广泛应用。20世纪70年代以来，全国各地在猪的育种实践中都成功应用了群体继代选育法，对促进我国猪新品种（品系）培育做出了重要贡献。

以北京黑猪的选育为例，其选育工作早在1958年就已开始，但在1976年前主要采用系祖群闭锁、闭锁群杂交的选育方法，1976年后改而采用群体继代选育法，大大加快了新品种培育工作进展。据王连纯等（1981）报道，北京北郊农场畜牧试验站于1976年根据育种目标选择7头公猪、57头母猪组成基础猪群，开展了北京黑猪的系统选育。选育过程中，母猪实行头胎留种，公、母猪8月龄体重达100 kg时配种，以实现1年1个世代，以缩短世代间隔；以生长速度和繁殖力为主选性状，分别构建繁殖母猪、青年公猪（6月龄）和青年母猪（6月龄）的选择指数，实施多阶段选种（2月龄、4月龄、6月龄和8月龄），以保证种猪选择效果；公、母猪留种率分别控制在5%和25%，以提高选择强度，加快猪群遗传进展；实行避免全同胞的随机交配，以控制群体近交系数过快上升。基于群体继代选育的系列育种措施，有效加快了猪群育种进程，猪群总体性能获得了明显改进，并于1982年通过了新品种鉴定。

4.1.2　闭锁群继代选育的研究与总结

在长期应用与实践的同时，我国学者也对闭锁群继代选育进行了研究和总结，为进一步优化和完善这一育种体系奠定了良好基础。

4.1.2.1　闭锁群继代选育的相关研究

1994年，刘小军和周忠孝研究了闭锁育种群的近交对猪生长发育的影响。结果表明，选育初期，近交对各阶段体重有一定负效应，随着世代的递增，近交的负效应逐渐减弱；断奶前绝对生长在选育初期受近交不良影响较大，断奶后绝对生长在各世代均未因近交加深而减弱，随世代的递增，近交反而呈现出一定程度的正效应，并提出适度近交对闭锁育种群猪的生长发育是有利的。李剑豪(2001)研究了闭锁核心群育种体系下杜洛克种猪群的选育效果。结果表明，闭锁核心群育种体系可取得较好的选育效果，公、母猪的背膘厚平均世代进展分别为8.09%和7.71%，日增重分别为6.04%和4.16%。有学者还借助DNA分子标记对猪群体继代选育的效果进行了诊断性分析(潘晓亮等，2003)。黄翔和经璐(2015)研究显示，随着群体规模的扩大，闭锁核心群育种体系下猪群遗传改良所获得的经济效益得以提高，这主要是因为随着群体规模的扩大，选择强度得以加强，进而提高了遗传进展。

4.1.2.2　闭锁群继代选育的总结

长期的实践表明，闭锁群继代选育方法具有以下主要优点：①育种群规模要求不大，成本投入较少，很适合我国一些规模较小的猪场。②世代周转快，见效快，种猪每年都更新，若能保证后代的遗传素质优于亲本，遗传进展能快速得以积累。③世代间隔分明、不重叠，便于进行世代间育种分析，衡量选育效果。这一点很受育种科研工作者的青睐。④技术水平要求不高，方法简便易行。

然而，闭锁群继代选育也具有一些固有的缺点：①育种群体规模小，遗传基础狭窄；如果组建基础群体时没有选对优秀个体，基础群体整合的优秀基因不多，遗传进展就不可能大；②小群体闭锁繁育，难以避免近交；③每代都需要大量留种，选择强度不高，遗传进展缓慢；④种猪利用年限短，不易透彻了解其遗传品质，在一定程度上制约了选种效果。张培武和喻传洲(2006)对闭锁群继代选育中的长期闭锁繁育、随机交配、世代不重叠等问题进行了相应探讨，并提出了相应的改进建议。

在育种实践中，闭锁群继代选育是在一次性组建核心群的基础上开展闭锁繁育，通过加强选择和缩短世代间隔来加快育种进程，快速累积遗传进展。在组建核心群时，大多不考虑系谱，只着重表型选择，闭锁以后又不特意地去稳定某个具体性状，采用随机交配使每个个体的特性综合起来成为群体共同的特性。盛志廉教授将这一育种体系的不足形象地概括为“窄选”和“慢稳”(盛志廉，1997)。他指出，闭锁群继代选育尽管长期自群繁育，逐步使各个基因趋向纯化，但由于一次性就把一个小群体完全闭锁起来，使得以后的选育提高只能局限于很小的遗传变异内，所以可以称为“窄选”。采用综合选择指数，着重点是提高群体各优良基因的基因频率，但所选出来的个体，有的这个性状较为优秀一些，有的另外一个性状优秀一些，就某一个具体性状而言，个体间的差异还是比较大的。随机交配的目的是在此基础上将每个个体的优良基因聚合起来，当然也具有使群体内各个体趋向均匀的作用。但就每一个性状而言，同型交配的概率不大,因而性状纯化的力度欠缺,稳定比较缓慢,可以称为"慢稳"。

闭锁群继代选育的技术路线相对简单,实施起来较为容易,比较适合我国的国情,因此受到了我国猪育种工作者的普遍青睐。20世纪70年代以来,国内许多猪育种工作者都采用这一方法对地方猪种和引进猪种进行遗传改良,或者培育新品种(品系),并取得了很好的效果,提高了我国种猪的性能水平,促进了生猪产业的发展。然而,闭锁群继代选育效果特别突出的不多。之所以如此,一方面与闭锁群继代选育的固有缺点密不可分;另一方面是因为育种实践过程中,有的过于草率,有的又囿于教条。

关于闭锁群继代选育的实施过于草率或囿于教条,概况来讲,主要有两方面原因(盛志廉,1997):一是基础群体组建太过草率,有的从国外引进少量种猪,有的从外地购买少量杂种猪,就要在这样的基础上组建基础群体,组建基础群的猪只并未经过科学合理地筛选,血缘狭窄,遗传性能难以保证,从而导致基础群体遗传变异较小,选择余地不大,一旦闭锁,只能围绕基础群体进行"闭门造车";有的育种方案采用很复杂的复杂杂交来组建基础群体,导致最后从杂交创新后代选留的理想个体不多,以后再想产生理想个体来扩大群体规模又比较困难,于是就被迫闭锁在一个规模很小的群体内,想开放也找不到适宜的方法开放。二是墨守成规,世代绝不可重叠,明明出现了非常优秀的个体,只用了一代(一般为一年)也予以淘汰;另外,必须进行随机交配,导致后代又很难保持其亲本的优秀品质,至于后代性能提高就更加困难了。这些做法都使优秀种猪无法得到充分利用,犯了育种工作的大忌。

群体继代选育在我国猪育种实践中实行了40余年,积累了大量的宝贵资料和经验,使我们育种工作者能够对这种方法进行很好的总结。我们应该客观地看待闭锁群继代选育方法,汲取优点,改进不足,逐步优化,争取创造出一套属于我们自己的、行之有效的新选育方法。当然任何一种选育方法都不应被当作八股程式,不能死搬硬套,要根据育种实际情况,尽可能优化选育方法的设计,以期获得最大化的选育实际效果。

4.2 开放核心群育种体系

与闭锁核心群育种体系相反,若核心群种猪更新的个体不仅来源于核心群,还可来自繁殖群或生产群,甚至来源于育种体系外的其他群体,则该育种体系就称为开放核心群育种体系。在实际操作时,引入核心群的种猪要求性能优异,且与原核心群种猪具有相同的育种目标。此时基因的流动是多向的,既可从核心群流到繁殖群和生产群,又可从繁殖群、生产群或育种体系外的其他群体流入到核心群(Roden, 1994)。

4.2.1 关于开放核心群育种体系

开放核心群育种体系是在20世纪60—70年代随着绵羊合作组育种计划(cooperative group breeding scheme)的提出和实施而发展起来的。早在1967年,新西兰就成立了第一个绵羊育种合作社,命名为新西兰罗姆尼发展合作社,当时共有分布于新西兰各地的18个羊场参加。同年,澳大利亚也在西澳成立了绵羊育种合作社,合作社的羊场共分3个层次:核心场、繁殖场和一般羊场，参加的社员场达数百个，母羊达90万只以上。在合作组的育种计划中，自下而上由各社员场向核心场提供最优秀的母羊，而种公羊则由核心场向各社员场进行分配，这种组织形式对绵羊的育种改良起到了重要的促进作用。后来，这一方法在肉牛、奶牛和猪等其他家畜上也得到了应用，并逐步发展为较为完善的开放核心群育种体系。

在开放核心群育种体系提出之初，核心群的替换种猪来源于核心群、繁殖群或生产群，此时体系虽扩大了核心群的选择范围，降低了核心群近交系数的上升速度，但仍存在以下两个问题：①由于体系仍为品种内的闭锁群继代选育，实际上并未扩大多少遗传基础。②若是三元杂交生产商品猪的繁育体系，繁殖群中的个体已是二元杂交的杂种母猪，不能再返回核心群，开放就无从谈起。为了解决这两个问题，人们通过扩大核心群的开放范围以进行完善，即核心群的开放不仅可以通过将繁殖群优秀母猪返回核心群来实现，还可通过将生产性能优异且与原核心群猪种具有相同育种目标的优秀种猪引入核心群来实现。

与闭锁核心群育种体系相比，开放核心群育种体系扩大了核心群的遗传基础和选择范围，因而可获得更大更持续的遗传进展（Smith，1988），同时还增加了核心群的有效群体含量，可有效缓解群体近交系数的上升速度。因而在一定时间内受到了育种学家们的青睐，并在猪的育种实践中得到了一定应用。

4.2.2 开放核心群育种体系的优化与完善

在实施开放核心群育种体系的实践中，核心群规模、核心群的开放方式及开放程度等都会影响到该体系的育种效果（鲁绍雄和连林生，2003）。为此，国内外不少学者针对不同条件和选择策略下这些参数的优化开展了相关研究，进一步推进了开放核心群育种体系的优化和完善。

在核心群规模的确定方面，早在1977年，James采用离散世代模型，即假定选育过程中不存在世代重叠，且公畜只能由核心群向繁殖群进行单向流动，而核心群的更新种畜不能来源于繁殖群，只能通过引入外血来实现的情况下，对不同核心群规模的开放核心群育种体系的遗传进展进行了估计。结果表明，当核心群规模较小时，预期的选择反应随着核心群规模的扩大而增加，当核心群规模扩大到一定规模时，选择反应就会稳定下来不再增加，当核心群规模超过最适值再继续扩大时，选择反应不但不会增加反而会逐渐下降。当核心群规模占总群体的5%～10%时，开放核心群可获得较高的遗传进展。这一结论已被后来的许多研究所证实，并逐渐被应用于开放核心群育种方案的设计。

在核心群的开放程度方面，有研究表明，在一个繁殖群和核心群的更新种畜均来自核心群的育种体系中，若核心群的更新母畜有一半来自繁殖群，则预期的遗传进展最大；同时核心群有效群体含量会扩大2倍，进而使核心群近交增量接近于零（Shepherd & Kinghorn，1992）。Hopkins和James（1978）在考虑世代重叠的基础上进行的研究也得出了相似的结论。James（1977）的研究结果还表明，从繁殖群选留母畜的最佳比例随着公畜选择强度的提高而增大，但随着母畜选择强度的提高而减小。何保丽和鲁绍雄（2012）报道，核心群开放程度对种猪遗传评估的准确性并无明显影响，但核心群开放会明显降低群体近交增量；当核心群引入公猪的比例在60%以下时，目标性状的遗传进展会随着核心群开展程度的提高而增大，但当核心群引入公猪比例超过60%时，猪群的遗传进展反而会降低。这说明在实际育种中，核心群的开放程度不能太大，也不能太小。开放程度太小，群体遗传进展会很缓慢；而开放程度过大，也会影响群体基因频率的定向发展，导致选育进展难以定向，从而降低选育效果。

4.2.3 开放核心群育种体系在我国猪育种中的应用

鉴于开放核心群育种体系在扩大核心群遗传基础、缓解近交增量等方面的优势，20世纪90年代以来，该体系在我国猪育种实践中得到了一定应用。

陈斌等(1997)报道，在对长白猪实施开放核心群育种体系时，核心群规模占总群体的30%左右，仍能获得较好的育种效果；若考虑开放核心群育种体系的经济效益，则应结合整个开放核心群育种体系的运作成本、畜产品的市场价格等因素来优化核心群的群体结构。李剑豪(2001)比较了闭锁核心群育种体系和开放核心群育种体系下两个杜洛克种猪群的选育效果。结果表明，两种体系都取得较好的选育效果，其中对于闭锁核心群育种体系，公、母猪的背膘厚平均世代进展分别为8.09%和7.71%，日增重分别为6.04%和4.16%；对于开放核心群育种体系，公、母猪背膘厚平均世代进展分别为4.57%和3.31%，日增重分别为3.92%和3.84%；闭锁核心群育种体系下背膘厚和日增重的遗传进展要快于开放核心群育种体系，且前者所获得的遗传进展比较平稳，后者则呈现跳跃式进展；但闭锁核心群育种体系下繁殖性能呈现下降趋势，开放核心群育种体系下繁殖性能呈现上升趋势，出现这些现象可能与闭锁群继代选育的固有特点以及引入到核心群的种猪品质及其与原有种猪的配合力有关。欧阳克蕙等(2004)对采用开放式群体继代选育法和分子生物技术联合选育大约克夏母系进行了研究。结果表明，相较于0世代，第2世代母猪头胎产仔数增加0.88头，产活仔数增加0.80头，初生窝重提高2.67 kg，21日龄窝重提高12.70 kg，公、母猪达100 kg体重日龄分别缩短17.14 d和14.62 d；体型外貌基本一致，选育效果比较理想。林亦孝(2006)报道了广东华农温氏良种猪杂交繁育体系的建立情况，该杂交繁育体系采用开放式的群体继代选育法，开展大规模的生产性能测定，通过阶段选种、基于BLUP遗传评估的选择指数和现场综合评估来选育核心群，进而科学合理地开展种猪选配等工作，选育出各具特色的4个专门化品系，四系配套杂交表现出明显的杂交优势。黄翔和经璐(2015)对猪闭锁核心群育种体系和开放核心群育种体系的经济差异进行了比较，结果显示，开放核心群育种体系的经济效益要显著高于闭锁核心群育种体系。与闭锁核心群育种体系相比，开放核心群育种体系每头母系猪的最小经济价值差异为13元，而每头父系猪的最小经济价值差异是11元。

如前所述，开放核心群育种体系的优点是扩大了核心群的选择范围，同时也降低了核心群的近交系数上升速度。但也存在着一些固有的问题：①虽然扩大了核心群选择范围，但并没有扩大太多的遗传基础，因为这种核心群开放实质上仍然只是品种内的闭锁群继代选育。②单一的核心群开放，会导致性状的固定难度增大。③如果是三元及以上杂交商品猪生产体系，繁殖群内的杂种母猪将不能返回核心群，只能从体系外引进育种目标相同的种猪。④核心群频繁从群外引入种猪，会增加疫病传播的风险。

4.3　闭锁与开放相结合的核心群育种体系

4.3.1　关于闭锁与开放相结合的核心群育种体系

长期的育种实践表明，核心群实行单一闭锁或开放都存在一些固有的缺陷，难以获得最佳的育种效果。为此，发展了闭锁与开放相结合的核心群育种体系。即当核心群闭锁繁育到一定阶段时进行开放。一般情况下，当连续两代闭锁选育而生产性能无明显改进时就要考虑核心群的开放（吴常信，1999）。

闭锁与开放相结合的核心群育种体系不仅克服了核心群单一闭锁遗传基础狭窄、近交系数上升过快的固有缺陷，同时还在一定程度上克服了核心群单一开放性状固定难的问题，有利于保证核心群获得持续的遗传进展，缓解群体近交系数的上升速度。

针对闭锁与开放相结合的核心群育种体系应用，我国学者在总结大量实践经验的基础上，对这一方法的具体实施进行了深入研究。盛志廉教授曾针对闭锁群继代选育法存在的“窄选”“慢稳”问题，提出了“广选速稳选育法”的设想（盛志廉，1997）。这一设想将开放核心群育种体系与闭锁群继代选育的思想有机结合，即在长期开放的大群体中广泛选择（即“广选”），在闭锁的小群体中加速性状的稳定（即“速稳”），保证品系不断发展并获得持续的遗传改进。其中，用于“广选”的育种核心群长期开放，以保证种猪选择的广泛性；用于“速稳”的核心群先以家系为单位进行短期闭锁，通过近交加速优良性状的稳定，再将若干特点相同的家系合并为半封闭的品系，按照家系间的亲和性进行自群繁育以稳定品系特征，不同家系间个体交配可减缓群体近交增量。自群繁育过程不拘泥于世代、血统和随机交配和不同世代群体规模的一致性。吴常信（1999）对猪闭锁与开放相结合的核心群选育方案也提出过相应的建议：当对地方猪品种进行选育提高或育种的起始群体为杂种猪群时，一开始就要考虑在多个猪场同时进行。也就是在共同的育种目标下，有意识地造成场间（群间）的某些遗传差异，各场闭锁群选育 3～4 个世代后，再进行场间互相开放，这样不仅可以扩大遗传基础，增加选择机会，同时还可降低由于小群体闭锁造成的近交程度。

4.3.2　闭锁与开放相结合的核心群育种体系在我国猪育种中的应用

20 世纪 90 年代以来，闭锁与开放相结合的核心群育种体系在我国猪育种实践中得到了广泛应用。多数企业或猪场内部都采用闭锁与开放相结合的核心群选育方案对地方猪种和引进猪种进行选育提高，或者培育猪新品种（品系），抑或培育猪配套系，并取得了显著成效。

4.3.2.1　在引进猪种选育中的应用

1995 年，天津市宁河原种猪场以引进的丹麦长白猪组建核心育种群，以日增重、背膘厚和产仔数为主选性状，实施闭锁与开放相结合的选育方案，猪群性能得到了有效保持（钱建旺和隋茁，1998）。

赵淑娟等(2005)分析了河南商丘夏华种猪场1999—2003年间美系杜洛克猪在闭锁与开放相结合方法下的选育效果,公猪30～100 kg平均日增重为856 g,母猪为833 g,分别提高6.87%和5.98%;公猪胴体瘦肉率达66.2%,母猪达65.6%,分别提高2.32%和2.66%;公猪100 kg活体背膘厚降低0.8 mm,母猪降低0.6 mm,分别降低6.5%和4.8%。

2000年,浙江省农业科学院畜牧兽医研究所以引进的台系杜洛克组建了10头公猪(8个血统)、60头母猪的选育基础群,采用闭锁与开放相结合的育种方法进行了3个世代的选育,猪群初产活仔数从7.41头增加到8.34头,初生窝重从11.21 kg提高到12.18 kg,35日龄成活数从6.26头增加到7.03头,35日龄窝重从33.58 kg提高到51.35 kg;活体背膘厚从14.1 mm降低到12.8 mm,估测的胴体瘦肉率从60.08%增长到64.08%(褚晓红等,2007)。

福建光华百斯特生态农牧发展有限公司以8头公猪(6个独立血统)、40头母猪组建杜洛克0世代选育核心群,以达100 kg体重日龄、100 kg体重活体背膘厚和外貌评分3个性状构建选择指数,采用闭锁与开放相结合的方法进行了3个世代选育,猪群达100 kg体重日龄、100 kg体重活体背膘厚分别较0世代缩短了13.96 d和降低了2.70 mm,3个主选性状的估计育种值(EBV)也获得了明显改进(林长光等,2010)。

邱定杰等(2013)报道了以引进的美系杜洛克群体为基础,在闭锁与开放相结合的选育策略下杜洛克猪主要生产性能的改进情况。与2009年相比,2012年杜洛克公、母猪达100 kg体重日龄分别缩短10.11 d和12.79 d,100 kg活体背膘厚分别降低2.32 mm和1.61 mm,父系指数提高18.92。

林维维等(2014)报道显示大白母系种猪在闭锁与开放相结合的核心群选育方法下生产性能得以明显提高,经过4年的选育,公猪日增重提高7.90%,母猪提高7.41%,公猪达100 kg体重日龄缩短8.92 d,母猪缩短12.62 d;对于100 kg活体背膘厚,公猪下降9.54%,母猪下降7.54%,母猪总产仔数增加0.18头。

四川省畜牧科学研究院于2007年从美国引进巴克夏种猪,采用闭锁与开放相结合的策略实施了5个世代的选育(陶璇等,2013,2014)。结果显示,与1世代相比,第4代经产母猪的总产仔数和仔猪21日龄窝重分别提高了0.45头和6.78 kg;第5代公猪达100 kg体重日龄缩短14.93 d,100 kg活体背膘厚降低0.83 mm,料重比降低0.18,母猪达100 kg体重日龄缩短15.63 d,100 kg活体背膘厚降低0.70 mm,料重比降低0.17;第5代育肥猪的平均日增重提高29 g,胴体瘦肉率提高2.81%,肌内脂肪含量高达3.29%;公、母猪的体长在选育过程中变化不大,体高和胸围均有显著提高。

4.3.2.2 在地方猪及培育品种选育中的应用

1999—2002年,陆川县良种场采用闭锁与开放相结合的方法对陆川猪开展了4年3个世代选育。结果显示,1999—2002年间,陆川猪初产母猪的产活仔数从9.5头增加到10.3头,初生仔猪重从0.51 kg提高到0.57 kg,仔猪45日龄窝重从43.0 kg增加到50.2 kg,45日龄成活率从90.5%升高到93.2%(谢栋光和丘立天,2003)。

胡成波等(2004)对辽宁黑猪瘦肉系的选育效果进行了初步报道,辽宁黑猪瘦肉系是通过向辽宁黑猪两次导入杜洛克血缘,采用闭锁与开放相结合的核心群选育法进行选育的。第2世代核心群种猪达90 kg日龄为143 d,料重比为2.96:1,胴体瘦肉率达63.09%,肌内脂肪含量高达 4.11%，母猪产仔数为 12.80 头，35 日龄断奶窝重为 124.61 kg，主要生产性能全面达到预期技术经济指标。

云南农业大学等单位以云南地方猪种撒坝猪为育种素材，采用闭锁与定期开放相结合的方法成功选育了撒坝猪专门化母系，该母系初产和经产母猪总产仔数分别达 10.40 头和 12.13 头，较选育前获得了大幅提升。并以此为基础，成功培育了我国第一个以纯地方猪种选育的专门化品系配套而成的猪配套系——滇撒猪配套系（连林生等，2006）。

2006—2011 年，湖南农业大学等单位采用开放与闭锁相结合策略，对湘益猪配套系的 3 个专门化品系进行了持续选育，使猪群生长速度、料重比和繁殖性能等均得到了进一步提高（冷电波和陈斌，2013）。

彭先文等（2011）对中国瘦肉猪新品系 SII_1 系的选育结果进行了报道，该品系以大白猪为育种素材，集成分子标记辅助选择和常规育种，采用开放与闭锁相结合的不完全群体继代法进行选育，经过 5 个世代的选育，初步育成了优质、高效、抗逆的中国瘦肉猪新品系。新品系母猪初产时的总产仔数为 10.63 头，产活仔数为 9.41 头，经产时的总产仔数高达 11.50 头，产活仔数为 10.72 头；育肥猪日增重高达 811 g，料肉比为 2.58∶1，胴体瘦肉率高达 71.03%，达 100 kg 体重日龄为 159.05 d。

四川省畜牧科学研究院选育的川藏黑猪配套系 S04 系，以杜洛克为育种素材组建选育核心群，采用闭锁与开放相结合的选育方法，经 5 个世代选育，成功育成了一个棕黑色的高瘦肉率专门化父系。选育结果显示，经产母猪产仔数达 10.36 头，公猪达 100 kg 体重日龄为 165.67 d，100 kg 活体背膘厚为 11.16 mm，胴体瘦肉率达 64.22%，肌内脂肪含量为 2.88%，主选性状全面达到或超过育种目标（钟志君等，2014；杨跃奎等，2014；龚建军等，2014）。

近 30 年来，闭锁与开放相结合的核心群育种体系在全国遍地开花，并取得了良好的效果。目前，闭锁与开放相结合的育种体系仍是我国种猪育种体系的主体形式，对促进我国生猪产业发展发挥了重要作用。

4.4　多点核心群联合育种

多点核心群联合育种是指有计划地在各核心育种场间开展遗传交流，在建立场间遗传联系的基础上，将多个种猪场的遗传资源整合到一起，形成一个更大的育种核心群，进行统一的遗传评估，选出最优秀的种公、母猪，供参与联合育种的各个猪场共同使用。经过推广普及选育出优秀种猪，将优良种猪精液迅速应用到生产一线，以达到提高猪群生产性能的目的。猪联合育种工作主要包括种猪登记、统一规范的生产性能测定、统一数据管理系统、统一的联合遗传评估、种猪跨场选择和利用，人工授精体系以及网络信息系统等 7 个部分。

开展猪联合育种对我国养猪行业有着非常重大的意义。第一，扩大育种群规模，充分利用优秀遗传资源，尤其是种公畜，从而增加遗传变异，提高选择强度，同时避免闭锁小核心群育种而导致的退化；第二，更有效地应用现代育种理论和方法，充分发挥 BLUP 方法选择准确的优点；第三，提高育种效益，降低育种成本；第四，信息公开透明，有利于公平竞争。随着相关技术的成熟及条件的具备，大规模种猪联合育种在我国逐渐实施，并取得了明显进展。

4.4.1 多点核心群联合育种的提出

猪的联合育种在国际上已不是一个新事物。早在1987年英国Cotswold猪发展公司就提出多组核心群(group nucleus)育种结构,并将其应用到猪育种实践中去。这一育种结构由数个分散的核心群组成,各核心群间通过人工授精建立遗传联系,经过统一的遗传评估后,最优秀的公猪通过人工授精加强利用,进而扩大其遗传影响。之后,世界上很多著名的猪育种公司相继采用并完善了这一育种组织形式。目前,世界上养猪发达国家几乎都采用了多点核心群联合育种这种大规模的育种结构,丹麦、美国、加拿大等国都有国家级的猪育种改良计划和组织。因此不少学者都指出,种猪企业间或区域乃至全国性的联合育种将是未来猪育种的主流形式。

4.4.2 我国猪多点核心群联合育种的发展历程

我国的猪育种在相当长时期内都是采用闭锁群继代选育法,直到1993年根据农业部畜牧兽医局(1993)农(牧种)第174号文件《关于成立全国大白猪、长白猪、杜洛克猪育种协作组》的文件精神,由中国畜牧兽医学会养猪学分会牵头,联合国内部分种猪育种场成立了大白猪、长白猪、杜洛克猪3个引进猪种的育种协作组,各协作组成员单位统一了性能测定记录要求和测定方法,并相互交流育种经验和技术,自此拉开我国种猪联合育种的序幕,但各成员间仍保持相对独立的育种方案和选种方法,因此还算不上真正意义上的联合育种。1997年初,全国畜牧兽医总站和中加瘦肉型猪项目办公室合作,在全国开展种猪生产性能现场测定与遗传评估技术推广工作。

1998年,我国成立了"双肌臀"大白猪联合育种组,率先采用了多点核心群的育种结构,对引进的"双肌臀"大白猪进行边推广应用边选育提高,在保证其得到充分利用的同时,各项经济性状也能得到不断提高。在以后的工作中,联合育种组制订了统一的章程、性能测定标准、营养标准和种猪成套复制推广方案等,并对成员单位的技术员进行了猪人工授精技术和GBS猪育种分析软件的操作培训。由于各场的"双肌臀"大白猪均按一定的血缘要求成套购自原种场,因此场间已经建立起一定的遗传联系,具备了应用动物模型BLUP方法统一开展种猪遗传评估的条件。联合育种组定期召开研讨会,着手研究解决育种实践中出现的各种问题。

同样是在1998年,全国种猪遗传评估工作小组成立,拟订了全国种猪评估系统建设方案。通过实际调研,充分研究养猪业发达国家在种猪育种方面的经验和做法。经过3年多广泛征求国内外有关方面专家的意见,多次讨论修改,全国畜牧兽医总站组织全国有关种猪遗传育种专家于1999年讨论制定了《全国种猪遗传评估方案》,并于2000年5月颁布实施,对我国种猪遗传评估测定的性状、测定数量及联合遗传评估方法等进行了规范,为区域乃至全国计算机联网和信息共享,建立种猪的遗传联系,实现全国种猪联合育种奠定了良好的基础。截至2001年,共有37个种猪场参加全国种猪遗传评估,涉及北京、天津、河北、河南、浙江、湖北、江西、广东、福建、云南、贵州和四川等全国12个省、区、市,共收集30 000余头猪的体重和背膘厚测定数据(其中较为规范的有效数据达25 000多头)以及近10 000头母猪的产仔性能记录。2006

年，在原长白猪、大白猪、杜洛克猪3个品种协作组的基础上，整合成立全国猪联合育种协作组，有力地推进了生猪联合育种工作的开展。同年，在农业部“948”重大专项“猪遗传评估技术的引进与中国优秀种猪核心群繁育体系的持续发展”的支持下，建立了全国种猪遗传评估中心，负责收集全国种猪企业的种猪系谱档案和性能测定数据，并对参与全国联合育种的育种场的种猪进行统一的遗传评估。2007年，国家生猪产业技术体系建设项目启动。

2009年，农业部办公厅印发了《全国生猪遗传改良计划(2009—2020)》，这意味着我国生猪联合育种正式拉开帷幕。2010年，启动了国家生猪核心群育种场申请、审核、评选工作，第一批进入国家级核心育种场的企业有16家，第二批增补了8家，第三批增补了13家；截至2015年底，全国共遴选国家生猪核心育种场96家。截至2017年底，我国共有92家国家生猪核心育种场。国家级核心育种场的动态变化标志着国家生猪核心育种场实行有进有出、动态调整的战略布局。另外，准备申请加入全国猪联合育种协作组的育种场逐渐增多，这些都为提高生猪核心育种场含金量及推进生猪联合育种搭建了坚实的基础平台。目前，我国已经建立了全球最大的种猪遗传评估群体——92家全国生猪核心育种场的核心群数量近15万头，研发建立了我国种猪遗传评估技术体系(张勤等，2015)，为深入开展全国性种猪联合育种奠定了坚实基础。

4.4.3　多点核心群联合育种的组织结构

多点核心群联合育种是指通过人工授精或种猪交换在多个分散的核心群间建立一定的遗传联系，各核心群具有相同的育种目标并实施相同的育种制度，以进行协作育种的一种育种组织形式。在联合育种组内，每个成员场就相当于一个核心群。在种猪的选育过程中，各核心群间通过有计划的人工授精或种猪交换保持一定的遗传联系，进而促进联合育种真正有效地进行。联合育种组内采用统一的营养标准和性能测定方案，用相同的计算机软件对育种数据进行分析，因此，可借助BLUP方法对联合育种组内的不同核心群所有种猪进行统一的遗传评估(鲁绍雄和吴常信，2001)。

4.4.4　多点核心群联合育种是提高种猪选育效果的理想途径

我国自20世纪六七十年代起就开始从国外大量引进优良猪种，尤其是改革开放以来，国家几乎每年都要花费不少的外汇引进国外猪种。这些引进的优良猪种具有针对我国地方猪种缺点的突出优点(如生长速度快、单位增重耗料少、瘦肉率高等)，对促进我国养猪生产的发展起到了积极的作用，但对于引进猪种，大多种猪场存在着重利用而轻选育的问题，尤其在中、小型种猪场更是如此。即使有些猪场开展了一些选育工作，也因技术力量薄弱、选育方法不当或群体规模太小等原因而使选育的效果不理想，不少引进猪种在使用几年后生产性能就发生明显退化，于是又不得不重复引进。

我国是猪遗传资源最为丰富的国家之一，地方猪种具有适应性强、耐粗饲、肉质优良、母性好等优良特性，但生长缓慢、瘦肉率低。与生长快、瘦肉率高的引进猪种相比，地方猪种缺乏市场竞争力，猪群规模逐渐缩小，保种场所面临的困难也越来越多。到目前为止，我国已自主培育了40多个猪新品种，这些猪种由于利用推广不当等一系列原因，许多猪种的群体规模逐渐下降，有的品种甚至已经消失，而且生产性能也出现退化，远不如品种育成时。这些猪种（引进品种、地方品种和培育品种）对促进我国养猪产业可持续发展具有重要现实意义。因此，如何有效提高种猪选育效果具有十分重要的意义（李岩等，2011）。

目前，我国大多数种猪育种企业均受到资金和育种技术等条件限制，对于单个猪育种场而言，不管是地方猪种，还是引进猪种抑或培育猪种，核心群的规模一般都较小。如果采用传统的闭锁群继代选育法进行选育，则难以避免因群体太小而造成的遗传基础窄、选择强度低等缺点，不仅在选育几代后生产性能很难再有提高，甚至可能因被迫近交而导致性能退化。长期下去，不仅造成不必要的资金浪费，而且很难从根本上提高我国猪育种和生产的技术水平，影响养猪业的可持续发展。猪多点核心群联合育种虽然在我国开展的时间不长，但近年来的实践已证明这一方法对于我国猪育种实践是可行而且有效的。这一育种组织形式不仅可以提高选择强度，充分发挥BLUP方法选择准确性高的优点，同时还可有效地避免因群体太小而导致的被迫近交，提高选育的效果和育种效率。大量研究与实践也表明，联合育种方案可以比非联合育种获得更大的遗传进展和更小的近交增量，同时还能更有效地应用育种新技术。从猪的育种技术上来看，无论是群体水平的常规技术还是分子水平上的新技术，我国猪育种工作者都已基本掌握。从现有的条件看，目前国内已经形成了一批具有一定规模、技术力量和生产管理水平都较高的种猪场，各地不同程度地建立了一些种猪选育和繁育基地，为开展猪的联合育种工作奠定了基础。因此，通过多点核心群联合育种提高种猪选育效果，尤其是引进猪种，从而减少国外猪种的重复引进、有效利用地方猪种以及培育具有我国自身特色的优良种猪是完全可能和可行的。

4.4.5 国家级种公猪站在联合育种中的作用及遴选标准

现代生猪繁育体系中，种公猪站建设与运营是最重要的环节之一，在很大程度上影响着整个繁育体系的养殖效率和效益。猪遗传改良的基本原则就是尽可能选择最优秀个体作为亲本，使得下一代的性能表现优于上一代，并不断累积进展。种公猪的影响覆盖整个繁育体系的繁殖群和生产群，能够实现遗传进展的快速传递。种公猪站的建设与运营可充分发挥优秀种公猪的种用价值，扩大良种覆盖率，加强各核心场间的遗传交流，建立场间的遗传联系，促进区域间乃至全国进行统一的遗传评估，是联合育种中的关键环节。

根据全国生猪遗传改良计划，农业部将在全国遴选3～5家种公猪站进行试点，2020年前建设完善400个种公猪站。通过核心育种群公猪精液交换，实现核心育种场间遗传物质交流，进而推动生猪联合育种工作取得实质性进展。国家级种公猪站遴选标准有以下几个方面（冯娜，2017；吴细波等，2017）：①种公猪站正常生产的公猪规模应在200头以上。②种公猪站用于交流的种公猪来源应符合下列条件之一：2014年以来从国外具有种猪出口资质的种猪场引进的种公猪，符合《种猪及冷冻精液进口技术要求（试行）》，并在全国种猪遗传评估中心登记；经过农业部种猪测定中心或国家生猪核心育种场场内性能测定的种公猪，经过全国种猪遗传评估中心评估，父系指数和母系指数大于125，场内测定的种公猪排名应在本场本品种内前20%。③具备开展遗传交流工作基础：2014年以来，每年交流的国家生猪核心育种场不少于5

家，交流种公猪数量不少于 20 头，在交流核心场配种数量不少于 300 胎次。④种公猪站建设：符合《种公猪站建设技术规范》(NY/T 2077—2011)要求；配备高效空气过滤设备(以 0.3 μm 微粒为测试物，在规定条件下滤除效率高于 99.97%)；实验室达到生物安全二级。⑤公猪健康要求：临床健康无病，猪瘟抗原阴性，猪繁殖与呼吸综合征抗体阴性，猪伪狂犬病野毒抗体阴性。⑥种公猪精液质量：符合《种猪常温精液》(GB 23238—2009)要求，建立涵盖精液生产、储存、配送、使用全过程的质量追溯体系。

对于种公猪站的建设，华南农业大学张守全教授有以下建议(冯娜，2017)："目前，国家已确定了两家国家级种公猪站(上海祥欣种公猪站和广西农垦永新畜牧集团有限公司良圻原种猪场)。对于种公猪站建设，希望能够从国家的层面分成国家级种公猪站和省级种公猪站，并分别对其进行认定和挂牌；种公猪站的建设不能局限于全国生猪遗传改良这一层面，要提升到整个养猪行业。有部分省份已经开始启动省级公猪站的认定，但目前仍缺少相关政策和要求等认定标准，因为种公猪站对品种改良、精液利用和疫病控制等意义重大，故希望除从农业部和全国畜牧总站能够认定国家级种公猪站外，每个省也能进行认定。此外，尽管全国现有种公猪站数量多，但其质量差，种公猪的数量、人员专业素质、设施设备、提供产品的质量等情况尚不完善，且没有统一的要求和标准，只有国家标准和行业标准不能满足当前养猪行业对公猪精液交流的需要。公猪站认定时对人员设备及规模等要求可参考饲料厂的认定做法。在认定的基础上，再从财政部及各省财政厅争取能有一定的经费补助尤其是设施设备，公猪舍、实验室设备尽可能纳入农机补贴，这将对种公猪站的发展以及精液质量的保证和遗传改良起到良好的推动作用。同时要加强公猪站的扶持力度、优质精液的生产及人员素质的培训。另外，国家级的种公猪站是以原种猪的精液交流为主，省级公猪站主要应该从提高商品猪的质量(包括种猪质量)的角度出发，规范精液的交流过程，保证精液品质。因此，希望国家与各省对已认定的种公猪站进行考核、监督和检查，进而从源头上规范精液的交流。国家级种公猪站主要用于大型养猪企业的优秀种猪精液交流，而省级种公猪站更多用于中小养猪企业的精液交流，尤其是接下来生态家庭农场主要由这些公猪站来提供精液。省级种公猪站的建立对 100～200 头规模的养殖户具有很大帮助。现在多数公猪站包括大一些的猪场精液的密度、畸形率检测及精液保存工作都没做好，从业人员缺少培训上岗证，精液质量很难得以保证。总之，希望种公猪站的建设不能仅停留在国家生猪遗传改良这一层面，应提升到整个国家的养猪行业，从提高国家种猪、商品猪的质量和生产性能，降低养猪成本，提高生猪行业的国际竞争力的角度来思考这个问题。"

4.4.6　我国猪联合育种存在的主要问题及改进措施

4.4.6.1　存在的主要问题

自 1993 年长白猪、大约克猪、杜洛克猪育种协作组成立至今，我国开展种猪联合育种已有 20 余年的历史。我国一些规模较大的种猪育种企业的育种工作有了一定基础，也开展了种猪性能测定、遗传评估、选种选配等育种相关工作，逐渐建立了自身的育种体系，形成了企业内部的良种繁育体系。在此基础上，我国通过整合资源，集成现代生猪育种技术，构建了有效的生猪联合育种的组织结构，取得了显著的成效，基本实现种猪质量的可持续遗传改良，然而全国生猪联合育种工作仍存在一些值得反思和继续探讨的问题(寇涛等,2017)。

1.种猪核心群间缺乏足够的遗传联系

跨场的联合遗传评估是联合育种体系的核心,而进行跨场遗传评估的重要基础和基本前提是各场间要有一定程度的遗传联系,只有这样才能有效校正不同育种场间环境差异,对种猪进行联合遗传评估。育种场间关联率越大,联合遗传评估的准确性就越高。由于利益冲突,我国的生猪核心育种场各自为政,闭门造车,彼此没有充分的遗传交流,导致育种场之间的遗传联系也无法真正建立,遗传评估的开展主要针对各个育种场内部,真正意义上的联合遗传评估无法有效实行,以联合育种为主要形式的生猪育种体系还停留在理论层面。2016年,全国种猪遗传评估信息网公布了第四期国家生猪核心育种场遗传评估报告,报告显示联合育种的效果并不理想,国家生猪核心育种场杜洛克、长白、大白3个品种场间关联率为0的猪场分别有21家、17家和11家;其中,对于杜洛克、长白和大白猪中的任一品种,与其他场都没有任何遗传联系的育种场就有多达7家。至于非国家生猪核心育种场的其他种猪场,相互间的遗传交流就更加缺乏。场间关联率为0,意味着某育种场与其他育种场的种猪间完全没有遗传交流;而一般认为场间关联率达到3%时,跨场的联合遗传评估才能准确有效。可见我国种猪核心场间的遗传交流亟须加强。

2.育种目标单一,育种工作被动

2014年,全国种猪遗传评估中心专家组将全国种猪遗传评估中心的选择指数进行修改,不再以品种为单位分别计算父系指数和母系指数,而是对杜洛克猪只计算父系指数,对长白猪和大白猪只计算母系指数,并对父系指数和母系指数中各性状的经济加权值进行了重新调整,更加注重猪只的生长速度和产仔数,背膘厚的权重有所下调,这意味着我国生猪联合育种工作已经开始以市场为导向。与国外养猪发达国家相比,我国生猪联合育种的理论基础和技术水平并不落后,但所有技术的应用局限于部分地区或者单一育种场,未能形成区域性乃至全国性的实践应用,至今也未能形成强有力的种猪测定服务体系;另外,我国至今仍未对遗传参数和经济加权值等进行自主的估算,使用的参数通过借鉴国外育种组织使用的参数而获得。这反映出我国生猪育种的基础性工作和遗传评估体系仍落后于欧美等一些养猪发达国家。

3.种公猪站枢纽作用发挥不足

通过人工授精进行公猪的跨场使用是建立育种场间遗传联系的主要途径。种公猪站在整个生猪联合育种中处于十分重要的地位,种公猪站优良种公猪精液的推广,可实现核心育种场间遗传物质交流,建立场间遗传联系,推动种猪联合育种取得实质性进展。然而,国内大多数种公猪站还是各自为营,虽然一些种公猪站硬件水平相对较高,规模也较大,但其作用仅限于为生产商品猪提供精液,并未真正参与到生猪联合育种工作中来,未能发挥种公猪站在优质精液交流中的核心作用,阻碍了我国生猪联合育种工作顺利推进;另外,截至目前,只有上海祥欣种公猪站和广西农垦永新畜牧集团有限公司良圻原种猪场2家国家级种公猪站(2017年1月由农业部公布),远远不够,严重限制了我国生猪联合育种的发展。

4.种猪企业性能测定数据尚未得到有效利用

近年来,遗传评估中心每年收集约40万头猪的生长性能测定数据,15万头母猪的分娩纪录(约23万胎次),这些数据量已超过美国NSR和加拿大CCSI每年收集的数据量;截至2015

年，全国种猪遗传评估中心积累的种猪生产性能测定数据已达270多万条，而且数据规模仍在逐年上升。然而，由于场间的遗传交流仅局限于个别场间，且大多是单向交流，种猪企业提供的大量育种数据未能得到有效利用，成为指导全国生猪联合育种的参考。另外，有的育种企业专业技术力量薄弱，基础测定设施配备不全，测定数据采集不规范、不完整，数据录入不规范，无法正确客观地利用分析测定数据，无法根据猪群生产性能等实际情况来制订科学合理的选育方案，导致大量数据作废，浪费了巨大的人力、物力和财力。

5.育种新技术实践应用严重不足

我国的育种专家和育种工作者已经掌握了国际上种猪育种方面的新技术和新方法理论，如人工授精技术和冷冻精液技术以及BLUP、标记辅助选择和基因组选择等选种方法；大型育种企业也在种猪测定中采用国际先进的新设备，如全自动采食测定系统和B超测定系统等。但我国种猪育种企业的水平参差不齐，这些方法和技术在育种实践中的应用比例很小，即使是一些大型育种企业，对这些先进育种技术的应用也还处于初级阶段。

6.缺乏主导市场的自主培育猪种(配套系)

我国的猪种资源占全世界猪种资源的1/3，但对地方猪种的保护和开发利用却相当不足，导致87%左右的地方猪种群体规模在变小，11个猪种接近消失。另外，基于地方猪种育成的、具有鲜明特色的猪种(配套系)在整个生猪商业生产体系中所占的比例也非常少；大多数生猪核心育种场仅对国外引进品种进行遗传改良，而忽略对地方猪种的持续选育。即使进行了持续选育，但选育方向不能适应市场消费需求，产业化生产格局尚未形成，已培育出的优良种猪未能得到有效推广利用，从而导致自主培育猪种(配套系)无法主导市场，我国猪种严重依赖于国外引进，一直处于“引进－生产－出售－再引进”的循环中，而真正的“中系”主流商业生产猪种非常缺乏。

我国种猪企业众多，相互之间竞争异常激烈。无论是种猪场的环境设施、种猪质量、技术力量，还是育种水平、管理水平、运作体系等都存在较大偏差。虽然我国很多大型种猪企业已经逐渐意识到育种的重要性，而且在种猪育种工作上也有了一定的基础，同时也做出了一些成绩，但联合育种需要他们实行资源和技术共享，从而联合选育生长速度和肉质俱佳的猪品种，这必然需要一些大型种猪企业做出牺牲，导致各种猪企业的利益产生冲突，从而阻碍了我国联合育种工作的顺利开展。然而，从国家层面上来讲，联合育种是提高我国种猪质量和促进我国生猪产业发展的有效途径，势在必行。总而言之，我国生猪联合育种的体系还不够完善，高效的联合育种还有相当长的路要走。各种猪育种企业应积极参与联合育种，严格按照相关规定和要求开展联合育种工作，以市场为导向，完善企业自身育种体系和国家联合育种体系，提高种猪质量，促进生猪产业发展。

4.4.6.2　改进措施

针对当前我国生猪联合育种存在的主要问题，综合相关学者的观点(刘贵生等，2009；王丽娟等，2012；张勤等，2015)，提出以下改进措施：

1.加强种公猪站的建设和人工授精的实施

按照要求，分层面(国家、区域、省等)建立种公猪站，规范人工授精的实施过程，这样不仅有利于场间的遗传交流，有效建立各核心育种场间的遗传联系，促进联合育种工作真正有效的开展，加快种猪遗传改良速度；同时又能充分发挥优秀公猪的遗传价值，加速优秀公猪的推广利用，提高良种覆盖率。

2. 丰富选择性状，自主估计遗传参数和制订选择指数

除3个主选性状（总产仔数、达100 kg体重日龄和100 kg活体背膘厚）外，应加强肉质、抗病力、蹄趾等性状的选择；同时有效利用性能测定数据，估计出所选性状的遗传力等遗传参数，并对市场进行系统分析，结合猪场实际情况，制订适应市场的性状经济加权值和选择指数。

3. 加强种猪企业生产性能测定数据的有效利用

在确保性能测定数据真实准确的基础上，充分利用测定数据进行生产性能分析、遗传参数估计和育种效果分析等，并以此来制订优化育种方案，加快育种进程，同时又能为优化饲养管理条件提供依据；除此之外，还可将部分数据共享，进行经验交流，作为生猪联合育种的参考依据，促进联合育种的顺利开展。

4. 加强育种新技术的培训和实践

依托国家生猪产业技术体系和各省、自治区、直辖市生猪产业技术体系等一系列生猪项目，加强对从事生猪育种相关人员进行育种新技术的应用培训，尤其是BLUP、人工授精技术以及GBS育种软件，使其能有效掌握基本的育种新技术，并付诸猪育种实践；同时企业也应引进一些掌握猪遗传育种相关知识的人才，进而有效地应用育种新技术来加快生猪的遗传改良，提高种猪质量。

5. 加强优秀地方猪种和自主培育的优秀猪种（配套系）的选育及推广利用

集中人力、物力和财力对少数优秀地方猪种和自主培育的优秀猪种（配套系）进行持续选育，从而提高其生产性能，尤其是生长速度、胴体瘦肉率和产仔数，使之与引进猪种（主要为杜洛克、长白和大白猪）具有较强的市场竞争力；并对其加以大力推广利用，提高其市场占有份额，逐步摆脱我国种猪严重依赖于引进猪种的不利局面。

总之，生猪联合育种是有效提高我国种猪质量的重要途径。联合育种的核心在于有效建立各育种场间的遗传联系，这需要各猪育种企业具备共享、开放的互联网思维，只有打破单打独斗、相互竞争的育种局面，开放资源、共享信息，实现强强联合，才能协作育种，合作共赢，建立完善自主的多点核心联合育种体系，促进全国（区域）生猪产业持续健康发展。

参考文献

陈斌，谢新民，柳小春，等．长白猪开放核心群育种体系遗传进展的传递研究[C]．第九次全国动物遗传育种学术讨论会论文集．北京：中国农业科技出版社，1997：287-291.

褚晓红，翁经强，胡锦平，等．台系杜洛克猪繁殖与肥育性能[J]．浙江农业学报，2007，19(4)：314-316.

冯娜．全国生猪遗传改良计划种公猪站建设相关概述[J]．猪业科学，2017，34(10)：36-37.

龚建军，曾凯，陶璇，等．川藏黑猪S04系选育研究[J]．养猪，2014，1：57-60.

何保丽，鲁绍雄．开放核心群不同开放程度下选育效果的计算机模拟研究[J]．中国畜牧杂志，2012，48(17)：10-12.

胡成波,栾华东,毛德明,等．辽宁黑猪瘦肉系选育进展初报[J]．养猪,2004,4:21-24.
黄翔,经璐．养猪生产中开放育种体系和闭锁育种体系的经济差异比较[J]．今日养猪业,2015,7:66-68.
寇涛,江宵兵,杨敏馨,等．我国生猪联合育种现状及对福建省猪育种工作的思考[J]．福建畜牧兽医,2017,39(5):26-30.
冷电波,陈斌．湘益猪配套系持续选育及其生产性能研究[J]．中国猪业,2013,5:33-35.
李剑豪．全闭锁群体继代选育和开放式选育效果比较[J]．动物科学与动物医学,2001,18(4):15-17.
李岩,梁如意,黄瑞华．猪联合育种的思考与实践探索[J]．畜牧与兽医,2011,43(11):83-86.
连林生,鲁绍雄,严达伟,等．滇撒猪配套系选育[C]．中国畜牧兽医学会 2006 年学术年会论文集．北京:中国农业出版社,2006:111-116.
林维雄,林长光,刘亚轩,等．大白母系种猪优良性状的选育进展[J]．福建畜牧兽医,2014,36(4):1-4.
林亦孝．广东华农温氏良种猪杂交繁育体系建立的探讨[D]．华中农业大学硕士学位论文,2006.
林长光,刘亚轩,林金玉,等．高性能杜洛克猪核心群的选育研究[J]．江西农业大学学报,2010,32(2):215-218.
刘贵生,黄京书,李良华,等．生猪联合育种的现状和主要问题及其对策[J]．现代畜牧兽医,2009,10:8-11.
刘小红,陈清森,李加琪,等．规模化种猪育种与生产数字化管理体系建设及案例分析(II):核心群建设与维护[J]．中国畜牧杂志,2014,50(10):63-71.
刘小军,周忠孝．封闭育种群的近交对猪生长发育的影响[J]．中国畜牧杂志,1994,30(5):3-5.
鲁绍雄,连林生．开放核心群育种体系及其应用[J]．云南畜牧兽医,2003,2:8-10.
鲁绍雄,吴常信．采用多点核心群联合育种促进引进猪种选育提高的探讨[J]．中国畜牧杂志,2001,37(5):3-4.
欧阳克蕙,舒希凡,王文君,等．采用开放式群体继代选育法和分子生物技术相结合选育高产大约克夏母系[J]．养猪,2004,1:21-23.
潘晓亮,赵宗胜,马玉萍,等．瘦肉猪群体继代选育效果的分子遗传检测[J]．黑龙江畜牧兽医,2003,1:17-18.
彭先文,宋忠旭,李良华,等．中国瘦肉猪新品系 SII_1 系选育及利用研究[J]．湖北农业科学,2011,50(24):5178-5181.
钱建旺,隋苗．天津丹麦长白猪选育报告[J]．天津畜牧兽医,1998,15(4):17-18.
邱定杰,王秀爱,薛永柱．永诚杜洛克种猪的选育[J]．中国猪业,2013,8(3):34-35.
盛志廉．初议群体继代选育法[J]．云南畜牧兽医,1997,3:1-3.
陶璇,杨雪梅,梁艳,等．巴克夏猪繁殖与生长发育性状的选育进展[J]．黑龙江畜牧兽医,2013,12:40-42.

陶璇,杨雪梅,梁艳,等. 巴克夏猪选育进展报告[J]. 畜牧与兽医,2014,46(8):46-49.

王立贤. 中国美利奴羊 MOET 核心群优化育种规划的研究[D]. 北京农业大学博士学位论文,1993.

王丽娟,马振强,范安泽. 开展联合育种加速我国生猪遗传改良进展[C]. 首届全国猪育种高峰论坛暨联合育种技术与组织模式国际研讨会论文集,2012:261-263.

王连纯,师守堃,樊生楠. 北京黑猪系统选育试验[J]. 北京农业大学学报,1981,7(3):47-58.

吴常信."动物比较育种学"讲座(一)[J]. 中国畜牧杂志,1999,35(1):53-54.

吴细波,卢生剧,吴志君. 国家生猪遗传改良计划种公猪站建设探讨[J]. 猪业科学,2017,34(10):38-40.

谢栋光,丘立天. 陆川猪保种选育报告[J]. 广西畜牧兽医,2003,19(2):76-78.

杨跃奎,龚建军,陶璇,等. 川藏黑猪 S04 系生长发育及肉质性状选育进展研究[J]. 中国畜牧兽医文摘,2014,30(9):70-71.

张培武,喻传洲. 猪继代选育中几个值得商榷的问题[J]. 猪业科学,2006,1:66-67.

张勤,丁向东,陈瑶生. 种猪遗传评估技术研发与评估系统应用[J]. 中国畜牧杂志,2015,51(8):61-65.

赵淑娟,李宏伟,庞有志,等. 终端父本杜洛克猪新品系选育效果研究[J]. 黑龙江畜牧兽医,2005,6:8-10.

钟志君,龚建军,顾以韧,等. 川藏黑猪 S04 系繁殖性能选育进展[J]. 中国畜牧兽医文摘,2014,30(10):90-91.

Hopkins I R, James J W. Theory of nucleus breeding schemes with overlapping generations [J]. Theoretical and Applied Genetics, 1978, 53: 17-24.

James J W. Open nucleus breeding systems [J]. Animal Production, 1977, 24: 287-305.

Roden J A. Review of the theory of open nucleus breeding systems [J]. Animal Breeding Abstracts, 1994, 62(3): 151-157.

Shepherd R K, Kinghorn B P. Optimising multi-tier open nucleus breeding schemes [J]. Theoretical and Applied Genetics, 1992, 85: 372-378.

Smith C. Genetic improvements of livestock using nucleus breeding units [J]. World Animal Review, 1988, 65: 2-10.

第 5 章

生物技术在猪育种中的研究与应用

本章内容提要

现代生物技术的迅猛发展为加快猪育种技术进步与育种进程提供了强劲动力。改革开放以来，我国猪人工授精技术由成熟走向推广普及并取得了新的发展。20 世纪 90 年代末期以来，猪重要经济性状的 QTL 定位与候选基因发掘取得了长足进展，标记辅助选择逐步在猪育种实践中应用；近年来兴起的全基因组关联分析与全基因组选择，进一步推动了我国猪的分子育种进程。80 年代末，我国转基因猪技术取得新突破；2005 年，我国首例体细胞克隆猪诞生；转基因与克隆技术的结合进一步提升了我国转基因克隆猪研究水平。2010 年以来，基因编辑技术的迅猛发展为提升猪育种效率开辟了新的途径。多种生物技术的交叉融合，正在深刻地影响着我国猪育种的方式和进程。

生物技术(biotechnology)一词最早在 1917 年由匈牙利人 Ereky 提出。1973 年，Boyer 和 Cohen 建立了 DNA 重组技术，促使传统生物技术迅速发展为以基因工程、发酵工程、细胞工程、酶工程为代表的现代生物技术。与猪育种相关的现代生物技术主要包括以 DNA 分子标记为基础的分子育种(molecular breeding)技术、以基因工程和细胞工程技术为基础的转基因动物(transgenic animal)技术和基因编辑(gene editing)技术，以及人工授精(artificial insemination, AI)、同期发情(synchronous estrus)、动物克隆(animal cloning)等繁殖生物技术。

随着相关研究的不断深入，现代生物技术在我国猪育种领域的应用范围越来越广泛，有力地推动了我国猪育种技术的进步与育种进程。

5.1 DNA 分子标记技术及其应用

遗传标记(genetic marker)用于描述物种间或个体间的遗传差异，是进行畜禽标记辅助选择的基础。一般而言，遗传标记本身对性状的表型值并无直接影响，但位于该标记附近或与其紧密连锁的基因则可能是导致表型变异的QTL。遗传标记一般包括形态学标记（如猪的毛色、耳形等）、细胞遗传学标记（如染色体结构和数目的变异）、生理生化遗传标记（如蛋白多态性）和DNA分子标记等多种类型。非DNA标记的遗传标记一般具有简单明了、易于选择分析的优点，但其数量有限、变异程度低，同时易受环境影响；分子遗传标记则分布广泛、遗传稳定且不受环境影响，广泛应用于遗传分析的各个领域。

随着分子遗传标记的发展，根据其检测方法的不同，大致可以分为3类：①基于Southern分子杂交技术的标记，其最具代表性的标记为限制性片段长度多态性（restriction fragment length polymorphism，RFLP）和可变串联重复（variable number of tandem repeats，VNTR）标记。②基于PCR技术的标记，如随机扩增多态DNA（random amplified polymorphic DNA，RAPD）。③基于DNA序列的标记，如典型的由单个核苷酸差异所引起的多态——单核苷酸多态性（single nucleotide polymorphism，SNP）。

5.1.1 DNA分子标记的主要类型

5.1.1.1 RFLP标记

RFLP技术由Grodzicker等在1974年创建，是最早开发的分子标记，也称为第一代分子标记，于1980年被Botstein用于遗传图谱的构建。其基本原理是由于限制性酶切位点的突变，导致限制性内切酶切割不同个体基因组DNA后产生了不同大小的DNA片段，即RFLP多态性。一般分析步骤为：使用特定的限制性内切酶消化基因组DNA，产生不同大小的片段，经琼脂糖凝胶电泳将不同片段分离，然后进行Southern印迹、同位素标记的特定探针杂交，借助放射自显影技术观察其差异。可以看出，RFLP标记的检测过程较为复杂，是一个耗时费力的过程；同时还需使用对人体有害的放射性元素。随着PCR技术的发展，以PCR技术为基础，建立了PCR-RFLPs技术，即对目的基因片段进行扩增，再通过相应的限制性内切酶对扩增产物进行酶切，借助凝胶电泳以检测特定基因片段的序列变异。该方法是目前用于检测DNA多态的最常用方法之一。在猪育种实践中，猪应激综合征（porcine stress syndrome，PSS）主效基因*RYR*1的检测与净化通常就是利用该项技术进行的。

5.1.1.2 VNTR标记

20世纪80年代中后期，基因组中相继发现了小卫星（minisatellite）和微卫星（microsatellite）标记，其都是由数量不等的串联重复序列构成，因此一般统称为VNTR标记。两者的区别在于，小卫星标记通常以11～75个核苷酸为串联重复的基本单元，而微卫星标记一般则以2～6个核苷酸为核心序列进行串联重复。小卫星和微卫星标记的检测仍是基于Southern分子杂交技术，其中小卫星标记的杂交图谱与人的指纹一样具有较高的个体特异性，因而又被形象地称为DNA指纹（DNA fingerprint）。微卫星标记因其核心重复序列较短，所以又称作简单序列重复（simple sequence repeat，SSR）。同样与PCR技术结合，可快速检测VNTR标记。其中，微卫星标记的重复序列较短，PCR扩增经凝胶电泳即可获得满意的检测效果；而且其在染色体上高度多态并广泛随机分布，适于QTL定位及遗传图谱的构建，使其成为当时构建畜禽遗传图谱的常用DNA标记之一。因此，SSR标记被普遍认为是第二代分子标记。

5.1.1.3　RAPD 标记

RAPD 标记技术是由 Williams 和 Welsh 于 1990 年同时提出的一种基于 PCR 扩增技术的 DNA 多态性标记技术。其原理是通过一系列约长 10 个碱基的随机引物在模板基因组上寻找结合位点并进行扩增；产生多态性的分子基础是引物结合位点的碱基序列发生了突变，不同个体之间表现为扩增产物的有无或产物大小的差异。RAPD 标记检测简单易于操作、便于规模化自动化分析，一套随机引物可覆盖整个基因组并且适用于不同物种。但该标记一般为显性遗传方式，即不能区分显性纯合子和杂合子，因而在畜禽遗传图谱构建中的应用受到一定的限制（鲁绍雄，2001）。

5.1.1.4　AFLP 标记

扩增片段长度多态性（amplified fragment length polymorphism，AFLP）是由荷兰科学家 Zabeau 和 Vos 于 1992 年发明的一种基于 RFLP 和 PCR 技术的分子标记，其原理是通过对模板基因组的限制性酶切片段的选择性扩增来检测其多态性，即先酶切再有选择地进行扩增。由于 AFLP 标记技术具有诸多优点，如方便快捷、易于操作、模板需要少、信息量大、遗传稳定等，同样可应用于遗传图谱的构建。但该技术的实际应用受到专利保护和高成本的极大限制。

5.1.1.5　SNP 标记

SNP 是指基因组序列中单个碱基的转换（transition）、颠换（transversion）、插入（insertion）和缺失（deletion）突变而引起的多态性。在众多的分子遗传标记中，SNP 标记无疑是目前研究最多、应用前景最广的一类分子标记，因此 SNP 标记也称作继 RFLPs 第一代分子标记和 SSR 第二代分子标记之后的第三代分子标记（崔世友和孙明法，2014）。SNP 标记具有以下特征：①数量多，密度大。SNP 广泛分布于整个基因组中，人基因组中平均每 1 000 个碱基就含有 1 个 SNP。②遗传稳定。③富有代表性。某些位于编码基因编码区的 SNP 变异可直接引起氨基酸的变化进而导致蛋白功能的改变。检测 SNP 的方法主要分为两类：一类是通过检索并比对基因组数据库中已有的同源序列以鉴定 SNP 差异；另一类是基于测序技术直接识别序列中的 SNP 变异。目前随着 DNA 芯片技术和高通量测序技术（high throughput sequencing）的高速发展与应用，可实现大规模的 SNP 标记检测（唐立群等，2012）。

5.1.2　DNA 标记在猪遗传育种中的应用

5.1.2.1　遗传连锁图谱的构建

基因图谱（gene map）是描述表型性状控制基因在染色体上线性排列的相对遗传位置和实际物理位置的图谱，一般包括遗传连锁图谱（genetic linkage map）和物理图谱（physical map）；随着理论和技术的发展，基因图谱还包含了表达图谱（expression map）和转录图谱（transcription map）等（苏玉虹和熊远著，2001；李宁，2003）。其中，遗传连锁图谱又称遗传图谱（genetic map）或连锁图谱（linkage map），是在参考家系的基础上，通过分析分子标记间的连锁关系而得到的，标记间的遗传距离以厘摩（cM）为基本单位，反映了标记在染色体上的相对位置；物理图谱则是在遗传图谱基础上，通过区间定位等方法确定基因或标记在染色体上的实际物理位置，标记间的物理距离以碱基对数（bp）为基本单位，反映了标记在染色体上的绝对位置。例如，染色体核型带谱是最粗糙的物理图谱，而最精细的物理图谱则是由测序所得到的基因组全部碱基序列。

1.遗传连锁图谱构建的理论基础

遗传连锁图谱的构建是以第三遗传定律——连锁与互换为基础的。在减数分裂过程中，非同源染色体发生自由组合，同源染色体上的非等位基因发生交换与重组。基因之间的遗传距离就是以减数分裂中配子形成时发生重组的概率——重组率来度量的，重组率取值于0～0.5之间，0代表两个标记之间不发生交换即完全连锁，0.5表示两标记发生完全重组。1%的重组率约等于1 cM的遗传距离。在人类基因组中，1 cM的遗传距离约可换算为1 000 kb的物理距离。

2.遗传连锁图谱的构建

分子标记技术的迅速发展极大地促进了遗传连锁图谱的构建，其基本步骤一般包括参考家系（reference family）的建立、分子标记分析、连锁分析、遗传图谱绘制等（李明丽等，2008）。①参考家系的建立：一般选择遗传差异较大的品种杂交来建立相应的分离群体，这样可为连锁分析提供杂合度高、多态信息含量丰富的标记。用于遗传图谱构建的分离群体一般有F_2群体、BC_1群体、重组近交系等。如欧洲PigMap计划构建的3个F_2分离群体——中国梅山猪与大白猪杂交群、欧洲野猪与大白猪杂交群、皮特兰猪与中国梅山猪杂交群。②分子标记的鉴定与数字化处理：各类分子标记均可用于遗传图谱的构建，常用的分子标记如RFLPs、SSR、SNPs等。从分离群体中获得分子标记的分离数据（基因型）后，进一步将其数字化，数字化的原则是必须明确区分所有可能的类型。如在F_2设计中，以双等位基因共显性标记为例，可能有亲本P_1、亲本P_2、子代F_1和缺失共4种类型。③标记的连锁分析与重组率估计：两点测验是最常用的连锁分析方法。其基本步骤包括分子标记分离比的卡方检验和连锁检验。重组率的估计一般采用最大似然法进行。根据两点测验结果，将标记分成不同的连锁群（以染色体为单位），再对各个连锁群上的标记作多点连锁分析；经过多次多点测验以确定各基因座位在染色体上的最佳线性排列顺序，进一步估计相邻座位间的遗传距离，从而构建其遗传连锁图谱。随着计算机技术的发展与成熟，在利用大量分子标记构建图谱时，可借助计算机程序来完成。常用的软件如Mapmaker/EXP、JoinMap、MapManager QTX、MapDraw等。

3.猪遗传连锁图谱构建的发展

猪遗传连锁图谱构建工作的开展始于20世纪80年代末、90年代初，主要集中在欧洲和美国，其中PigMap计划是最早开展的猪遗传图谱研究，共来自12个国家的22个实验室参与其中（李宁和吴常信，1996）。PigMap计划研究组于1994年发表了其构建的遗传总长度约2 000 cM的遗传图谱：至少包括了328个DNA分子标记，其中大约含180个RAPD标记和100个SSR标记，标记间的平均遗传距离11 cM。美国猪基因组计划研究组公开报道的猪遗传连锁图谱中，共包含了7个RFLPs和376个SSR共计383个分子标记，遗传总长度1 997 cM，标记间距5.5 cM；共组成24个连锁群，并定位于13条常染色体及X染色体上（Rohrer et al.，1996）。1996年，Maklund等绘制了综合性的猪遗传连锁图谱，遗传长度2 300 cM，囊括了236个DNA标记，分布于整个猪基因组。同年，PigMap计划研究组与美国农业部肉畜研究中心猪基因组作图课题组合作绘制了遗传图谱，总长度2 286.2 cM，包括1 042个标记位点，标记间距离为2.23 cM，定位于18条常染色体及X染色体上。1998年，Archibald等绘制的猪遗传图谱中包含了大约3 000个DNA标记。2001年，Roslin研究所整合了966篇相关文献报道的3 317个试验的统计结果显示，猪遗传连锁图谱上含2 172个分子标记（张琴等，2004）。

5.1.2.2　猪重要经济性状的 QTL 定位

猪的大多数重要经济性状如生长、繁殖、肉质等性状均属于复杂的数量性状。与质量性状不同，数量性状受微效多基因控制，遗传基础复杂，且易受到环境影响，性状表型值呈连续变异，且与基因型之间没有确定的对应关系。长期以来，只能借助数理统计的方法进行分析。随着分子标记技术的出现和发展，让人们看到了进一步深入研究复杂数量性状遗传基础的曙光，尤其是基于 DNA 分子标记的畜禽遗传图谱的构建，为数量性状座位(quantitative trait loci, QTL)定位提供了极大的便利。

1. QTL 定位的基本方法

基于分子标记技术，QTL 定位的方法主要有标记-QTL 连锁分析(marker-QTL linkage analysis)和候选基因分析(candidate gene approach)两种(张沅等，2001)。

(1)标记-QTL 连锁分析　也称基因组扫描(genome scanning)，是基于标记基因座位等位基因与 QTL 等位基因之间的连锁不平衡(linkage disequilibrium)关系，通过对标记从亲代到子代遗传过程的跟踪以及它们在群体中的分离与性状表现之间的关系，进一步判断是否存在 QTL、QTL 效应大小及其在染色体上的相对位置。根据一次分析中所用的标记数目可分为单标记分析(single-marker analysis)、简单区间定位(simple interval mapping)和复合区间定位(composite interval mapping)；根据不同的统计方法则可分为 t 检验、回归分析、方差分析、最大似然分析等。标记-QTL 连锁分析的一般步骤包括：首先是建立资源群体(resource family)，大体分为两类：一类是基于近交系或品种间杂交的试验设计，如 F_2 设计、回交设计、重组近交系设计等；另一类是基于家系的试验设计，如半同胞家系、全同胞家系、混合家系等设计。其次是收集相关数据，包括群体内个体的分子标记基因型数据和个体性状表型值数据。第三是构建连锁图谱，判断标记所属连锁群、标记间距、标记的线性排列等。第四是进行 QTL 检测与参数估计，根据构建的连锁图谱，利用标记和性状表型值信息，通过统计分析判断是否存在 QTL 并估计其相关参数。

(2)候选基因分析(candidate gene approach)　即从目标数量性状的一些可能的 QTL(候选基因)中筛选 QTL(主效基因)。候选基因分析通常包括以下步骤：首先，选择候选基因。可以依据已掌握的生物学、生理学知识来选择在生长发育过程中影响性状的基因，即功能候选法；也可在已定位的 QTL 区间内寻找与之连锁的基因，即位置候选法；还可以参考人类和模式动物基因组研究中所揭示的主效基因，即比较候选法。其次，检测候选基因的多态性。根据所选候选基因序列设计引物，进一步进行 PCR 扩增获得目的片段，选择相应的方法筛查多态位点。PCR-RFLP、PCR-SSCP、PCR 产物直接测序等方法是目前批量基因分型的常用方法，DNA 芯片和高通量测序技术则应用于大规模的 SNP 分型。第三，确定分析群体。原则上，任何群体都可用于候选基因分析，如商业化的育种群、未经选择的地方品种群等。但一般不使用杂交群体：因基因之间通常处于高度的连锁不平衡状态，而难以判断基因与性状之间的关联是由候选基因本身引起还是由与其连锁的另一个基因引起。第四，分析基因多态性与性状间的关联。通常以基因效应作为固定效应，配合显性模型，采用最小二乘分析法进行分析。第五，候选基因效应的再证实。从多数研究结果来看，由于群体的遗传背景不同和连锁以及互作因素的存在，大多数候选基因的效应都具有一定的特异性，如种群特异性、世代特异性等。因此，需要对在某一群体中发现的候选基因与性状的关系进一步在同一品种不同群体及不同品种中加以证实。

2. 猪重要经济性状QTL定位现状

早期的QTL定位研究多采用基因组扫描的方法进行，并依赖于资源群体的建立。最早的QTL定位研究由瑞典学者Andersson等(1994)完成：以欧洲野猪与大白猪为亲本，采用F_2设计建立了约200头F_2个体的资源群体；并利用105个微卫星标记对生长和脂肪沉积相关性状进行了QTL定位研究。此后，世界各国陆续建立了相应的资源群体进行QTL研究。美国肉类动物研究中心以梅山猪和白毛合成系猪为亲本，建立了约2 000头个体的群体，系统测定其生长、肉质及胴体等性状；挪威则以杜洛克和长白猪为亲本建立资源家系，测定性状囊括了众多猪的重要经济性状；20世纪90年代末，华中农业大学以梅山猪和大白猪为亲本初步建立了资源群，并对其生长性状进行了QTL定位(苏玉虹等，2002)；华南农业大学则以蓝塘猪与长白猪为亲本建立了含255头F_2个体的资源群，并进一步作相应的QTL定位研究(李加琪等，2004)。以上研究所使用的分子标记均以微卫星标记为主。

候选基因分析是QTL定位的一种重要方法，猪许多经济性状主效基因都是通过这一方法确认的。如影响猪应激综合征和肉品质的氟烷基因(*HAL*)、影响猪产仔数的雌激素受体基因(*ESR*)和促卵泡素β亚基基因(*FSHβ*)等均是利用该方法发现的。1991年，Fujii等的研究发现，猪应激综合征是由骨骼肌兰尼啶受体基因(*RYR*1)cDNA上1 843 bp处的C/T突变所致。中国农业大学研究团队以二花脸猪为试验材料，首次发现猪*FSHβ*基因中存在着292 bp、具有回纹结构和31个polyA的逆转座子序列；进一步的基因效应分析表明：该位点BB基因型个体的总产仔数和产活仔数高出AA基因型个体均达到2头以上，得出该基因是影响猪产仔数主效基因的结论(赵要风等，1999)。

随着猪DNA芯片和测序技术的发展与应用，目前国内外已有大量利用GWAS方法进行猪重要经济性状QTL定位的研究报道。江西农业大学研究团队以白色杜洛克×二花脸杂交F_2后代作为资源群体，利用PorcineSNP60芯片进行GWAS分析，鉴定了大量的QTL。如多肋性状QTL定位于SSC7，并揭示*VRTN*基因是其主效基因(Ren et al.，2012；Fan et al.，2013)；影响糖原代谢的QTL则定位于SSC3的*PHKG*1基因上；此外，在繁殖、生长、抗病等重要性状上均有大量QTL检出。中国农业科学院北京市畜牧兽医研究所以民猪和大白猪为亲本建立了相应的F_2资源群体，同样使用PorcineSNP60进行相关性状的QTL研究。如在肋骨数性状上鉴定了*LTBP*2基因；在肉质性状上则分离出*MYH*、*SLC*、*GAS*等基因家族(岳静伟，2017)。截至2018年6月，数据库Animal QTLdb中已囊括了663个猪经济性状共27 465个QTLs；其中，肉质和胴体性状14 748个、健康相关性状6 074个、繁殖性状2 058个等。在大量的猪QTL中，主效基因或QTL主要有：肉质相关的*HAL*、*RN*基因，产仔数性状相关的*ESR*、*FSHβ*、*PRLR*、*RBP*4基因，影响肌内脂肪沉积的*H-FABP*和*A-FABP*基因，影响生长发育的*GH*、*MC4R*、*IGF*1和*IGF*2基因等。其中*HAL*、*ESR*、*FSHβ*等基因已经成功应用于我国猪育种实践。

5.1.2.3 标记辅助选择

分子生物学技术的飞速发展，使得控制畜禽数量性状遗传的“黑箱”逐渐被打开。随着人们对“黑箱”内的主效基因或QTL日趋深入的认识，标记辅助选择可充分利用表型、系谱和遗传标记的信息对个体进行更为准确的遗传评估。与只利用表型和系谱信息的常规选种方法相比，具有更大的信息量，同时不易受环境的影响，且没有性别、年龄的限制，因而允许进行早期选种，可缩短世代间隔，提高选择强度，从而提高选种的效率和准确性；尤其是对限性性状、低遗传力性状及难以测量的性状，其效果更为明显（鲁绍雄和吴常信，2002）。由于标记辅助选择相较于传统常规的选种方法具有更大的优越性，被我国著名动物数量遗传学家吴仲贤先生誉为“选种方法的又一次飞跃”。

1. 标记辅助选择的基本原理

标记辅助选择是在 QTL 定位的基础上，借助 DNA 分子标记直接或间接对 QTL 实施选择，以达到改良或提高目标性状的目的。

在猪育种实践中实施标记辅助选择时，可利用的分子标记一般分为 3 类（王重龙和陶立，2008；李娅兰等，2009）：第一类是直接标记（direct marker），这类标记位于目标性状的主效基因内，直接决定着性状的表达，如影响猪肉品质的 *HAL* 基因。这是实施标记辅助选择最理想的一种标记，即基因辅助选择（gene-assist selection，GAS）；另一类是连锁不平衡（linkage disequilibrium，LD）标记，这类标记与真正控制目标性状的 QTL 处于高度连锁不平衡状态，它们与功能位点的连锁相在不同群体是大致相同的；第三类是连锁平衡（linkage equilibrium，LE）标记，即标记与功能位点的连锁程度一般而处于平衡状态，LE 标记是实施标记辅助选择最为困难、最具挑战的情形。

2. 标记辅助选择的实施策略

在猪的育种实践中实施标记辅助选择，大致有 3 种基本策略：①标记辅助 BLUP（marker-assisted BLUP，MBULP）。其实质是常规 BLUP 的拓展，即将 DNA 分子标记（可以是 DR 标记，也可以是 LD 标记）信息整合到 BLUP 模型中，同时利用表型、系谱与 DNA 分子标记等信息估计个体育种值，并据此进行种猪的选留。与常规 BLUP 模型相比，由于增加了 DNA 标记信息，可有效提高遗传评估的准确性。②两阶段选择（two-stage selection）。即在性能测定之前，利用 DNA 分子标记信息对候选种猪进行第一次基因型选择；性能测定结束后再利用性状表型信息和系谱信息估计其育种值进行第二次选择。这样既提高了选择的准确性，又提高了选择强度。③早期选种（early selection）。由于 DNA 分子标记的获取不受生长发育阶段和性别的限制，因此可以完全利用 DNA 标记的信息结合亲本和同胞信息来进行早期选择，以缩短世代间隔，提高选择强度。

3. 标记辅助选择在猪育种中的应用

目前，有关猪的标记辅助选择总体上还处于试验研究阶段，但在猪育种实践中也有了一些成功的示例。美国 PIC 公司于 1991 年首次在猪上应用了标记辅助选择技术——利用 DNA 标记清除了育种群中的 *HAL* 敏感基因，猪只死亡率由选择前的 4%～16%降低到 0，同时肉品质也得到明显提高；该公司又将 *ESR* 基因应用于核心群的选择指数中，使得产仔数的遗传进展提高了约 30%；此后，PIC 公司先后将毛色相关的 *CC*3、*CC*716 标记，影响肉质的 *RN* 基因、*MQ*30 标记，抗大肠杆菌 F18 的 *DR*2 标记，影响采食量的 *PT*1 标记等应用在其种猪选育过程中。1995 年 Hanset 等通过标记辅助渗入技术利用与 *HAL* 基因紧密连锁的葡萄糖酸异构酶 *GPI* 基因，将大白猪氟烷阴性基因导入到皮特兰猪中，并经反复回交获得了氟烷阴性的皮特兰猪新品系。1997 年，Meijerink 应用与抗大肠杆菌 F18 紧密连锁的 *FUT*1 基因标记，对瑞士大白、杜洛克、汉普夏、皮特兰等种猪进行基因型检测，依据分型结果通过适当的选配实施了 F18 抗性育种。美国 ARS 公司随后买下了此项研究成果并进行了大规模商业化，于 1999 年 7 月宣布在大白猪中育成了可抗仔猪腹泻和水肿病的猪群。

国内猪育种实践中，主要集中在氟烷敏感基因标记辅助选择的应用。例如，华中农业大学研究团队采用PCR-RFLP等技术，建立了快速准确鉴别猪*HAL*基因型的分子生物学技术，并将分子生物学技术与常规育种相结合，在湖北白猪七世代核心群的基础上培育出我国的瘦肉型猪抗应激品系(蒋思文等，1996)。中国人民解放军军需大学于1998年育成的军牧1号白猪，在四、五世代选育时，采用常规选择指数法辅以*HAL*基因标记选择，使应激敏感的氟烷阳性基因频率下降了12%。以云南农业大学为主要培育单位育成的滇撒猪配套系(2006)和宣和猪新品种(2018)均采用PCR-RFLP的方法全群净化了*HAL*基因。其次，影响猪繁殖性状的*ESR*、*FSH-β*基因也得到了广泛应用，尤其是具有我国自主知识产权的*FSHβ*基因(吴常信和李宁，2002)。自*FSHβ*主效基因发现并建立了准确可靠并适合于规模检测的方法后，在国内7家猪场和育种公司经过3年的推广应用，新增收益达到了1 368.34万元。对我国猪育种技术起到了巨大的推动作用。再如，在滇撒猪配套系之撒坝猪专门化品系的选育过程中，实施的*ESR*和*FSHβ*基因标记辅助选择较常规方法使产仔数增加了0.94头。此外，温氏集团已初步将多肋性状的VRTN标记应用于猪育种中，可增加肋骨数1对、产肉量1 kg，进而每头商品猪约增收20元。其他一些影响猪经济性状的基因，如影响猪肉品质的*RN*基因(*PRKAG*3)，影响猪繁殖性能的*PRLR*基因，影响仔猪断奶前腹泻的*MUC*13基因、影响仔猪断奶后腹泻的*FUT*1基因等也陆续在猪育种实践中被应用。

标记辅助选择在我国猪育种中的应用虽然还处在初始阶段，但已展现出了常规育种无法比拟的优越性。但是就目前的研究现状看，虽然已经定位的QTL数量很多，但真正可用于育种实践的QTL则少之又少。因此，如何改进定位策略和方法进一步提高QTL定位的精确性和可靠性显得尤为重要。

5.2 全基因组关联分析与基因组选择

5.2.1 全基因组关联分析

在全基因组选择(genomic selection, GS)过程中，需要使用大量覆盖整个基因组的标记信息。理论上，通过测序所得到的分子标记均可应用于个体基因组育种值(genomic breeding value, GBV)的估计，但其中无关标记信息的使用无形之中会降低基因组估计育种值(genomic estimated breeding value, GEBV)的准确性。在实际应用时，如何从大量的分子标记中剔除无关标记以筛选出与目标性状相关的标记，成为影响全基因组选择的关键。全基因组关联分析(genome-wide association study, GWAS)方法的成功建立为在全基因组范围内寻找影响目标性状的变异位点提供了强有力的工具。GWAS的概念于1996年由Risch和Merikangas提出；2005年，*Science*报道了第一例GWAS相关研究——视网膜黄斑病的GWAS研究(Klein et al., 2005)；随后，GWAS方法被广泛应用于人类疾病和动植物复杂性状的遗传机制研究。

在猪上，国外猪基因组芯片目前主要有Illumina公司的PorcineSNP60、纽勤公司的PorcineSNP80和Affymetrix公司的Axiom PorcineHD。国内方面，江西农业大学最新研发的“中芯1号”芯片，囊括了多肋、肉色、系水力等肉质重要性状的因果基因紧密关联位点，是适用于我国商业化猪种的 DNA 芯片；中国农业大学最新研发的 CAUporcine55K，是专门针对我国商品化猪种和地方品种而设计。这些猪 DNA 芯片的相继问世，为猪重要经济性状的 GWAS 研究提供了有力支撑。

5.2.1.1　GWAS 基本原理

GWAS，即借助全基因组范围内的分子标记(以 SNP 为主)进行总体关联分析。其基本原理是先利用 SNP 芯片在全基因组范围内进行基因分型，比较个体之间每个遗传变异及其频率的差异，然后统计分析全部变异与研究性状之间的关联性，最后对强相关的遗传变异加以验证，并根据验证结果确定其与研究性状之间的关联程度(宋志芳等，2016)。

5.2.1.2　GWAS 试验设计

按照研究阶段的不同，GWAS 的试验设计可分为单个阶段研究和两个或多个阶段研究(赵谦等，2015)。单个阶段试验设计即有足够大的病例和对照样本数量，对所有目标样本进行一次性的 SNP 基因分型，然后分析每个 SNP 与目标性状的关联大小，计算其关联强度和 OR 值(比值比)。因需要大量的样本数，单个阶段试验设计基因分型的成本巨大。两个或多个阶段试验设计即先采用小样本进行第一阶段的全基因组范围内的 SNP 基因分型，统计分析后筛选少量阳性 SNPs，在第二阶段用更大数量的样本对这些阳性 SNPs 进行基因分型，最后整合两个阶段的结果进行分析。两个或多个阶段试验设计可有效降低基因分型成本。

5.2.1.3　GWAS 研究方法

按照研究对象的不同，GWAS 数据的分析方法有两种：基于无关个体的关联分析和基于家系的关联分析(family-based association study)。基于无关个体的关联分析又分为病例-对照研究(case-control study)和基于随机群体的关联分析(population-based association study)。病例-对照研究先对病例组和对照组全基因组中的 SNP 进行基因分型，再比较病例组和对照组中每个 SNP 等位基因频率的差异，这种方法主要用于质量性状的研究。基于随机群体的关联分析主要用于无关个体数量性状的研究，可利用协方差或线性回归方程研究 SNP 与某个性状的关联性(赵德胜和张崇志，2018)。基于家系的研究一般采用传递不平衡检验(transmission disequilibrium test, TDT)来分析标记与目标性状的关联，即分析某个等位基因从杂合子的父本传递给具有该性状子代的概率是否高于预期值(50%)。TDT 分析的优势在于可以排除群体混杂对于关联分析的影响，其缺点在于其发现阳性关联的检验效率低于相同样本量的病例-对照研究。基于家系的关联分析可有效避免群体分层(population stratification)对 GWAS 结果的影响，提高分析结果的可靠性。

5.2.1.4　GWAS 存在的主要问题

综合而言，目前 GWAS 主要存在以下 2 个问题：

1. 群体分层

群体分层是由祖先或遗传血统的不同导致试验组与对照组中等位基因频率的差异，是导致病例-对照研究中的关联分析出现假阳性结果的最重要的混杂因素。在进行 GWAS 时，为降低假阳性的出现，就要对样本群体进行分层。目前，处理群体分层的主要方法有：主成分分析法(principal components analysis, PCA)、基因组控制法(genomic control, GC)和结构关联法(structured association, SA)等。

2. 多重假设检验

多重假设检验是 GWAS 需要面对和处理的一个重要问题。由于 GWAS 通常是对基因组范围内的大量SNP同时进行假设检验，即对每个SNP位点与性状的关联都进行一次假设检验，这势必将会带来许多假阳性的关联结果。因此需要对多重假设检验进行校正，以得到可信度较高的GWAS分析结果。常用的校正方法有：①Bonferroni校正法，是目前常用的一种多重检验校正方法。但它没有考虑到SNP位点之间的关联，被认为是多重比较 P 值校正中最为保守的一种，会造成假阴性升高。②控制错误发现率(false discovery rate，FDR)法，是现有的校正方法中最为宽松的一种，允许更多的假阳性存在，但同时也降低了假阴性。③Permutation法，其统计效力较高，对于小样本数据也可有效降低伪关联结果，但是该法存在计算量大、耗时长的缺点。

5.2.2 全基因组选择

由于标记辅助选择可用的有效标记数目很少，且它们所解释的遗传变异比例很小，因此传统的标记辅助选择预估育种值的能力有限。为了解决标记辅助选择所面临的缺陷，Meuwissen等于2001年首次提出了全基因组选择的概念。随着高密度DNA芯片技术和高通量测序技术的发展及SNP分型成本的大幅下降，为标记辅助选择提供了大量覆盖整个基因组的遗传标记信息，使得基因组选择引起了国内外研究者的高度关注。

5.2.2.1 全基因组选择的基本思想

全基因组选择的实质是全基因组范围内的标记辅助选择，利用整个基因组的各标记信息与其对应的性状表型值来估计每个标记的效应值，各个标记效应值求和得到GEBV。假定影响数量性状的每个QTL至少与所利用标记中的一个处于连锁不平衡状态，是全基因组选择的一个基本假设。因此，全基因组选择能够有效追溯到控制目标性状的所有QTL或主效基因，从而对目标性状做出更高比例的遗传变异解释。实施全基因组选择的关键在于利用全基因组范围内的分子标记信息和目标性状的表型记录，准确计算出个体的GEBV(唐国庆和李学伟，2010；张哲等，2011)。

5.2.2.2 基因组育种值估计

根据估计个体GBV所使用统计模型的不同，可将计算GEBV的方法分为两类：基于标记效应估计的间接计算方法和基于基因组关系矩阵(genomic relationship matrix，$\boldsymbol{G}$)的直接计算方法(王孝义，2017)。

1. 基于标记效应估计的基因组育种值估计

基于标记效应估计的GBV间接估计主要包括两个基本步骤：①构建参考群体，借助参考群体中个体的基因组分子标记信息(以SNP标记为主)和目标性状表型记录估计出基因组中每个分子标记对目标性状的遗传效应值；②对候选群体的个体进行基因分型，根据候选个体基因组SNP的基因型，对每个分子标记的估计效应进行累加，进而得到候选个体的GEBV。根据标记效应先验假设的不同，估计标记效应的具体方法也有所不同，常用方法主要有最小二乘法(least squares，LS)、岭回归BLUP(ridge regression best linear unbiased prediction，RRBLUP)、BayesA、BayesB以及BayesianLASSO等。

2. 基于基因组关系矩阵的基因组育种值估计

个体GEBV还可以在利用分子标记信息构建的基因组关系矩阵的基础上直接计算得出，实际上这种方法是在传统BLUP方法的基础上发展而来的，因而被称为基因组BLUP(genomic BLUP, GBLUP),其实质是将传统BLUP方法的混合模型方程组中的分子血缘相关矩阵(numerator relationship matrix, ***A***)替换为***G***矩阵,从而直接计算出个体的GEBV,而不需要估计出每个标记对目标性状的遗传效应。GBLUP法对候选个体的GBV进行估计也包括两个主要步骤:①构建参考群体,利用基因组分子标记信息和表型记录直接计算出参考群体中每个个体的GEBV;②对候选群体进行基因分型,通过分子标记信息构建反映候选群体本身以及候选群体和参考群体个体间遗传关系的***G***矩阵,接着利用参考群体个体的GEBV和构建的***G***矩阵,对候选个体的GEBV进行计算。在具有大量分子标记信息的情况下,与传统BLUP法所用的***A***矩阵相比较,GBLUP方法所用的***G***矩阵能更加真实准确地反映个体间的遗传关系,因而对育种值估计的准确性要高于传统BLUP方法。

GBLUP方法估计GBV的关键在于如何利用全基因组内的分子标记信息来构建***G***矩阵。在GBLUP方法之后,针对GBLUP方法的不足,人们又相继提出了***G***矩阵构建的不同方法。①考虑到GBLUP方法没有使用个体的系谱信息以及实际育种中可能存在少许个体基因型数据缺失的情形,为解决这一问题,单步基因组BLUP方法(single-step GBLUP, ssGBLUP)于2009年被提出(Misztal et al., 2009; Legarra et al., 2009)。其主要思想与GBLUP方法一致,不同的是ssGBLUP利用调整过的基因组关系矩阵***H***来代替传统BLUP方法的混合模型方程组中的***A***矩阵。②目前所能得到的基因组分子标记信息很难解释目标性状的全部遗传变异,仍有一部分遗传变异是分子标记信息无法追溯到的,但这部分遗传变异利用系谱信息可以追溯到,故可将标记信息无法解释的遗传变异看作多基因效应,加入GLBUP模型中,简称为$GBLUP_{AG}$模型。③鉴于影响目标性状的基因或分子标记在基因组中分布不均匀且不同分子标记的遗传效应有所不同,不同性状应具有其特有的***G***矩阵。2010年,中国农业大学张勤教授研究团队对不同分子标记给予了不同的权重,构建了性状特异的关系矩阵(trait-specific relationship matrix, ***TA***),提出了TABLUP方法,并发现TABLUP的选择效果高于RRBLUP和GBLUP方法(Zhang et al., 2010);此外,该团队还提出了BayesA+、BayesB+、BayesCpi+、BayesT等一系列新方法和综合性能评价的基因组性能指数GCPI,优化GBV估计分析平台,提高GEBV的准确性。

实际上,无论是GBLUP、TABLUP法,还是ssGBLUP、$GBLUP_{AG}$法等,它们估计GBV的思路都是一致的,都是对传统BLUP方法的延伸;不同之处在于所利用的数据类型和构建个体间遗传关系的相关矩阵的方式不同。传统BLUP法利用表型和系谱信息,借助***A***矩阵反映个体间的遗传关系;GBLUP和TABLUP方法是利用表型和基因组标记信息,分别以***G***和***TA***矩阵来反映个体间的遗传关系;ssGBLUP和$GBLUP_{AG}$则同时利用表型、系谱和基因组标记信息,分别借助***H***和$\boldsymbol{G\omega}$矩阵来反映个体间的遗传关系。

5.2.2.3 全基因组选择在猪育种上的应用

2008年,科学家们研发了含50 000个SNP标记的奶牛全基因组芯片,使得全基因组选择技术首先在奶牛上得以成功应用。

随着猪基因组测序的完成和猪SNP芯片(Illumina Porcine SNP60)的产生,这给猪基因组选择的应用提供了便利条件。自2010年以来,世界各国的猪育种工作都开始尝试将全基因组选择作为新的育种手段加以应用。PIC作为全球最大的种猪改良公司,拥有全球最大的猪育种数据库,包括了超过2 000万头猪的表型、系谱数据和基因型分型信息。该公司对产仔总数、生长速度、采食量和眼肌面积等不同性状进行了全基因组选择,其GEBV估计的准确性是常规方法的两倍(王晨等,2016)。Hypor公司已经开始尝试在猪育种中应用全基因组选择手段对繁殖性状、肉质性状和抗病性状进行选择。2012年6月,该公司称已为客户提供采用全基因组选择技术生产的种猪。2010年,针对猪的低遗传力性状及难以测定的性状(如抗病力、饲料转化率、肉质性状等),丹麦Danbred公司宣布启动猪全基因组选择研究;同时该公司还专门对公猪的膻味进行全基因组选择,以期能向消费者提供无膻味的猪肉(董航言和黄生强,2015)。2012年,TOPIGS公司宣布将全基因组选择技术应用于猪育种中,对公猪膻味、饲料转化率等性状进行选择,以期改善其肉质,提高种猪的竞争力;同年6月,该公司宣布在种母猪的育种中全面开始使用全基因组选择技术,以期提高种猪繁殖力。

在国内,由于种猪企业数量多、规模小,目前为止全基因组选择研究仅在我国少数猪育种公司展开。广东温氏集团作为我国规模最大的猪育种和商品猪生产的产业化公司之一,在国家"十二五"科技计划和国家"863"计划重大专项的重点支持下,于2011年在我国率先启动猪的基因组选择研究(宋志芳等,2016;周磊等,2018)。研究人员采用高密度SNP芯片对杜洛克种猪进行全基因组扫描,获得覆盖整个基因组的DNA标记信息,通过与对应的重要经济性状的表型信息进行GWAS分析,估计出染色体片段上每个标记的效应,最后建立GBLUP选择方法。2013年,我国首例采用全基因组选择技术选育的1头杜洛克公猪诞生。随后,温氏集团新兴育种公司建立了1 100头杜洛克猪的参考群体,并主要针对日增重、背膘厚、饲料转化效率等性状展开全基因组选择。与此同时,北京养猪育种中心在首农集团三元种业开始实施猪全基因组选择:以美系大白猪为选育对象,建立了近900头的参考群体;第一批应用全基因组选择选育的公猪已经完成,部分后备猪也已经开始应用全基因组选择进行选育。2017年,在全国畜牧总站(国家生猪遗传评估中心)的组织协调下,"猪全基因组选择育种平台"项目在2017年全国猪联合育种协作组年会上正式启动。该平台汇聚了全国7家科研单位和31家生猪核心育种场,以期利用全基因组选择技术将分子育种技术运用到全国范围的生猪育种中,从而提高选种准确率和加快世代选育的遗传进展。

总而言之,虽然全基因组选择在猪育种中还处于初级阶段,但是它具有加快猪遗传改良速率的巨大潜能,尤其是当前常规BLUP方法难以选择的性状(如产仔性状、饲料利用率、胴体及肉质性状等),这种优势表现得更加明显。可以预计,随着高通量测序技术与DNA芯片技术的快速发展和基因分型成本的进一步降低,在不久的将来,全基因组选择将会在猪育种产业中得到更加广泛的应用。

5.3 繁殖生物技术

动物繁殖生物技术的研究范围涵盖了从生殖细胞直至胚胎的一系列体外操作技术,主要包括人工授精、胚胎移植、体外受精、克隆等技术(Faber et al., 2003)。其中,人工授精技术是提高优秀种公畜利用率的有效手段;胚胎移植技术则是提高良种母畜繁殖效率的新途径(范必勤和熊慧卿,1991);克隆尤其是体细胞克隆技术则可用于优良种畜的快速扩繁。与其他畜种类似,繁殖生物技术的应用也可提高猪育种和生产的效率。

5.3.1　人工授精技术

猪人工授精技术自20世纪40年代问世以来，经过几十年的发展和完善，已经成为提高养猪生产和猪品种改良效率的重要手段。猪人工授精技术是以人工方法采集公猪精液，经过精液品质检查、稀释、保存等一系列处理后，再将精液输入到发情母猪的生殖道内的配种方法。该技术最大的优点就是减少种公猪比例、提高优秀公猪的利用效率，同时可以克服地域隔离、种群个体大小差异难以交配等问题，是现代养猪生产和品种改良中不可或缺的重要技术措施之一。

5.3.1.1　猪人工授精技术应用概况

关于人工授精技术最早的文献记载可追溯到1780年，意大利生理学家Spallanzani第一次对母犬实施人工授精并获得3只幼犬；1948年日本科学家伊藤等应用公猪鲜精进行人工授精，母猪顺利分娩；自20世纪80年代该技术被大规模应用于家畜繁殖（李亚新等，2015）。到20世纪末，世界范围内接近50%的母猪通过人工授精方式繁殖。在过去的20年里，西欧国家猪人工授精普及率超过90%，例如荷兰98%的母猪通过人工授精进行配种。目前，人工授精技术已经在养猪生产中得到了广泛应用。

我国猪人工授精技术于20世纪90年代在生产运用方面趋于成熟，开始被广大生猪养殖企业和养殖户所接受并推广应用。我国是世界上第一养猪大国，母猪存栏量大，人工授精技术的推广应用尤其具有重要的现实意义。据估计，目前国内养猪行业采用人工授精技术对母猪进行授精的比例，大中型种猪场为80%～90%，小型种猪场为50%～60%，农村散养户为40%～50%。

5.3.1.2　猪人工授精技术新发展

1. 精液冷冻保存技术

猪精液冷冻技术是指利用干冰（－79℃）、液氮（－196℃）、液氦（－269℃）等物质作为冷冻源，将新鲜精液经特殊处理后，保存在超低温状态下，致使精子细胞的代谢完全停止，从而达到长期保存的目的；升温解冻后又可恢复其原有活性并继续使用。在实际应用中，猪精液中含有较高比例的不饱和脂肪酸，对低温更加敏感，因而解冻以后精子活性下降明显。因此，猪冷冻精液的应用仍然处于研究阶段，即主要集中在精子冷冻的保护剂、解冻后精子活率和母猪受胎率等方面的研究。在猪生产实践中，猪精液冷冻保存技术主要有颗粒法、细管法及扁平袋法，其中细管法及扁平袋法保存效果要优于颗粒法。马列美等（2015）研究采用常规子宫颈输精法对自然发情母猪进行两次人工授精的结果显示：扁平袋法的效果最好，产仔率与平均窝产仔数分别达到72.2%和10.7头；细管法的效果次之，产仔率与平均窝产仔数分别为62.6%和9.0头；颗粒法效果最差，产仔率与平均窝产仔数仅为40.0%和6.4头。

2. 人工授精新方法

不管是自然交配还是传统的人工授精方式，均会有大量的精液资源浪费。为提高公猪精液的使用效率，根据输精部位的不同，人工授精技术有了新的发展：子宫体输精（uterine body insemination）和子宫角输精（uterine horn insemination）等深部输精技术（梅书棋等，2010）。

(1) 子宫体输精技术　子宫颈和子宫角分支5 cm处是该方法的输精部位，其方法是将一个细小柔软的输精装备经事先放入子宫颈皱褶的普通导管插入子宫体，从而把精液输入到子宫体之中。子宫体输精法已经在猪上得到应用，该技术应用更少量的精液进行人工授精，取得

与常规输精相似的结果,其基础是凭借输精的较为精确的定位将精液输送到距受精部位更近的子宫体内,这样可避免精子在子宫腔中的运行,减少精子的损失,同时还可避免精液的逆流。

(2)子宫角输精技术　为进一步减少每次输精剂量,Rath 等发明一种比子宫体输精精液使用量更少的方法,即事先将输精装置导管插入子宫颈处,授精导管沿着子宫腔进入子宫角,使精液输到达子宫角近端 1/3 的位置。在实际操作中,其输精管是一特制的软管或套管,当输精管插入至子宫颈的适当位置以后,用力挤压输精瓶,将精液导入到母猪的子宫体内。与传统人工授精技术相比,这项技术能够有效减少精液在子宫的回流,并能够将精液定位至受精部位,可提高受胎率,同时减少精液用量,该项技术的输精量在每次 10 亿个精子,而常规输精需输入含 30 亿个精子的输精量。此外,借助微创手术的方法,腹腔内窥镜也开始应用于猪的输精。

5.3.2 同期发情技术

母猪同期发情是指利用某些激素制剂人为地调控一群母猪发情周期的进程,使之在同一时间段内集中发情,以便有计划地组织配种。在实际生产中,母猪同期发情的应用便于组织集约化生产、加快育种进程;同时也可为胚胎移植创造条件。

母猪不同的生理状态,对应不同的同期发情方法。对于正处于哺乳期间哺乳母猪来说,其发情和排卵受到抑制,在断奶后一周左右则会重新发情,所以,采用同时断奶的方法可有效达到同期发情的目的。但是,由于饲养管理条件和营养水平的不同,往往会导致发情的同期性存在一定的个体差异。

根据母猪发情周期的生理特点,实现同期发情可从正反两个方向考虑:一种方法是促进黄体的消退,另一种方法则是人为地创造或延长黄体期(张一玲等,1979)。消除黄体的一种快捷有效的方法便是肌肉注射 $PGF_{2\alpha}$ 或其类似物(如氯前列烯醇)。$PGF_{2\alpha}$ 或其类似物处理处在黄体期的母猪后,黄体退化,卵泡发育成熟,从而触发猪群的同期发情。药物处理可单独使用也可结合其他激素一同使用;给药方式有肌肉注射、阴唇注射或直接注入子宫内等。然而,由于存在每头母猪处于黄体期的不同阶段的情况,而不同阶段对 PG 类药物的敏感程度也不同,从而黄体退化程度不一,进一步导致发情时间存在一定差异。相反地,对母猪群同时进行孕激素处理可达到人为创造或延长黄体期的目的。在外源性孕激素的作用下,虽然自然黄体逐渐退化,但卵泡发育及成熟仍然处于被抑制的状态。因此,在外源孕激素的持续作用下,可实现全群母猪均处于黄体消退而无卵泡达到发育成熟的状态;解除外源激素的抑制后,母猪可在同一时期内发情并排卵。孕激素单独使用或结合其他激素(如 eCG、GnRH、FSH、LH 等)同时使用;一般通过口服、注射、栓塞及皮下埋植等方法予以实现。在生产实践中,孕激素通常在牛、羊等反刍动物上的应用效果较好,在猪上则基本没有效果且容易引起较高比例的卵巢囊肿。因此,母猪的同期发情处理一般使用孕激素类似药物(如 Altrenogen),以降低其带来的副作用。

5.3.3 体细胞核移植技术

体细胞核移植(somatic cell nuclear transfer),即通常所说的体细胞克隆(somatic cell cloning),与胚胎细胞克隆相比,区别仅在于以高度分化的体细胞代替了胚胎细胞作为核供体。从理论上来说,体细胞与受精卵一样具有全部的遗传信息,因此体细胞克隆是完全可行的。但是由于体细胞已高度分化，是否还具有发育的全能性，一直存在争议。直至1997年2月23日，世界上首例体细胞克隆动物Dolly羊的诞生，证明了已高度分化了的体细胞仍然保持着细胞的全能性。体细胞克隆的基本步骤包括核供体体细胞的准备、核受体去核卵母细胞的准备、注核及供受体的细胞融合、重构胚的激活、培养及移植等步骤。

5.3.3.1　体细胞核移植的发展

20世纪60—70年代，Gurdon等利用爪蟾和蝌蚪的肠细胞和体外培养的体细胞进行核移植，分别获得了克隆爪蟾、蝌蚪后代，证实了两栖类动物体细胞的全能性。1997年，Wilmut等以一只6岁绵羊的乳腺上皮细胞为核供体进行了核移植，获得了世界上第一只体细胞克隆哺乳动物——“Dolly”，是哺乳动物体细胞全能性理论的重大突破，也从此拉开了哺乳动物体细胞克隆的序幕，随后在猪等其他家畜的克隆上也相继取得了成功。2000年，世界第一头成年体细胞核移植克隆猪诞生(Polejaeva et al.，2000)。

5.3.3.2　体细胞核移植技术的应用

体细胞克隆技术的成功，具有里程碑式的科学意义。该技术不仅推动了发育生物学的发展，而且拓展了生命科学的内涵，进一步加深了对生命奥秘的理解。体细胞克隆技术的应用，扩大了核移植供体的来源问题，具有重要的实践价值。在畜牧生产中，可用于快速扩大优良种畜的数量，加快品种改良和育种的进程，亦可采取体细胞冷冻保存的方式辅助濒危畜禽遗传资源的保种。在生物学和医学基础研究中，体细胞克隆可用于医用动物模型的扩繁、核质互作关系研究、癌细胞和肿瘤发生机理研究；在转基因和基因编辑研究中，体细胞克隆技术的应用，可提供大量的转基因动物和基因编辑动物。此外，体细胞克隆正在探索为异种移植提供组织器官。

2005年8月5日，我国首例体细胞克隆猪由中国农业大学研究团队以小香猪胎儿体细胞作为核供体，历经一年半的时间在河北三河明慧猪场诞生，使我国成为继英国、日本、美国、澳大利亚、韩国及德国之后的第7个拥有自主体细胞克隆猪能力的国家。2006年10月12日，东北农业大学的研究团队以民猪成体体细胞为核供体克隆得到了我国第二例共3头体细胞克隆猪，同时也是首例成体体细胞克隆猪。之后，克隆技术与转基因技术结合，加速了转基因克隆猪的研究。2008年，由中国农业大学克隆的我国第一头携带人溶菌酶基因的转基因克隆猪诞生；吉林大学与军事医学科学院合作，克隆了世界首例带有抗猪瘟病毒基因的克隆猪。全国一些省、市、区的科研院所也相继成功获得了克隆猪或转基因克隆猪，标志着我国克隆猪和转基因克隆猪已达到国际先进水平。

5.4　基因工程技术

转基因和基因编辑等以DNA重组为基础的基因工程技术的发展及应用，为我国动物育种开辟了新的空间。1988年，中国农业大学的陈永福等利用原核显微注射技术制备培育了我国首例转生长激素基因猪，与同批非转基因猪相比，生长速度提高11.8%～14.2%，饲料利用率提高10%。2005年，中国农业大学李宁等突破了猪体细胞克隆技术，随后依托该技术获得了转*sFat*-1基因克隆猪和转溶菌酶基因克隆猪；2010年以后，随着ZFN、TALEN和CRISPR/Cas9等基因编辑技术的不断出现和更新(刘晋冀等，2017)，使得基因修饰的效率和特异性获得极大提升，基因编辑技术也成为当前动物育种研究的最佳手段。2012年，中国农业科学院北京畜牧兽医研究所利用基因编辑技术培育出了国际首例MSTN基因编辑梅山猪，该猪具有明显的双肌表型，瘦肉率提高了约16%。2017年，中国农业科学院北京市畜牧兽医研究所又获得了抗蓝耳病的基因编辑大白猪。

5.4.1 动物转基因技术

动物转基因技术(animal transgenic technique)是指运用基因工程等实验技术手段，将外源基因导入受体动物基因组内并使之表达的生物技术；基因组中含有外源性基因的动物称为转基因动物(transgenic animal)；整合到基因组上的外源基因则称为转基因(transgene)。

1981年，Gordon等率先利用原核显微注射的方法获得了转基因小鼠，证实了外源基因可以整合到宿主基因组中；1982年，Palmiter等将5′端调控区缺失后的大鼠生长激素基因与小鼠金属硫蛋白Ⅰ基因启动子连接，然后将融合基因注入小鼠受精卵雄原核中，获得了7只转基因"超级小鼠"。这些研究对于动物转基因技术的建立具有里程碑意义。此后，体细胞核移植技术的建立为转基因动物的制备开辟了新的空间。

5.4.1.1 动物转基因技术的基本流程

动物转基因技术是一项涉及基因工程、胚胎工程、细胞培养等技术的综合技术，其主要技术环节包括选择目的基因、构建表达载体、导入外源基因、鉴定转基因动物等过程。

1. 目的基因的选择

根据转基因目的的不同，选择不同的目的基因：如编码或调控机体生长发育的生长激素基因、生长激素释放激素基因等，增强机体免疫力或抗病的人类促衰变因子基因、鸡马立克氏病毒基因等，编码某些分泌蛋白的人α1-抗胰蛋白酶基因。

2. 表达载体的构建

为了使导入的外源基因特异而高效的表达，一般对其进行改造并构建载体。外源基因通常包括含有调控元件的侧翼序列、结构基因序列和转录终止信号等，同时可引入报告基因和天然启动子，构成融合基因。

3. 外源基因的导入

导入外源基因是转基因技术的关键，其方法主要包括原核注射法、精子载体法、病毒转染法、胚胎干细胞介导法、体细胞克隆法、转座子介导的基因转移法、RNA干扰介导的基因敲除法等。

4. 转基因的鉴定

主要从DNA、RNA和蛋白三个水平上鉴定转基因在转基因动物中的表达情况。DNA水平上主要采用Southern Blot、PCR-RFLP等方法检测；RNA水平上的检测方法有Northern Blot和最常用的RT-PCR定量；蛋白水平的鉴定则通常利用Western Bolt、ELISA等方法。

5.4.1.2 动物转基因技术的研究方法

在动物转基因技术中，外源基因的导入是关键的一步。根据导入外源基因方法的不同，转基因动物制作方法包括原核显微注射法、精子载体法、病毒转染法、胚胎干细胞介导法、体细胞克隆法等。随着转基因技术研究的深入，又出现了转座子介导的基因转移法、RNA干扰介导的基因敲除法等动物转基因新技术、新方法(孙振红等，2010)，这些技术和方法不仅提高了转基因动物的制备效率，同时使转基因动物的基因表达调控更加精确。

1. 原核注射法

原核注射法即借助显微操作将体外构建的携带外源基因的DNA片段直接注入受精卵的雄原核或雌原核，并随宿主基因组的重组而整合到其中的方法。该方法由Gordon于1980年建立，是转基因技术研究中最为经典的方法。其优点是操作简便、重组DNA片段长度不受限制，转基因阳性动物能有效地表达外源基因；但是，显微操作会对胚胎造成不可避免的、不同程度的机械损伤，同时外源基因的随机整合也可能会对宿主的正常发育或代谢产生不良影响。

2. 逆转录病毒感染法

逆转录病毒感染法是将目的基因重组到逆转录病毒RNA载体上而制成病毒颗粒，人为感染着床前后的胚胎或将胚胎与能释放逆转录病毒的单培养层细胞共孵育以达到感染的目的。逆转录病毒RNA进入宿主细胞后，被反转录为cDNA，并在整合酶和其末端特殊核酸序列作用下整合到宿主基因组，从而得到转基因动物。逆转录病毒具有高效感染和在宿主细胞DNA上高度整合的特性，一旦细胞为逆转录病毒所感染，所产生的病毒DNA，即变成宿主基因组的一部分，在宿主细胞中终生维持。但是，该方法适用的宿主范围狭窄，仅能感染分裂细胞，且允许插入的外源片段较小，同时感染的效率较低。虽然逆转录病毒法转基因有一些缺点，但在研究插入突变的实验中，使用逆转录病毒则是很好的选择，因为逆转录病毒一般以完整的拷贝插入基因组，不会发生染色体重排和删除。

3. 精子载体法

精子载体法是以精子作为外源基因的载体，通过受精或单精子胞质内注射等技术将外源基因整合到染色体的方法。该方法由Lavitrano等于1989年首次报道，证实了精子可作为外源性基因转移的载体；由于该试验结果的可重复性较差，Rottman等在上述方法基础上进行了改进，即外源基因与精子共孵育之前，事先用脂质包埋形成脂质体-DNA复合物，使外源基因更易于进入精子内部。精子载体法简化了繁杂的操作步骤，同时也降低了成本；但是该方法对外源基因的整合仍然是随机的，还不能实现有目的的定点结合。

4. 胚胎干细胞介导法

胚胎干细胞(embryonic stem cell, ES)是将早期胚胎的内细胞团经体外抑制分化并培养建立起来的多能细胞系。通过特定的方法如脂质体介导、电击或逆转录病毒感染等，将外源基因导入ES细胞基因组内的非必需基因的特定位点上，经筛选、培养而后用于生产转基因动物。该方法实现了外源基因片段在宿主基因组内的定点整合，从而避免了随机整合与多拷贝整合；ES细胞也是公认的研究转基因、细胞核移植等领域的理想材料。目前，胚胎干细胞介导法在小鼠上的应用较为成功，已经建立了小鼠ES细胞系，是生产转基因小鼠的主要方法。而各类家养动物的ES细胞研究进展不大，只获得了一些类干细胞系，因此该方法的应用受到了一定的限制。

5. 转基因克隆法

转基因克隆法是转基因技术与体细胞克隆技术的有机结合，即将目的外源基因以DNA转染方式导入体细胞克隆的核供体细胞内，进一步以筛选得到的转基因阳性细胞为核供体进行克隆。转基因克隆技术将转基因事件转移到体外培养的细胞水平上完成，具有其他方法不可比拟的优势，即效率高、周期短、成本低。理论上，可100%获得阳性转基因动物，减少了所需的受体数量。

近年来，随着转基因技术研究的继续深入，出现了许多动物转基因新技术新方法，如转座子介导的基因转移法、RNA干扰介导的基因敲除法等。其中,转座子介导的基因转移法是利用转座子在基因组内插入和切离并可改变自身染色体位置的特性,使之能携带外源基因整合到动物基因组内,从而制作转基因动物;RNA干扰介导的基因敲除法则是通过一段双链siRNA或单链miRNA致使同源的靶mRNA降解,从而阻断目的基因的表达。这些技术方法不仅提高了转基因动物的制备效率,同时使转基因动物的基因表达调控更加精确。

5.4.1.3 转基因猪的研究

1985年,Hammer等首次将人的生长激素基因(*hGH*)导入猪的受精卵而获得成功。*hGH*基因表达的转基因猪与同窝非转基因猪比较,生长速度提高15%,饲料利用率提高21%,胴体脂肪率也明显降低,但转基因猪亦伴有雌性不育、胃溃疡和关节肿胀等副反应。Pursel等(1999)通过显微注射法获得了转人胰岛素样生长因子-Ⅰ(*IGF*-Ⅰ)基因的转基因猪,其母猪的估计胴体脂肪率和瘦肉率要比同窝非转基因母猪分别低6.7%和高6.4%,同时,所获得的14头转基因猪表现正常,与同窝的非转基因猪相比,均未出现任何副反应。之后,国内外学者在转基因猪的研究方面开展了大量工作,并取得了显著进展。

我国转基因猪的研究起步于20世纪80年代,并在"七五""八五"期间取得了长足进步。1988年,中国农业大学利用原核显微注射技术制备了我国首例转生长激素基因猪,生长速度和饲料利用率明显改善;之后成功获得生长激素转基因猪第二、三、四代共215头,初步建立起了转基因猪的生产技术体系。1993年,湖北省农科院畜牧兽医研究所以湖北白猪为实验材料,采用显微注射和精子载体法两种方法导入*OMT/PGH*基因,获得了转生长激素的转基因猪(魏庆信等,1993)。1997年,新疆畜牧科学院绵羊中心农业部畜牧兽医生物技术重点实验室运用精子载体法得到8头转基因猪。2003年,郑新民等(2003)采用显微注射法,把含有猪血清白蛋白侧翼序列的微小人血清白蛋白基因导入猪基因组中,生产含人血清白蛋白(HSA)的转基因猪。自2005年突破猪体细胞克隆技术以来,我国在转基因克隆猪研究方面取得了令人瞩目的成就。2006年12月22日,东北农业大学研究团队又成功获得了我国首例绿色荧光蛋白转基因克隆猪,这也是继美国、韩国、日本之后第4例绿色荧光蛋白转基因猪。2008年,中国农业科学院等单位成功获得了富含ω-3不饱和脂肪酸的转基因克隆猪,为猪的肉质改良提供良好的育种素材。2010年,同样来自中国农业科学院的科研团队得到了敲除*GGTA*1基因的五指山小型猪模型,为猪的异种器官移植研究迈出关键一步。同年,中科院广州生物医药与健康研究院的研究团队成功获得了人亨廷顿舞蹈症的转基因猪模型,并首次在转基因猪大脑中发现与人亨廷顿舞蹈症患者大脑中类似的神经细胞凋亡现象。随着转基因研究的深入,转基因新技术不断涌现并得以应用。如吉林大学通过RNAi技术和转基因猪制备技术相结合,培育出了稳定表达针对猪瘟病毒的shRNA的转基因克隆猪(王铁东等,2009)。2013年,中科院再生生物学重点实验室将DOX诱导型慢病毒载体系统诱导的猪诱导性多能干细胞(piPSCs)在体外进行分化培养,待外源基因基本沉默后进行核移植,最后成功获得了首例piPSC转基因克隆猪(Fan et al.,2013)。

猪的转基因技术经过30多年的发展已日渐完善。随着转基因领域新的研究方法不断涌现,尤其在体细胞克隆技术成熟之后,猪转基因技术的应用范围也不断扩展并相继取得新突破,同时也推动了生命科学研究的发展。

尽管如此,由于转基因技术是一项复杂的系统工程,目前仍有许多问题亟待解决。一方面,制作转基因猪的效率仍然不高,基因整合的机制也不完全清楚,转基因在宿主基因组中的行为仍不能完全做到精准控制。转基因在插入宿主基因组的过程中可能导致内源基因的破坏或失活，从而引起转基因阳性个体出现不育、胚胎死亡等异常现象。另一方面，转基因猪的安全性问题也存在争议。第三，转基因猪的研究还存在一系列社会伦理问题。因此，为了确保转基因猪对人体的安全性，在大规模生产之前必须对转基因猪进行严格的生物安全评估。

5.4.2　动物基因编辑技术

基因编辑(gene editing)技术是指利用基因工程的基本原理对动物基因组的靶向基因进行有目的的编码修饰(特定 DNA 片段的敲除或敲入等)，并结合体细胞克隆和胚胎移植等技术手段，获得经过基因修饰的个体，并可稳定遗传给子代的一种生物技术。随着基因编辑技术方法的不断改进，目前主要包括人工核酸酶介导的锌指核酸酶(zinc-finger nucleases, ZFN)技术、转录激活因子样效应物核酸酶(transcription activator-like effector nucleases, TALENs)和 RNA 介导的成簇的、规律间隔的短回文重复序列 CRISPR-Cas 核酸酶(clustered regularly interspaced short palindromic repeats associated Cas, CRISPR-Cas RGNs)技术。

5.4.2.1　动物基因编辑技术的基本原理与方法

ZFN、TALENs 和 CRISPR-Cas 三大基因编辑技术的基本原理均是通过在特定的靶向序列处引入双链断裂缺口(double-strand break, DSBs)，继而通过非同源末端连接(non-homologous end joining, NHEJ)和同源重组修复(homologous recombination, HR)两种细胞内 DNA 修复途径完成修复。NHEJ 途径可使基因组 DNA 缺口处有碱基的插入或者缺失，造成移码突变，导致基因的敲除；HR 途径则在提供外源 DNA 模板的条件下使基因组 DNA 得到精确的基因修复或靶向基因的敲入。由此可见，这 3 种基因编辑技术本质上均是利用非同源末端连接途径修复和同源重组修复，联合特异性 DNA 靶向识别及核酸内切酶完成的 DNA 序列改变。

1. ZFN 基因编辑技术

1983 年，Klug 等率先在非洲爪蟾卵母细胞的转录因子ⅢA 中发现重复锌指结构域，并将其命名为锌指基序。1986 年，Diakun 等在真核生物转录因子家族的 DNA 结合区域发现了 Cys2-His2 锌指模块。1996 年，Kim 等首次人工连接了锌指蛋白与核酸内切酶。2005 年，Urnov 等发现了由 4 个锌指连接而成的 ZFN 可识别 24 bp 的特异性序列。由此，开始了第一代基因编辑技术 ZFN 在基因编辑中的应用。锌指核酸酶是由锌指蛋白(zinc finger protein, ZFP)和非特异核酸酶两个部件融合而成的人工合成酶，其 N 端部分是可识别含有特定 DNA 序列的锌指蛋白，C 端则由非特异性切割结构域 Fok I 以及连接 DNA 结合结构域和内切酶的肽段组成。ZFN 的特异性取决于 ZFP，因此筛选高质量的 ZFP 是获得高效、特异的 ZFN 的前提。ZFP 通常由 3～6 个锌指组成，每个锌指识别基因组中连续的 3 个碱基。ZFP 一旦与基因组中的特定序列结合，Fok I 核酸内切酶便会形成二聚体并发挥内切酶活性，产生 DNA 双链断裂的缺口，继而通过细胞内修复机制对断裂部位的基因进行修饰。ZFN 技术的基因打靶效率一般能够达到 30%，以其较高的打靶效率，可以做到针对特定序列设计 ZFN 来实现对靶基因的修饰，目前已在猪、牛、羊等多种家畜中实现了基因修饰。然而 ZFN 作为第一代基因打靶技术，存在一定的缺陷，如合成价格昂贵、耗时耗力、不能对任意靶点进行精确切割，且有一定的脱靶效应和细胞毒性，这也使得 ZFN 技术的应用受到了一定的限制。

2. TALENs基因编辑技术

2009年在植物病原体黄单胞菌中发现了一种转录激活因子样效应因子，其蛋白核酸结合域的氨基酸序列与其靶位点序列存在较为恒定的对应关系。随后，将TALENs特异识别DNA序列的特性用于基因编辑技术，即第二代基因编辑技术。与ZFN相似，TALEN包含类转录激活因子效应物TALE和核酸内切酶FokⅠ两大部件。TALE蛋白能特异性识别并结合到DNA靶位点，其识别和结合结构域为一段长串联重复序列，每个重复序列包含33～35个氨基酸残基，其中第12和第13两个位置的氨基酸残基是特异性识别DNA的关键位点，称作重复可变双残基(repeat variable dires-idues, RVDs)，其决定DNA识别的特异性，其余位置的氨基酸残基具有相对保守性。因此，将重复序列串联组装后就能特异性识别一段DNA序列。将核酸内切酶FokⅠ与TALE人工偶联构建核酸酶，FokⅠ具有切割DNA的作用。通常情况下，需设计并构建2条TALEN载体，分别结合在反向平行的DNA双链特异性位点上，FokⅠ以二聚体的形式发挥作用。相比于ZFN技术，TALENs具有设计简便、成本低、细胞毒性小等优点，并广泛应用于家养动物的基因编辑。但TALENs技术同样存在脱靶、TALEN和基因组序列的特异性结合与染色体位置及邻近序列有关等缺陷。

3. CRISPR/Cas9基因编辑技术

CRISPR-Cas系统是在细菌和古细菌中发现的一种对抗噬菌体入侵、阻止外源基因片段转移的获得性免疫系统，由CRISPR与Cas蛋白组成(谢亚磊等，2016)。1987年，Ishino等在大肠杆菌的碱性磷酸酶基因附近发现了CRISPR重复序列；2005年，发现CRISPR的间隔序列与宿主菌的染色体外遗传物质高度同源(Bolotin et al., 2005)；2007年，证明CRISPR重复序列与细菌获得性免疫有关。2012年，Jinek等通过体外人工合成sgRNA(small-guide RNA)与Cas9蛋白的复合物，成功实现对特定基因片段的精确剪切，由此标志着一种通过构建RNA序列介导Cas蛋白识别并剪辑靶基因的第三代新型基因编辑技术CRISPR/Cas9的问世。

CRISPR序列主要由1个前导序列、多个高度重复序列及重复序列之间的间隔序列串联组成，其中间隔序列具有识别外源核酸的特异性。CRISPR/Cas9系统主要执行功能的成分只有3种：Cas9蛋白、crRNA和tracrRNA。当外源DNA进入细胞，crRNA在RNaseⅢ催化下加工成熟，和tracrRNA互作形成双链RNA结构，通过碱基互补配对的原则结合在DNA靶位点上，介导Cas9蛋白定向切割。与ZFN、TALENs技术相比，CRISPR/Cas9系统具有制作简便、快捷高效、成本低、脱靶率低、编辑范围广等优点，使其迅速风靡于世界各地的实验室，成为科研、医疗等领域的有效工具，逐渐成为当今分子生物学领域最炙手可热的技术之一。然而，和ZFN及TALENs技术相似，CRISPR/Cas9系统同样面临如何控制双链断裂之后的非同源末端连接修复所产生的细胞毒性问题；此外，Cas9蛋白对目标序列的识别除了依靠crRNA序列的匹配之外，目标序列附近必须存在一些小的前间区序列邻近基序(PAM)，因此Cas9蛋白对于设定序列的切割仍有局限性。

5.4.2.2 基因编辑技术在猪育种中的应用研究

基因编辑技术自问世以来，逐渐在基因功能验证、构建实验或医学模式动物、疾病的基因治疗等众多领域得以应用。尽管该技术在猪育种领域的应用仍处于研究阶段，但其在猪经济性状改良、抗病育种(breeding for disease resistance)、疾病动物模型构建等方面已显示出了诱人的前景。

1. 改良经济性状

根据前期所发现的控制猪重要经济性状的功能基因，利用基因编辑技术使目的功能基因向着有利于人类需求的方向定向改变，可实现猪经济性状的快速定向改良。中国农业科学院北京畜牧兽医研究所利用ZFN技术对梅山猪胎儿成纤维细胞自身肌抑素基因(*MSTN*)进行定点编辑，然后通过体细胞核移植技术获得了两种肌抑素突变梅山猪。与*MSTN*基因野生型梅山猪相比，纯合子突变体梅山猪“双肌”特征明显，半膜肌和背最长肌重量分别提高101.71%和96.67%，瘦肉率提高11.62%(Qian et al.，2015)。吉林大学利用CRISPR/Cas9系统高效构建出了具有明显“双肌”特征的*MSTN*基因突变猪(Wang et al.，2015)。2017年，中国科学院动物研究所通过CRISPR技术向猪细胞内插入解偶联蛋白1(*UCP*1)基因，成功获得了低脂肪的基因编辑瘦肉猪。

2. 抗病育种

养猪业中，猪繁殖与呼吸综合征(PRRS)、伪狂犬病(PR)等疫病对养猪业健康安全生产具有很大的威胁。随着基因编辑技术的发展，使人们借助该技术实施抗病育种来提高猪的抗病能力成为可能。继2014年Whitworth等利用CRISPR/Cas9技术成功获得可耐受猪繁殖与呼吸综合征病毒*CD*163基因敲除猪后，2016年和2017年，中国农业科学院北京畜牧兽医研究所、浙江大学等单位也相继利用基因编辑技术和体细胞核移植技术，先后成功获得了抗蓝耳病的*CD*163基因编辑猪。Xu等(2015)利用CRISPR/Cas9技术彻底替换猪的伪狂犬病毒基因(*PRV*)，实现了100%的破坏伪狂犬病毒基因。

3. 构建疾病动物模型

猪作为研究人类疾病的理想模型，在相关疾病研究上做出了巨大贡献。近年来，国内外学者在借助基因编辑技术建立动物模型方面进行大量有益的探索。中国科学院广州生物医药与健康研究院结合ZFNs和克隆技术获得过氧化物酶体增殖物激活受体γ基因(*PPARγ*)敲除猪(Yang et al.，2011)，用于研究*PPARγ*基因在人类心血管疾病中的作用；Carlson等(2012)通过TALENs和核移植制作*LDLR*敲除猪，为研究家族性高胆固醇血症提供动物模型。猪作为研究人类疾病的理想模型，不仅在研究心血管疾病方面做出巨大贡献，在其他疾病上同样发挥重要作用。浙江大学等单位利用ZFN技术成功获得了α-(1,3)-半乳糖基转移酶基因(*GGTA*1)敲除猪(Bao et al.，2014)，为研究猪→人器官移植研究提供了良好模型。Cui等(2015)利用ZFNs技术获得*GHR*敲除猪，对研究人类Laron综合征提供了理想的动物模型。Zhou等(2015)报道，中国科学院广州生物医药与健康研究院利用CRISPR/Cas9技术成功获得了影响人类白化病的酪氨酸酶基因(*TYR*)敲除猪，以及影响帕金森病的帕金蛋白基因(*PARK*2)/PTEN诱导的激酶1基因(*PINK*1)双基因敲除猪；中国科学院动物研究所也利用CRISPR/Cas9技术成功获*PARKIN*/*DJ*-1/*PINK*1三基因敲除猪(Wang et al.，2016)，为研究人类帕金森病提供了良好的动物模型。Kang等(2016)利用CRISPR/Cas9技术获得了*RUNX*3和*IL2RG*基因敲除猪；利用*RUNX*3基因敲除猪建立人类的胃癌模型，为人类胃癌的研究与治疗提供有效模型；*IL2RG*基因敲除猪为免疫缺陷猪，该基因敲除猪为再生医学异种移植等提供了良好的医学动物模型。上海科技大学和云南农业大学等单位以滇南小耳猪为素材，利用CRISPR/Cas9技术敲除了杜氏肌营养不良基因(*DMD*)，从而获得了肌营养不良症疾病模型(Yu et al.，2016)。浙江大学与云南农业大学等单位利用CRISPR/Cas9技术敲除猪细胞内所有的内源性病毒(*PERV*)活性基因后，通过核移植克隆技术成功获得了没有病毒活性的基因编辑克隆猪(Niu et al.，2017)，为解决异种器官移植中病毒传染风险奠定了重要基础。

参考文献

陈宏．现代生物技术与动物育种[J]．黄牛杂志，2000，26(4)：1-5.
崔世友，孙明法．分子标记辅助选择[M]．北京：中国农业科学技术出版社，2014.
董航言，黄生强．全基因组选择在猪育种上的研究进展[J]．猪业科学，2015，32(4)：104-105.
范必勤，熊慧卿．我国哺乳动物繁殖生物技术研究与应用现状[J]．中国农学通报，1991，6：8-13.
黄俊成．转基因猪的研究进展[J]．生物技术通报，1997，6：5-8.
蒋思文，熊远著．瘦肉型猪抗应激品系基础群的组建[J]．养猪，1996，4：29-30.
李加琪，刘小红，王种，等．长蓝猪QTL定位资源群建立及其遗传分析[J]．遗传学报，2004，31(12)：1361-1368.
李明丽，鲁绍雄，刘学洪．畜禽遗传图谱及其在动物育种中的应用[J]．畜牧兽医杂志，2008，27(4)：33-35.
李宁，吴常信．畜禽基因图谱[J]．高技术通讯，1996，6(5)：59-62.
李宁．动物遗传学[M]．北京：中国农业出版社，2003.
李亚新，魏海燕，李思慧，等．猪人工授精技术发展趋势分析[J]．畜牧兽医杂志，2015，3：42-44.
李娅兰，张豪，张勤，等．标记辅助选择在猪育种中应用效果的研究[J]．中国畜牧兽医，2009，8：67-72.
刘晋冀，杨洁鸿，李莲军．基因编辑技术的发展及在畜牧业中的应用[J]．基因组学与应用生物学，2017，36(5)：1953-1956.
鲁绍雄，吴常信．动物遗传标记辅助选择研究及其应用[J]．遗传，2002，24(3)：359-362.
鲁绍雄．遗传标记辅助选择方案的优化研究[D]．北京：中国农业大学博士学位论文，2001.
马列美，郭子记，闫海飞．猪人工授精技术新进展及其应用[J]．中国农业信息，2015，1：70.
梅书棋，孙华，宋忠旭，等．猪人工授精技术新进展及其应用[J]．湖北农业科学，2010，49(11)：2918-2920.
宋志芳，曹洪战，芦春莲．全基因组关联分析及其在猪育种中的研究进展[J]．猪业科学，2016，33(12)：105-107.
宋志芳，曹洪战，芦春莲．全基因组选择在猪育种中的研究进展[J]．猪业科学，2016，33(6)：110-112.
苏玉虹，熊远著，张勤，等．大白×梅山猪资源家系生长性状QTL的检测[J]．遗传学报，2002，29(7)：607-611.
苏玉虹，熊远著．猪的基因图谱及数量性状位点定位[J]．动物学杂志，2001，36(1)：55-59.
孙振红，苗向阳，朱瑞良．动物转基因新技术研究进展[J]．遗传，2010，32(6)：539-547.
唐国庆，李学伟．基因组选择与猪育种[J]．猪业科学，2010，7：37-39.
唐立群，肖层林，王伟平．SNP分子标记的研究及其应用进展[J]．中国农学通报，2012，28(12)：154-158.
王晨，秦珂，薛明，等．全基因组选择在猪育种中的应用[J]．畜牧兽医学报，2016，47(1)：1-9.
王铁东．抗猪瘟病毒转基因猪的构建及初步研究[D]．长春：吉林大学博士学位论文，2009.

王孝义．基于GBLUP模型的基因组选择方案研究[D]．昆明：云南农业大学博士学位论文，2017.

王重龙，陶立．猪育种中DNA标记辅助选择方法的研究进展[J]．中国畜牧兽医，2008，35(2)：42-46.

魏庆信，樊俊华，陈东宝，等．湖北白猪导入OMT/PGH基因的整合、表达和遗传[J]．华中农业大学学报，1993，12(6)：606-611.

吴常信．动物遗传学[M]．北京：高等教育出版社，2009.

谢亚磊，刘千琪，刘戟．CRISPR/Cas9基因编辑技术最新研究进展[J]．生命的化学，2016，36(1)：1-6.

岳静伟．猪肋骨数性状全基因组关联分析及*LTBP2*基因的克隆与表达[D]．北京：中国农业科学院硕士学位论文，2017.

张琴，赵胜，何凯．动物基因图谱的研究现状及其应用[J]．西南民族大学学报（自然科学版），2004，30(4)：476-481.

张一玲，森纯一，富塚常夫．猪的同期发情[J]．国外畜牧科技，1979，3：23-26.

张沅，李金泉，陈瑶生，等．家畜育种学[M]．北京：中国农业出版社，2001.

张哲，张勤，丁向东．畜禽基因组选择研究进展[J]．科学通报，2011，56(26)：2212-2222.

赵德胜，张崇志．家畜全基因组关联分析研究进展[J]．中国畜牧兽医，2018，45(2)：463-470.

赵谦，浦亚斌，关伟军，等．猪重要性状全基因组关联分析的研究进展[J]．畜牧兽医学报，2015，46(6)：873-881.

赵要风，李宁，肖璐，等．猪*FSHβ*亚基基因结构区逆转座子插入突变及其与猪产仔数关系的研究[J]．中国科学（C辑），1999，29(1)：81-86.

郑新民，魏庆信，乔宪凤，等．表达人血清白蛋白转基因猪的研究[J]．西南农业学报，2003，16(1)：119-121.

周磊，杨华威，赵祖凯，等．基因组选择在我国种猪育种中应用的探讨[J]．中国畜牧杂志，2018，54(3)：4-8.

Andersson L, Haley C S, Ellegren H, et al. Genetic mapping of quantitative trait loci for growth and fatness in pigs [J]. Science, 1994, 263: 1771-1774.

Bao L, Chen H, Jong U, et al. Generation of *GGTA1* biallelic knockout pigs via zinc-finger nucleases and somatic cell nuclear transfer [J]. Science China (Life Sciences), 2014, 57(2): 263-268.

Bolotin A, Quinquis B, Sorokin A, et al. Clustered regularly interspaced short palindrome repeats (CRISPRs) have spacers of extrachromosomal origin [J]. Microbiology, 2005, 151(8): 2551-2561.

Botstein D, White R L, Skolnick M, et al. Construction of a genetic linkage map in man using restriction fragment length polymorphisms [J]. American Journal of Human Genetics, 1980, 32(3): 314-331.

Carlson D F, Fahrenkrug S C, Hackett P B. Targeting DNA with fingers and TALENs [J]. Molecular Therapy Nucleic Acids, 2012, 1(1): e3.

Faber D C, Molina J A, Ohlrichs C L, et al. Commercialization of animal biotechnology [J].

Theriogenology, 2003, 59(1): 125-138.

Fan N, Chen J, Shang Z, et al. Piglets cloned from induced pluripotent stem cells [J]. Cell Research, 2013, 23(1): 162-166.

Fan Y, Xing Y, Zhang Z, et al. A further look at porcine chromosome 7 reveals VRTN variants associated with vertebral number in Chinese and Western pigs [J]. PloS One, 2013, 8(4): e62534.

Fujii J, Otsu K, Zorzato F, et al. Identification of a mutation in porcine ryanodine receptor associated with malignant hyperthermia [J]. Science, 1991, 253(5018): 448-451.

Hammer R E, Pursel V G, Rexroad Jr C E, et al. Production of transgenic rabbits, sheep and pigs by microinjection [J]. Nature, 1985, 315(6021): 680-683.

Han K, Liang L, Li L, et al. Generation of *Hoxc*13 knockout pigs recapitulates human ectodermal dysplasia-9 [J]. Human Molecular Genetics, 2017, 26(1): 184-191.

Ishino Y, Shinagawa H, Makino K, et al. Nucleotide sequence of the iap gene, responsible for alkaline phosphatase isozyme conversion in Escherichia coli, and identification of the gene product [J]. Journal of Bacteriology, 1987, 169(12): 5429-5433.

Jinek M, Chylinski K, Fonfara I, et al. A programmable dual-RNA-guided DNA endonuclease in adaptive bacterial immunity [J]. Science 2012,337(6096): 816-821.

Kang J T, Cho B, Ryu J, et al. Biallelic modification of IL2RG leads to severe combined immunodeficiency in pigs [J]. Reproductive Biology & Endocrinology, 2016, 14(1): 74.

Kang J, Ryu J, Cho B, et al. Generation of *RUNX*3 knockout pigs using CRISPR/Cas9-mediated gene targeting [J]. Reproduction in Domestic Animals, 2016, 51(6): 970-978.

Klein R J, Zeiss C, Chew E Y, et al. Complement factor H polymorphism in age-related macular degeneration [J]. Science, 2005, 308(5720): 385-389.

Legarra A, Aguilar I, Misztal I. A relationship matrix including full pedigree and genomic information [J]. Journal of Dairy Science, 2009, 92(9): 4656-4663.

Meijerink E, Fries R, Vögeli P, et al. Two α (1, 2) fucosyltransferase genes on porcine chromosome 6*q*11 are closely linked to the blood group inhibitor (S) and Escherichia coli F18 receptor (ECF18R) loci [J]. Mammalian Genome, 1997, 8(10): 736-741.

Meuwissen T H E, Hayes B J, Goddard M E. Prediction of total genetic value using genome-wide dense marker maps [J]. Genetics, 2001, 157(4): 1819-1829.

Misztal I, Legarra A, Aguilar I. Computing procedures for genetic evaluation including phenotypic, full pedigree, and genomic information [J]. Journal of Dairy Science, 2009, 92(9): 4648-4655.

Niu D, Wei H J, Lin L, et al. Inactivation of porcine endogenous retrovirus in pigs using CRISPR-Cas9 [J]. Science, 2017, 357(6357): 1303-1307.

Polejaeva I A, Chen S H, Vaught T D, et al. Cloned pigs produced by nuclear transfer from adult somatic cells [J]. Nature, 2000, 407(6800): 86-90.

Pursel V G, Wall R J, Mitchell A D, et al. Expression of insulin-like growth factor-I in skeletal muscle of transgenic swine [J]. Transgenic Animals in Agriculture. CABI

Publishing, Oxon, United Kingdom, 1999: 131-144.

Qian L, Tang M, Yang J, et al. Targeted mutations in myostatin by zinc-finger nucleases result in double-muscled phenotype in Meishan pigs [J]. Scientific Reports, 2015, 5: 14435.

Ren D R, Ren J, Ruan G F, et al. Mapping and fine mapping of quantitative trait loci for the number of vertebrae in a White Duroc × Chinese Erhualian intercross resource population [J]. Animal Genetics, 2012, 43(5): 545-551.

Risch N, Merikangas K. The future of genetic studies of complex human diseases [J]. Science, 1996, 273(3): 350-354.

Rohrer G A, Alexander L J, Hu Z, et al. A comprehensive map of the porcine genome [J]. Genome Research, 1996, 6(5): 371-391.

Wang K, Ouyang H, Xie Z, et al. Efficient generation of myostatin mutations in pigs using the CRISPR/Cas9 system [J]. Scientific Reports, 2015, 5: 16623.

Wang X, Cao C, Huang J, et al. One-step generation of triple gene-targeted pigs using CRISPR/Cas9 system [J]. Scientific Reports, 2016, 6: 20620.

Whitworth K M, Lee K, Benne J A, et al. Use of the CRISPR/Cas9 system to produce genetically engineered pigs from in vitro-derived oocytes and embryos [J]. Biology of Reproduction, 2014, 91(3): 78.

Whitworth K M, Rowland R R, Ewen C L, et al. Gene-edited pigs are protected from porcine reproductive and respiratory syndrome virus [J]. Nature Biotechnology, 2015, 34 (1): 20-23.

Wilmut I, Schnieke A E, Mcwhir J, et al. Viable offspring derived from fetal and adult mammalian cells [J]. Nature, 1997, 385(6619): 810-813.

Xu A, Qin C, Lang Y, et al. A simple and rapid approach to manipulate pseudo rabies virus genome by CRISPR/Cas9 system [J]. Biotechnology Letters, 2015, 37(6): 1265-1272.

Yang D, Yang H, Li W, et al. Generation of *PPARγ* mono-allelic knockout pigs via zinc-finger nucleases and nuclear transfer cloning [J]. Cell Research, 2011, 21(6): 979-982.

Yu H H, Zhao H, Qing Y B, et al. Porcine zygote injection with Cas9/sgRNA results in DMD-modified pig with muscle dystrophy [J]. International Journal of Molecular Sciences, 2016, 17(10): 1668.

Zhang Z, Liu J, Ding X, et al. Best linear unbiased prediction of genomic breeding values using a trait-specific marker-derived relationship matrix [J]. PloS One, 2010, 5(9): e12648.

Zhou X, Wang L, Du Y, et al. Efficient generation of gene-modified pigs harboring precise orthologous human mutation via CRISPR/Cas9-induced homology-directed repair in zygotes [J]. Human Mutation, 2016, 37(1): 110-118.

Zhou X, Xin J, Fan N, et al. Generation of CRISPR/Cas9-mediated gene-targeted pigs via somatic cell nuclear transfer [J]. Cellular & Molecular Life Sciences, 2015, 72(6): 1175-1184.

第6章

母猪生产管理技术进步

本章内容提要

母猪生产管理直接影响到母猪繁殖效率与猪场生产效益。改革开放以来，我国养猪业的规模化、集约化、精细化程度不断提高。2003年以来，母猪分胎次饲养、批次管理等技术相继引入我国，受到了许多养猪专家和生产者的青睐，并在养猪生产实践中逐步应用。这些技术的发展和应用为我国种猪业在发挥母猪生产潜力、控制猪群疫病、提高育种和生产效率等方面起到了积极作用。尽管如此，部分学者对母猪分胎次饲养、批次管理技术的应用也持有不同观点。在实践应用中，有必要结合生产实际，针对实施过程中存在的问题不断加以总结、改进和完善，以保证和提高其实际应用效果，推动我国母猪生产管理技术进步。

改革开放40年来，中国养猪业从分散饲养到集中饲养，从传统经营走向规模化和产业化，从劳动密集型到技术与资本密集型，从集约化走向现代化、信息化。随着育种与生产技术的不断进步，母猪年提供30头断奶仔猪数的目标已不再遥远，如何管理现代高产母猪才能降低这些高产母猪的负担？如何有效调控母猪的生殖周期才能在不损害终生繁殖力的基础上有效哺乳其数量庞大的窝产仔猪，使其生产潜力得到充分发挥？随着劳动力成本的上升、瞬息万变的市场需求，如何有效地投入物料和组织劳动，提高劳动效率，实现规模生产、规划生产，有效规避生产高峰和低谷，提高对市场波动的应变能力？随着规模化、集约化的发展，猪场疫病环境日益复杂，采用常规的饲养管理和药物防治很难达到理想的效果。因此，如何提高猪群的生产性能及健康水平等问题都对现代种猪生产管理提出了新的挑战。

随着科学技术的进步，早期隔离断奶(segregated early weaning)、多点隔离饲养(multi-point isolated feeding)、分胎次饲养(segregated parity production, SPP)、分批次管理(batches management)等技术应运而生，在发挥母猪生产潜力，控制和净化猪群疫病，提高生产性能及猪场效益等方面起了重要作用。此处仅简要介绍母猪分胎次饲养及批次管理技术，以此为缩影，反映我国种猪生产管理技术的进步。

6.1　母猪分胎次饲养技术

母猪分胎次饲养(SPP)技术是考虑到母猪在不同胎龄阶段生理特性和健康水平不同,初产母猪容易感染疾病,初产母猪和经产母猪在一起饲养很容易造成疾病的交叉感染,降低经产母猪的繁殖力。为了不使初产母猪影响经产母猪,以达到控制疾病传播的目的,从而保证猪群健康,将后备母猪和一胎母猪独立饲养管理,形成单独的后备隔离驯化场、一胎生产场(线)和经产稳定健康生产场,对免疫状态不稳定的一胎母猪群生产和免疫系统成熟的经产母猪群生产采取不同的饲养管理方式,一胎母猪产完头胎后再配种妊娠 50～70 d 才转入经产母猪群,这种做法的主要目的是将青年母猪及处于第一胎的免疫功能尚不稳定的母猪饲养在猪场内远离经产母猪的区域,以尽量减少来自这些年轻母猪的潜在病原传播,对年轻母猪的后代采取相似的饲养管理措施,饲养在独立的保育舍中,并在保育阶段结束前不与猪场中的其他母猪的断奶仔猪混群(冯立婧等,2013)。据何若钢等(2008)报道,分胎次饲养目前分两种模式:一种是专门分出一个场为一胎场,等断奶后转到二胎及以上场(图 6-1),另一种是一胎和二胎母猪在同一场饲养,二胎母猪断奶后再转移到另一个场(图 6-2)。

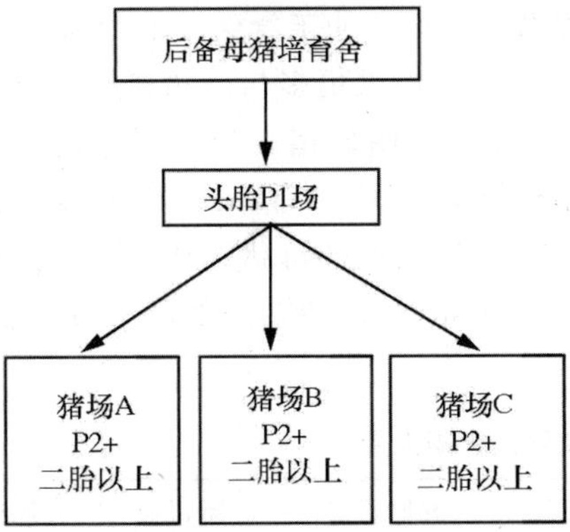

图 6-1　隔离一胎母猪

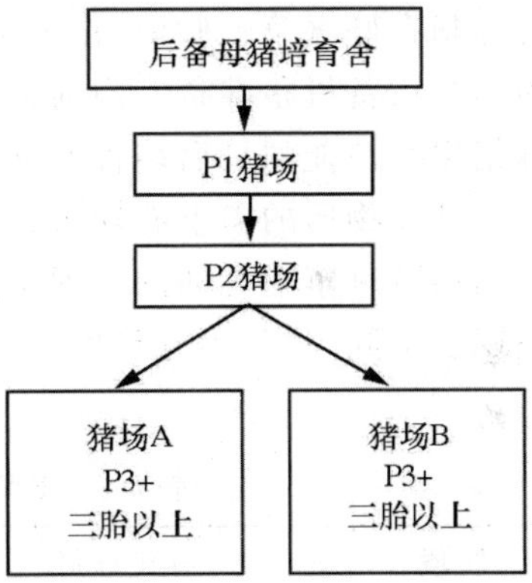

图 6-2　一胎、二胎均隔离

早期的母猪分胎次饲养模式是 1991 年加拿大魁北克省一位猪场经理 Robitaille 首先提出的,他把后备母猪移至别的猪场进行配种,然后再将怀孕 50～70 d 的母猪转回原场饲养,当时这种做法并未得到认同,但通过几年的实践,最终该方法取得了较大成功。国外一些专业人员开始钻研该技术,某些大型猪场纷纷效仿,时至今日,随着养猪疫病环境日益复杂,母猪分胎次管理技术已成为疫病防控、完善饲养管理的有效手段之一,是养猪企业提高生产成绩、取得较高生产效益的关键措施。

6.1.1　分胎次饲养的原因

在养猪生产中,第一胎母猪面临的问题通常比较多,如产仔数不稳定、断奶发情延迟、对疾病的易感性强等,对母猪实施分胎次管理技术可减少三胎及以上母猪的疾病,提高猪群的健康水平和生产性能。

1. 头胎母猪产仔数不稳定，断奶发情延迟

产第一窝的母猪在其一生中的首个哺乳期中对体蛋白的损失很敏感，据Dean Boyd研究，第一个哺乳期损失4 kg的体蛋白，足以使第二胎的窝产仔数减少0.75头，并且断奶到发情的间隔时间也会随着体蛋白损失的增加而延长，相反，将第一胎母猪的体蛋白损失控制在2 kg以内，能使第2胎的窝产仔数比第1胎多1头。

2. 头胎母猪免疫系统发育不完善，对疾病易感性强

由于后备母猪、第1胎母猪甚至第2胎母猪的免疫系统尚未发育成熟，体内的抗体种类少、水平低，对疾病的抵抗力差，较易患病，它们往往是疾病的感染源。经产母猪免疫系统发育较为完善，已经长时间接触病原微生物和病毒，获得了较强的免疫力，并由此清除了相当部分的病原微生物和病毒，对疾病的抵抗力较强。如果不同胎次的母猪混养，头胎母猪就可能成为整个猪群疾病的传播者。另外，由于头胎母猪体内的抗体水平较低，仔猪从母乳获得的被动免疫也相对较低，所以头胎母猪所产仔猪也更易患痢疾等疾病。如果让头胎母猪所产仔猪与经产母猪所产仔猪分开饲养，可减少经产母猪所产仔猪感染疾病的概率，对头胎母猪所产仔猪可进行特殊照顾和疾病预防，提高仔猪整体的健康水平和生产性能，延长养猪场的母猪生产利用年限。

3. 后备母猪生理机能未完全发育，营养需求较高

后备母猪在妊娠第一胎前，很多生理机能并未完全发育，而是处于继续发育状态，分胎次饲养有助于为后备母猪准备专门的饲料使其背膘沉积更合理，提供更多与公猪接触的机会，这对后备母猪繁殖性能的最后培育非常重要。另外，后备母猪、头胎母猪与经产母猪对氨基酸、微量元素等营养物质的需求有较大差异（表6-1），头胎母猪在泌乳期间，采食量较少，分胎次饲养可根据后备母猪哺乳期的生理特点饲喂专门的哺乳饲料，与经产母猪相比，头胎母猪在断奶时的表现也不同，将头胎母猪聚集在一起进行针对性的饲养，可以使专门的配种方案实施起来更容易。

表6-1 不同胎次母猪妊娠期微量元素摄入量

阶段	青年母猪	一胎母猪	三胎母猪	五胎母猪	七胎母猪	九胎母猪
每千克体重摄入量/g	39.2	26.8	19.5	16.3	15.0	14.2

资料来源：Boyd, Hedges (2003)

6.1.2 分胎次饲养的操作方法

1. 后备猪生产区（场）的选择

基于防疫上的考虑，后备猪生产区（场）应设在隔离舍与经产生产区（场）之间一个相对独立的区域，和经产母猪区（场）要实行人员、道路和工具等彻底分开。

2. 猪群选择

后备生产猪群主要是1胎、2胎和全部待配后备母猪，要对后备母猪进行隔离驯化，可以用血清驯化，也可以用疫苗驯化。选派有经验的人员去管理一胎猪场以保证驯化效果，后备猪达到165～180日龄并超过隔离期限做促发情处理，2胎断奶猪、3胎以上猪群进入经产生产区（场）。

3. 猪群流动

猪群流动严格遵守从后备母猪隔离驯化场(区)到一胎母猪场(区)再到经产母猪场(区)，不能逆向流动。

4. 饲养管理

一胎母猪场(区)和经产母猪场(区)要实行人员、道路和工具等彻底分开。一胎母猪场(区)和经产母猪场(区)的后代要分开饲养管理，最好是按场(区)分开，若不能有效分开，可以按相对独立的猪舍分开饲养，不可在同一栋猪舍内混养。

5. 选择性用药

一胎场和经产母猪场使用不同的抗生素，后备母猪选择同一类型的抗生素药物尽量用药效较低且使用的剂量和频率要低于经产母猪以减少耐药菌株的出现，保证长期用药的敏感性。

6. 后备猪群实行更严格的防疫

后备猪和低胎猪抗病力差，是疾病的易感群体，环境中的病原微生物浓度不能高。因此，后备母猪区(场)日常的舍内外消毒工作需要做得更细更彻底，同时与生产区有足够的防疫隔离和缓冲带。一旦后备区有异常情况，首先完全切断与其他生产区的联系，必要时可以全区清空以快速切断传播途径，降低损失。

6.1.3　分胎次饲养的优点及不足

6.1.3.1　分胎次饲养的优点

母猪分胎次饲养，具有以下主要优点(程静祥，2011；胡燕蓉，2014；任巧玲，2010)：

1. 可实现病原微生物的统一“驯化”，降低感染风险

后备母猪在同一微生物水平的环境下进行疫苗的“驯化”，群体间的病原微生物水平保持在新的平衡状态，并且又无特异性外源病原的侵入，从而保证了该群体的稳定生长，其后代群体所获得的母源抗体虽然不高且饱受高水平的病原微生物的侵袭，但通过严格执行早期断奶、全进全出、消毒空栏、加强营养、及时保健等综合措施，亦可以保证该群体的稳定。

经产母猪群经过后备期的充分“驯化”以及科学有效的免疫加强，群体获得了较高的免疫力，个体间抗病水平较为一致，其后代的群体因获得的母源抗体水平较高，抗病能力相对较强，个体间的抗体水平差异不大，保持着相对稳定的状态，从而有效降低了其后代群体交叉感染的风险。据 Camlle Moore 报道研究，用分胎次饲养控制后代的支原体肺炎时，第一胎母猪的后代不是很成功，但第二胎及其以上胎次的母猪的后代，即使不使用疫苗，支原体肺炎似乎自行消失了，在屠宰检查时，2 胎以上母猪的后代与 1 胎母猪的后代相比，地方性肺炎的出现率下降了 3 倍。因此，分胎次饲养可以在不增加任何大的投入的情况下，仅仅靠管理方式和生产工艺的改变，大大降低猪群疾病感染风险，提高猪群的健康水平，降低疫病防治成本，提高经济效益。

2. 完善防治措施，降低兽药成本

实行分胎次饲养之后，不仅严格要求后备母猪的“驯化”工作，对于整个群体的保健措施也由原先的统一保健调整为针对性保健，细化了各项兽医防治措施，保健措施更加具有针对性，避免不必要的浪费，可有效降低兽药成本。

3.提高母猪利用率,提高生产效率

头胎母猪断奶之后往往容易延期发情,如果分娩前后饲养管理不当,更容易引发初产母猪断奶后不发情。分胎次饲养后,头胎母猪统一饲养管理,初产母猪的产前体况能得到有效控制,加强并规范母猪分娩前后的保健护理工作,低胎母猪的生产性能得到了提高,掉膘少,可提高头胎母猪的利用率。据对368 000头小猪进行研究分析,发现用独立保育舍("疾病稳定"群)饲养的仔猪死亡率为1.72%,传统饲养系统("疾病不稳定"群)饲养的仔猪死亡率为3.03%,前者保育结束达转群所需体重的时间缩短4 d,达屠宰体重的时间提前5 d(盖德,2015)。

4.针对性饲养管理,充分发挥后备母猪生产潜能,延长母猪终生利用年限

青年母猪的营养需求与高胎次母猪截然不同,实行分胎次饲养,后备母猪集中饲养,有利于对后备母猪试情、查情、免疫、保健等工作高效开展以充分发挥后备母猪生产潜能,在生产及日常管理过程中,可以根据后备母猪的生理特点和抗体水平,更有针对性地调整饲料配方,配备优秀的配种员对后备母猪进行统一管理,从而提高后备母猪的利用率和发情率。

5.为经产母猪生产线奠定良好基础

分胎次饲养后,后备母猪生产线为经产母猪生产线提供了健康、体况较好、生产性能较高的经产母猪,经产母猪生产线的疾病压力变小,用于预防保健的药费成本大大降低,整体生产效益得到提高。

6.1.3.2 分胎次饲养的不足

母猪分胎次饲养,也存在一些不足之处,主要有以下几点:

1.猪群防疫压力增大

头胎母猪相对于经产母猪而言,抗体水平较低,更是各种病原的易感群体,分胎次饲养之后,头胎群体受各种病原感染的压力最大,猪群出现问题的概率也最大,猪场的疫病往往多发于这一群体,所以增加了疫病防控的难度。这就要求兽医防疫措施更为严格并要严密监控猪群动态,对可能出现的问题早发现、早处理,只有做好头胎母猪的疾病防控,才能保证经产母猪的生产稳定。

2.配种不均衡

实施分胎次饲养模式,影响后备母猪和头胎母猪利用率的因素较多,也容易影响并导致经产母猪配种不均衡。如后备母猪留种计划不周全、饲养管理不当、生殖道炎症、哺乳阶段护理不到位、断奶后不发情等因素都会影响头胎母猪的利用率,影响经产母猪的更替计划和配种的均衡性。所以对后备母猪的留种、配种及经产母猪的更替,必须有固定的计划,在做计划时应考虑后备母猪的发情利用率、断奶母猪的利用率等因素的影响。

3.猪群容易发生应激

分胎次饲养模式因后备母猪与成年母猪不在同一场,需要频繁地转群,容易引起头胎断奶母猪的应激,增加了母猪的运输费用及运输途中受感染的风险,后备猪进场后有时也带来某些健康上的不稳定因素。

4.程序固定,操作上缺乏弹性

由于分胎次管理是由后备母猪场向所有成年母猪场提供经产母猪,一旦后备母猪场出现健康问题,就会涉及所有成年母猪场,后备母猪短缺是常见的问题,难以满足快速扩群的需要,必须提前做好计划。另外,头胎母猪所生仔猪一般比成年母猪所生仔猪个体小、采食量少,导

致保育及育肥阶段日增重低，从出生到出栏的天数长，把头胎母猪所生仔猪放在一起，在圈舍设计上要留出额外的空间。

6.1.4 我国母猪分胎次饲养技术研究与应用

母猪分胎次管理在我国已有广西农垦永新畜牧公司、河南牧原食品股份有限公司、新希望集团、北京六马养猪科技有限公司、广东中山白石猪场等开始应用。

宋可军和 Joo(2003)翻译了美国谷物协会的专家资料(2002)，指出母猪分胎次饲养是一种提高生产增进健康的可能方法，并对其优点及在养猪生产中的应用进行了探讨。

广东温氏食品集团有限公司营养部的刘春生等(2006)探讨了集约化养猪公司母猪分胎次饲养管理的必要性与可行性，指出按胎次分娩具有明显优势，在集约化养猪公司推广应用是完全有必要的和可行的。

李琼华(2007)报道了广西农垦永新畜牧公司原种猪场自 2005 年实施母猪分胎次饲养取得的效果，结果显示，母猪分胎次饲养可使头胎母猪的配种分娩率提高 1.4%，总产仔数增加 0.6 头，产活仔数增加 0.48 头，哺乳仔猪死亡率降低 0.95%。

吴昊(2008)对母猪分胎次饲养以提高母猪生产性能的可行性进行了研究。将头胎、二胎、三胎母猪分开饲养后进行人工授精，并将头胎母猪后代与二胎以上母猪后代隔离饲养，记录每头母猪年产仔数和地方性肺炎病变等数据。结果显示，头胎、二胎和三胎母猪年提供断奶仔猪数分别为 22.5 头、24.2 头和 22.3 头，不同胎次母猪年提供断奶仔猪为 22.8 头；头胎母猪后代的地方性肺炎病变率为 31%，二胎以上母猪后代的地方性肺炎病变率为 11%，为头胎母猪后代发病率的 1/3。这表明母猪分胎次饲养以提高母猪生产性能是可行的。

赵必迁和周安国(2010)对母猪分胎次饲养的营养需求进行了介绍，指出母猪分胎次生产技术的应用在系统性和方法论上需要进一步研究，才有可能有效指导生产一线。

程静祥(2011)对规模化猪场母猪分胎次饲养进行了探讨，指出实行母猪分胎次饲养对防疫、疫病净化、精细化饲养及超产等都有明显的效果。

郭长义等(2012)对规模化猪场母猪分胎次饲养营养策略进行了分析，指出因母猪在不同胎次的营养需求不同，有条件的猪场可在生产上结合分胎次饲养技术，将母猪群按 1～2 胎、3～5 胎、6 胎以上进行分开饲养，不同胎次采取不同的营养策略，以优化母猪营养供给，确保其高产稳产，提高养猪效益。

吴先华等(2013)对母猪分胎次饲养技术的内容、原理、种类、意义及存在的主要问题进行了详细的介绍，为促进母猪分胎次饲养技术应用于我国生猪产业提供了一定依据。

周泽忠(2016)以阳江某规模化猪场为例，比较了常规饲养和分胎次饲养母猪的繁殖性能，结果显示，常规饲养时，母猪头胎总产仔数为 10.5 头，产活仔数为 9.3 头，仔猪死亡率为 3.17%，母猪配种分娩率为 79.4%；分胎次饲养时，则分别为 11.1 头、9.78 头、2.22% 和 80.8%。可见，母猪分胎次饲养可降低仔猪死亡率，提高母猪繁殖性能。

相对于常规饲养，母猪分胎次饲养可以在不增加任何大的投入的情况下，仅仅靠管理方式和生产工艺的改变，做到大大提高猪群健康水平，降低疾病防治成本和提高生产性能，并最终达到提高猪场经济效益的目的(张敏，2012)。

6.2 母猪批次管理技术

母猪批次化管理是利用现有生物技术，结合母猪繁殖周期理论，根据猪群大小进行批次化生产，达到处于一个批次的母猪同期发情、同期排卵、同期配种和同期分娩的目的。母猪生产批次化管理是一种母猪繁殖的高效管理体系，也是实现猪场全进全出生产模式的关键环节。批次化管理最早源于工业批次化管理，再逐渐磨合转变为母猪等畜禽的生产批次化管理。

在20年前欧洲的家庭农场，平均每个猪场的存栏母猪数量较少，为了一次性获得数量较多的断奶仔猪，发明了批次化生产技术。随着烯丙孕素（四烯雌酮）口服液1985年在英国上市销售，实现了后备母猪同期发情调控，解决了母猪生产批次化的关键技术，之后，随着母猪定时输精技术的发展，使母猪生产批次化更趋完善。2013年以来，猪流行性腹泻（PED）逐渐在全球蔓延而成为世界性流行病，从生产流程上进行技术革新，提高养猪生产效率，降低疾病风险成为养猪业关心的头等大事。全进全出，保育、育肥一体化和批次生产技术被认为是克服目前生产困境、提高生产效率的关键，将重塑养猪行业的流程管理、猪场建设和人员技能要求，批次化生产技术重新引起人们重视（Miquel，2015；张玲清，2016）。

在传统连续式流程生产养殖模式下，采用常规自繁自养的单元生产模式，这种生产模式带来了一些生产的弊端，如猪群整齐度差、免疫合格率低，不同日龄、体重混养在同一栋，共用通风排水系统，疾病传播速度快等。随着前列腺素、PMSG、GnRH和PG600等激素药物的研发，母猪的同期发情、同期分娩等繁殖技术在猪场得以实现，使批次化、全进全出的管理目标成为可能，从而可以将原来连续式管理模式（即每天或每周配种、分娩、断奶和销售）的工作，改为很短的时间内将生产工作间隔分明，且有规则地完成，有利于阻断疾病，同时，母猪生产的批次化管理能够使生产者更有效地组织劳力和物力投入，在提高生产效率、产量的同时实现员工的休假制度（冯迎春等，2017；高勤学等，2017）。

母猪生产批次化技术目前可分法式（包括法国、丹麦、英国和美国等）和德式（包括德国和东欧各国）两种。目前，国内有河南牧原食品股份有限公司、江西正邦科技股份有限公司、广东温氏食品集团股份有限公司、中粮肉食投资有限公司、广西农垦永新畜牧集团有限公司、中山市白石猪场有限公司等企业都在积极进行试验推广并取得了良好效果。

6.2.1 母猪生产批次化管理的主要内容

母猪生产批次化又称批次管理体系（batch management system，BMS）是根据母猪规模按计划分群并组织批次生产，一批次即一群猪，实行“全进全出”的生产管理模式，同一批次的母猪同时断奶、配种和分娩，不同批次的母猪之间无直接交流，是一种母猪繁殖的高效管理体系（Suls，2009）。

孕酮是促使母猪发情的一种类固醇类性激素，它的作用可被模拟孕酮分泌的合成类激素所终止，从而延续发情周期，直到经产母猪或青年母猪在发情时间上处于同一阶段，此时一旦停止用药，种群内处于发情周期同一阶段的所有母猪就可以开始发情。这种合成类激素仅仅是抑制发情，当发情一旦启动，它就不起作用。生产中可以采取每天用喷雾器以喷射方式在母猪或青年母猪群中添加合成类孕酮，在停止喷雾后受此处理的猪群同时发情，这样即可建立一个同时进入繁殖周期的母猪群从而采用批次化管理(林新仁等，2013；刘远佳，2017；孙华伟等，2017)。

目前，批次化生产主要有两种类型，一种是以法国为代表的法国式批次化生产技术，其核心是使得母猪的发情周期同步化。后备母猪采用饲喂烯丙孕素 18 d，然后采用公猪诱情的方式判断母猪是否发情，而经产母猪则利用统一断奶的方法来达到同步化的目的，不用激素处理，这种批次化对母猪的状况、环境和人员有较高的要求(虞志军，2017；张亮等，2017)。另一种是以德国为代表的德国式批次化生产技术，其过程包括母猪定时输精技术和定时分娩技术，该方法流程简单，生产更加可控，执行力强，是我国猪场实施批次化生产的主要方向，下面对德国式批次化管理的主要技术内容(翁士乔等，2017)作一简要介绍。

6.2.1.1　定时输精技术

定时输精(timed artificial insemination, TAI)是通过注射外源激素，人为调控母猪性周期，使之在预定时间内集中发情、排卵和配种的一项繁殖技术。定时输精技术又可细分为性周期同步化、发情同步化(卵泡发育同步化)、排卵同步化和分娩同期化技术。

性周期同步化作为生物技术管理办法，是批次化管理的基础，可以对母猪群进行高效的分批管理从而提高猪场的生产效率。不同阶段的母猪性周期同步化采用的方法不同，经产母猪可以通过仔猪断奶实现性周期同步化。母猪在哺乳期间高浓度的促乳素(prolactin, PRL)抑制了下丘脑促性腺激素(gonadotropin releasing hormone, GnRH)的释放，仔猪 21～28 日龄断奶后，由于没有了仔猪对乳头及乳房的强烈刺激，母猪体内 PRL 浓度迅速下降，解除了对 GnRH 释放的抑制作用，下丘脑开始有节律地释放 GnRH，恢复性周期。后备母猪是在饲料中按 20 mg/头的剂量添加四烯雌酮饲喂，1 次/d，持续饲喂 18 d。四烯雌酮具有抑制性周期活动的功能，每天口服，相当于使母猪处于性周期的黄体期，抑制了母猪发情，而停喂后，母猪便开始重新启动性周期，从而使母猪群处于相同的繁殖生理状态，达到发情周期的同步化。

卵泡发育同步化是定时输精的前提。卵泡发育受到母猪体内激素的精确调控，后备母猪在达到初情期时，卵巢变得对促性腺激素非常敏感，在下丘脑分泌的 GnRH 调节下，卵泡开始发育。经产母猪在哺乳时，由于高浓度的 PRL 使卵泡的发育受到抑制，只形成 1 个由 30～50 个直径为 2～4 mm 卵泡组成的卵泡波，但并不发育，断奶后没有仔猪的饮吸刺激，PRL 浓度下降，激活下丘脑释放 GnRH，促进垂体前叶分泌促卵泡素(follicle stimulating hormone, FSH)和黄体生成素(luteinising hormone, LH)，卵泡开始发育。孕马血清促性腺激素(PMSG)具有 FSH 和 LH 的双重作用，在畜牧生产中被广泛应用于发情排卵调控，可以通过注射 PMSG 调控母猪的卵泡发育同步化。经产母猪在断奶后 24 h 按 1 000 IU/头的剂量注射 PMSG，后备母猪在停喂四烯雌酮 42 h 后按 800 IU/头的剂量注射 PMSG 以促进卵泡发育。一般情况下，经产母猪的断奶后发情时间范围为断奶后 1～7 d，经同步化处理后可以使大部分母猪的发情时间集中在断奶后第 5 天(图 6-3)。

排卵同步化也是定时输精的基础。在自然状态下，随着卵泡的发育，由卵泡分泌的 E_2 浓度迅速上升。在 E_2 的反馈调节下，下丘脑 GnRH 和垂体 FSH 的分泌减少，而一些优势卵泡由于高浓度的 E_2 和表面 LH 受体的增加而继续发育。在卵泡发育到一定大小后，体内 LH 出现峰值，与 FSH 协同作用，促进排卵发生。LH 的分泌受到下丘脑 GnRH 调控，注射外源 GnRH 可以有效提高 LH 分泌，促进优势卵泡的最后成熟和排卵，达到排卵同步化。在实际操作中，在用 PMSG 促进卵泡发育后，虽然卵泡发育比不用 PMSG 更集中，但为实现定时输

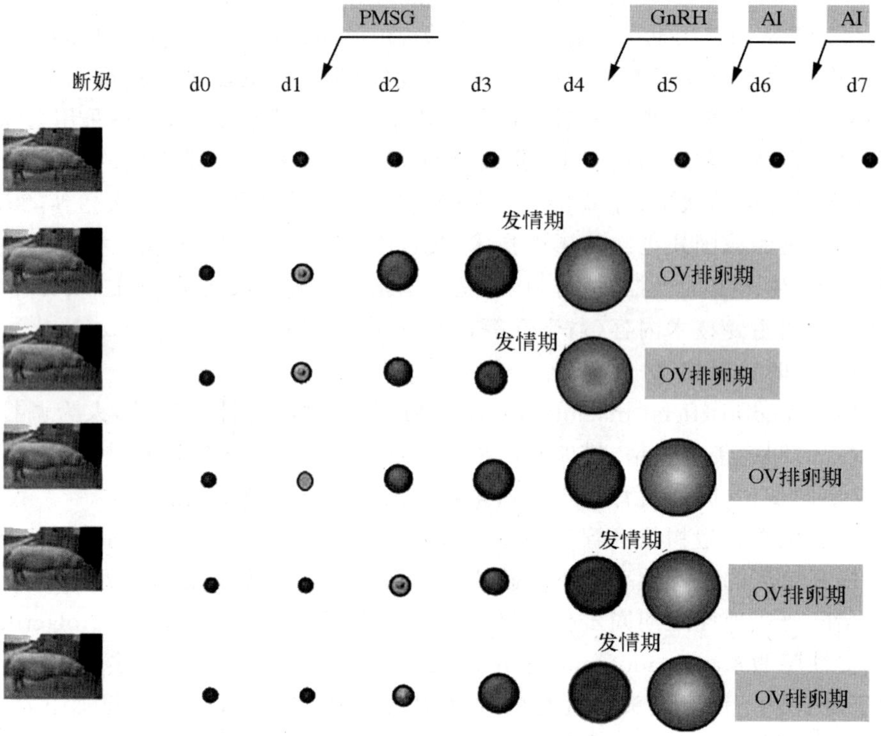

图 6-3　母猪卵泡发育、发情及排卵模式

精，有必要使用促排卵药物，促进卵泡的最后成熟和集中排卵。后备母猪在注射 PMSG 后 78～80 h 使用促排药物，经产母猪在注射 PMSG 后 72 h 使用促排药物，排卵发生在注射促排药物后32～37 h，排卵持续 2～6 h。

配种的同步化是按照排卵时间来确定的，排卵时间的同步化使得配种同步化成为可能。利用 GnRH 处理母猪可以有效控制母猪的排卵时间，从而能够推算出最佳的输精时间，使母猪群配种同步化。在注射 100 g GnRH 后，开始排卵的时间为注射后 32～40 h，排卵持续时间 2～6 h，卵子维持受精能力的时间为 24～48 h，精子维持受精能力时间 8～12 h。因此，在注射 GnRH 后 24 h 进行第一次输精，38～40 h 进行第二次输精是最佳时间。输精时在每份精液中直接加入 10 IU 缩宫素，轻摇 3～5 次后马上输精可以提高初产母猪和高温季节时母猪的受胎率。在定时输精过程中，发情鉴定和公猪诱情也是必需的，虽然大部分母猪可按程序输精，少部分母猪还需根据发情鉴定情况调整输精时间（盖德，2015）。定时输精的技术流程见图 6-4。

6.2.1.2　定时分娩技术

为了猪场能够更好地实施批次化管理，要对母猪分娩进行同步化处理。母猪妊娠期的变化范围在 110～120 d，间隔时间长、产仔时间不确定等因素使得接产工作和仔猪的寄养较为困难。因此，如果对某一分娩批次的母猪进行批次化管理，就要先想办法将该批次母猪的分娩时间大部分集中在 115 d，在母猪 114 d 还未分娩时，可以根据母猪情况按 0.1～0.2 mg/头注射 $PGF_{2\alpha}$ 或类似物进行诱导，在诱导 24 h 后注射 20～50 IU 催产素可缩短母猪产程和产仔间隔，从而实现集中分娩。

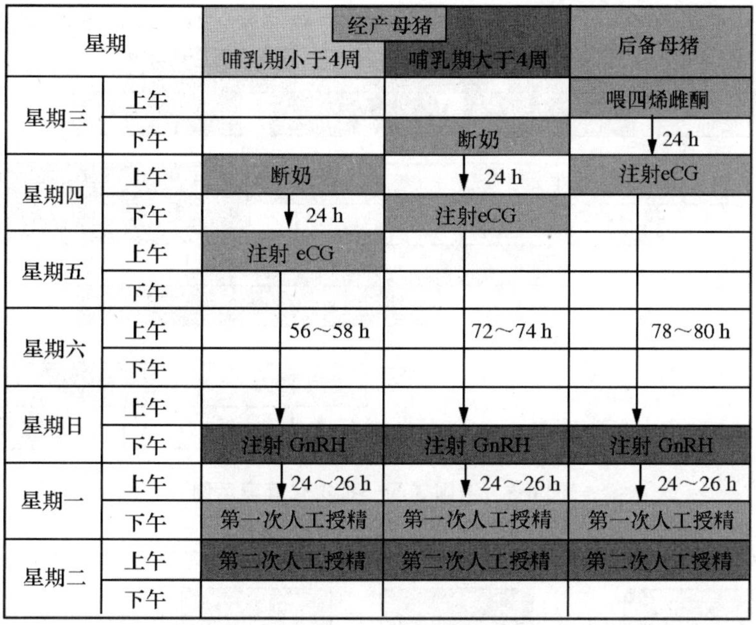

图 6-4　母猪定时输精技术流程

6.2.2　批次管理的参数确定

6.2.2.1　批次间隔及技术参数设定

猪场的生产批次取决于两个因素，一是母猪生产周期的长度即理论循环周期，另一个是每两个生产批次之间的间隔时间即批次间隔。

通常所说的几周批次即指批次间隔，即将同一种生产事件（如分娩、断奶或配种）的二次重活动分开的天数（即介于以上二次分娩、断奶或配种之间的时长），批次间隔及理论循环周期按如下公式计算：

批次间隔＝理论循环周期/批次数量

理论循环周期＝妊娠天数 ＋ 哺乳天数 ＋ 第二次发情间隔

表 6-2 列出了法国目前采用的 20 日龄和 26 日龄断奶的理论循环周期。

表 6-2　母猪批次化管理理论循环周期

妊娠天数/d	断奶日龄/d	第二次发情间隔/d	理论循环周期
114	20	6	140 d(20 周)
114	26	7	147 d(21 周)

不同的批次管理系统，适用的猪群规模及基本参数等有所不同（图 6-5、图 6-6，表 6-3、表 6-4），在设计批次化管理时要结合猪场规模大小及技术水平等因素选择不同的批次间隔，以达到真正提高栏舍利用率和真正的全进全出而提高猪群的健康程度，改善整个养殖大环境，否则，可能会起不到实际的效果甚至适得其反。

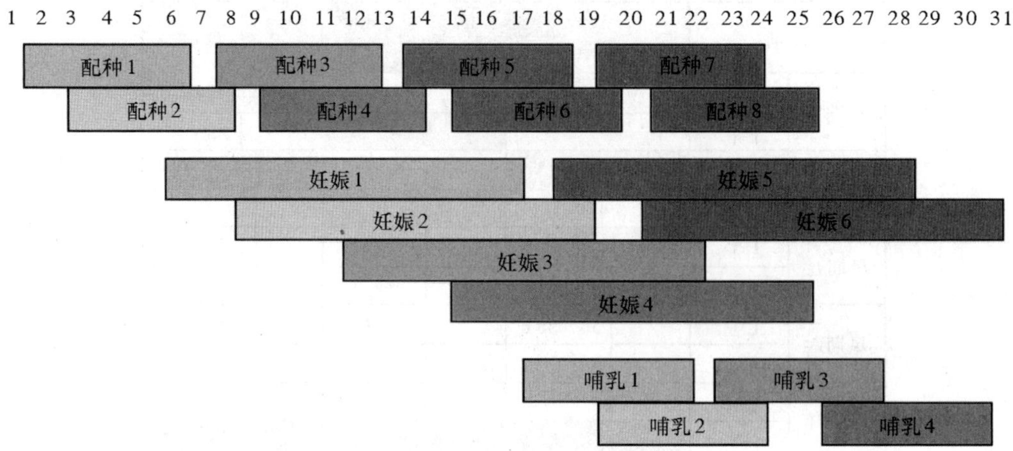

图 6-5 法国3周一批次化管理示例

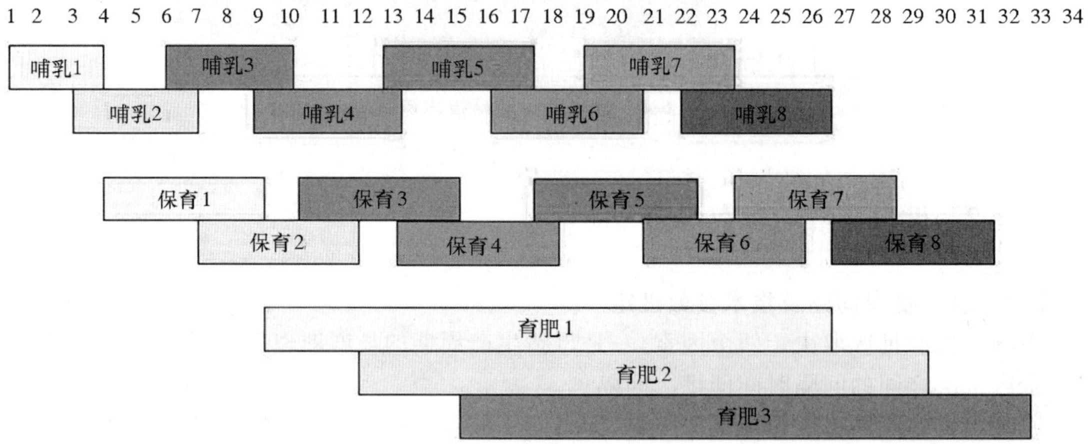

图 6-6 法国3周一批次28日龄断奶示例

表 6-3 批次间隔的确定

批次类型	3 d一批次	1周一批次	3周一批次	4周一批次
适用规模*	≥1 200头	500～1 200头	100～500头	≤100头

注:适用规模指猪场的经产母猪头数。

表 6-4 批次生产的基本参数

指 标	参数值	指 标	参数值
平均断奶日龄/d	28	保育仔猪成活率/%	95
断奶至配种平均间隔/d	8	育肥猪成活率/%	97
空栏消毒时间/d	7	保育猪转出日龄/d	84
配种分娩率/%	85	商品猪出栏日龄/d	170
种猪年更新率/%	30	后备猪初配日龄/d	230
产房仔猪成活率/%	95		

6.2.2.2 批次生产各阶段猪群数量的计算

以1 000头母猪自繁自养，年出栏2万头的猪场按1周一批次生产为例，一般安排4～5个车间（配种车间、妊娠车间、产仔哺乳车间、断奶仔猪保育车间），各阶段猪群的计算如下：

年产胎次：365/[(114+28+8)×85%+(114+28+8+7)×15%]=2.42胎

一年可生产批次：365/7=52批

一周批次分娩胎数：(1 000×2.42)/52=47胎

一周批次断奶仔猪数：47×10×95%=446头

一周批次保育下床数：446×95%=424头

一周批次配种母猪数：47/85%=55头

一周批次补充后备母猪数：(1 000×30%)/52=6头

6.2.2.3 批次生产各阶段猪群栏位数计算

公猪栏：生产公猪24头，后备公猪8头(24×30%)，共32个单栏，另加2个备用栏，共需34个公猪栏。

妊娠母猪限位栏：每周配种55头，占栏时间4周，需220个限位栏。

后备母猪栏：母猪按30%淘汰率，选留率75%，每周需后备母猪6头，占栏时间17周，需养后备母猪102头，每栏6头，需17个大栏。

产床数量：母猪在栏时间35 d(提前7 d进入产仔车间，哺乳28 d)，断奶后仔猪留原圈饲养7 d，空圈消毒7 d，产床利用7周，需要7个单元，47产床/单元，需产床329个。

保育栏数量：保育猪养56 d，空圈消毒7 d，保育栏利用9周，需要9个单元，22栏/单元，1窝/栏，需保育栏1 782个(盖德，2015)。

6.2.3 批次管理注意事项

在母猪的批次生产管理实践中，应注意以下几点：①配种率控制。采用批次化管理必然涉及计算标准的问题，一般来讲批次化管理的配种率以88%作为标准，好的可达90%。与传统的配种率相比，配种率并没有提高多少，但批次化管理的优点是可以避免配种率忽高忽低，一旦采用批次管理，必须保持恒定的配种率，否则后面的生产管理就容易失控。②配种时间段把控。在连续性生产体系中，每天查情配种，因此一批断奶母猪如果10 d内没有配完，可以等到下一个情期再配。采用批次化管理后，要求发情配种按批次化控制在1个周期内完成，超期者淘汰或激素处理后进入下一批。③猪舍温度管理。在夏季或冬季采用批次管理时，要加强公猪舍的温度管理，保障公猪精液质量，克服季节对配种的影响，提高配种效率。

6.2.4 批次管理的优、缺点

6.2.4.1 批次管理的优点

母猪的批次化管理集成了同期发情、定时输精、同期分娩、栏舍设计等系列技术，有专家认为它将是今后10年国内养猪业最重要的技术集成之一。通过批次管理，可将种猪群系统化，改变原有的几乎每天都有配种、分娩和断奶等工作，使这些工作相继在1个周期内依次完成，对提高猪场工作效率和生产水平具有重要现实意义。与常规的连续生产相比，批次管理具有以下主要优点（Bown，2006；黄瑞华，2013；刘自奎，2017）：

1.提升猪场内部生物安全水平，提高猪群健康度

批次生产可真正实行“全进全出”模式，同一批猪达到日龄均衡、健康情况均衡和个体大小均衡，按日龄分批饲养，有利于减少批内仔猪日龄差异，方便组内交叉寄养，减少疾病传播。其次，批次生产使得在连续生产基础上监控饲料和水耗成为可能，因此饲料和饮水消耗模式的变化也变得显而易见，这种变化能够对疾病暴发有预警的作用，以便及时发现问题并采取有效防治措施。猪只按日龄分批单独饲养，前后批次之间空栏一周，栏舍空置，猪群转移，清洗消毒，杜绝了产房的致病病原传播给下一批次，防止交叉感染。另外，连续生产的猪群日龄相差较大，断奶猪有的甚至相差10 d以上，日龄小的仍然有较高的母源抗体，从而对疫苗免疫形成干扰造成免疫失败，日龄较大的猪只因无抵抗力易受病原的感染出现隐性感染或临床症状，是水平传播的来源。批次生产因同一批猪日龄相近，猪只免疫状态相同，可降低母源抗体对疫苗免疫的干扰，防止免疫失败，提高疫苗免疫效果。批次管理后，各栏舍之间是一个整体，并且遵循生物安全顺序，必须按照生物安全级别由高到低的顺序进入生产区，即母猪场配种舍、妊娠舍和产房为第一区，保育舍和育肥舍为第二区，工作人员只可以从第一区到第二区，顺序不可逆。

国外实践证明，批次化管理系统是引导猪场达到一个更高健康水平的方法。在比利时，一些猪场从传统饲养方式转变为4周一批次管理系统，严格按日龄分组区别饲养，严格全进全出操作，结果快速降低了猪场猪只的感染压力，特别是呼吸系统疾病的感染压力，生产成绩显著改善。Vangroenweghe等（2012）分析了比利时10个猪场由单周批次转变为4周批次管理体系对不同猪群健康水平的影响，结果实行4周批次管理体系降低了猪只患胞内劳森菌（*Lawsonia intracellularis*）、猪肺炎支原体（*Mycoplasma hyopneumoniae*）和胸膜肺炎放线杆菌（*Actinobacillus pleuropneumoniae*）疾病的比例。

2.生产体系优化，评判标准量化统一

传统的生产管理模式由于受品种、营养、季节、胎次、环境等因素的影响，无法实现有计划均衡生产，不利于设施设备的充分利用。实施批次化管理后，可充分发挥现有设施设备，实现产能最大化；每周配种情况，妊娠检查情况，空、返、流情况，下一周预产猪数量等信息可以准确把握，方便监控管理，确保配怀舍和分娩舍猪群顺利周转，准确预知断奶仔猪数；批次生产可生产日龄相近的猪只，同一批猪抗体水平、健康情况、个体大小均衡，可以确保温湿度、营养、密度等的合理提供，猪只采食量、饮水量的统计能准确反应猪群的实际表现，可精准监控猪群的实际生产水平；通过大数据管理和数据分析可暴露出生产中的关键问题，及时发出指令、及时处理。按照猪场批次化生产模式的要求能将复杂问题简单化，能将每天的烦琐行为批次化、同一化和标准化，即每天或每次生产行为都在干同样一件事，能及时发现和反馈生产中的关键问题。

3.提高劳动效率，使规模化生产的繁重工作变得简单高效

与传统的连续生产方式相比，采用批次生产后能更有效地使用劳动力，员工对工作的满意度更高，工作效率也更高。使用批次化管理系统，每头母猪每年所占用的工时并没有多大改

变,然而相同工时的生产效率却更高。在连续生产中,有时配种、分娩和断奶要在一天进行,而批次生产与此不同,没有交叉作业,批次生产系统使从事分娩和断奶后管理的工作人员有更多的时间专注这两个关键阶段,使用一周一批次或多周一批次管理,不再需要同时进行多项工作,而是集中在某个主要工作上面,将每一批次的工作安排在特定时间,可以合理安排每一名员工的工作量及工作任务,固化员工每一天的工作事项,提高员工工作效率。

4.实现规模生产、规划生产和批次生产,应变市场价格波动能力优化

批次生产使对仔猪进行交叉寄养或交换有更多选择,每批仔猪以更均匀的速度生长,使达到屠宰时的猪群更一致,有利于实现标准化规模生产。另外,传统持续性生产应对猪市场行情的能力较差,而批次生产模式对全年生产做好了计划,可实现批次断奶、批次发情、批次配种、批次分娩和批次哺乳,能在可预见未来的猪市行情做出提前调整,应对市场行情价格变化的能力增加,可防止在高价格时无猪出栏、低价时生猪爆栏的情况。

6.2.4.2 批次管理的不足

欧美等国的批次化管理模式在工业上较为成功,但对于养猪业而言,有其不足与局限(Bown,2006;黄瑞华,2013;刘自奎,2017),主要体现在以下几点:

1.管理人员需要通力配合及决策力

批次生产模式的运用首先需要管理人员从理念上对该模式非常认可,对批次生产流程要有很好的理解,能够严格执行事先制定的计划,同时批次生产模式的应用更多地需要执行者的通力配合及正确决策。

2.生产设备有所增加,要求更高

与传统连续式生产模式相比,批次生产按照流水线式生产,母猪循环利用频率变快,产床、通风控制设备、猪舍面积等有所增加,同时对设备设施的要求也更高,最好配备智能自动饲喂系统、小环境自动控制系统及母猪发情自动检测识别系统等人工智能系统以减少人为因素的干扰。

3.母猪、公猪淘汰率有所增加

由于母猪、公猪循环使用率增加,每批次的工作也相对较为集中,要求公猪、母猪的生产性能要保持最佳状态,与传统连续式生产相比,母猪、公猪的淘汰率有所增加。

4.配套技术要求较高

批次生产中需要同期发情技术、定时输精技术及同期分娩等技术,技术环节多、要求相对较高,对技术人员要求较高,需要能够较为娴熟地运用这些技术。

6.2.5 我国母猪批次管理技术的研究与应用

母猪批次管理技术在欧美等养猪发达的国家已实施多年,并为其养猪业带来了巨大的经济收益。我国养猪业在改革开放40年来得到了快速发展,传统持续性生产模式是我国绝大部分猪场使用的模式,在带来效益的同时也不断凸显弊端。面对国际上规模养猪业已步入流程化管理、工业化生产的发展形势,我国生猪规模养殖将面临技术与管理的双重压力。近年来,我国部分猪场已开始采用批次生产技术来管理母猪的繁育(张建松,2017)。母猪批次管理技术也引起了国家的重视,以母猪定时输精技术为基础的母猪生产批次管理技术列为科技部"十

三五”重点专项研究的内容。目前，除温氏、牧原、中粮以及特驱等一些大型养猪企业正在尝试利用母猪批次管理技术外，湖北、河南、江西等省的规模猪场亦有意尝试这一新技术。如宁波三生生物科技有限公司（简称三生公司）推出的激素在批次生产中的应用，上海宜法农牧推出的可视化管理与批次生产体系方案等，这些工作对将母猪批次管理技术推广应用于我国养猪生产中起到了很好的推动作用。

2011 年，三生公司从国外资讯获悉，为了实现母猪生产批次化管理，德国高水平的养猪企业广泛采用母猪定时输精技术，但国内猪场知之甚少。该公司组织以翁士乔为首的专家团体远赴德国考察定时输精技术的应用情况，并酝酿在国内猪场推广定时输精技术，让更多猪场享受到母猪批次管理带来的效益。之后，三生公司联合国内专家团队正致力于建立和完善一套适合我国猪场且行之有效的母猪定时输精程序，使母猪批次管理技术能够更好地应用于生产实践（满少鹏和赵黎，2017）。

洪国华等（2013）介绍了批次生产在养猪生产中的优势，指出批次生产可有效促进猪场走向系统化、规范化道路。

刘学淘等（2015）对批次生产关键技术进行了探讨，指出在当今中国疾病复杂的情况下，只有批次生产，采用全进全出的饲养模式，才能有效规避规模养猪的疾病风险，实现健康高效养猪。

党龙等（2016）以江西某大型规模猪场为例，探讨了现代化猪场的批次生产与可视化管理体系及其应用效果，结果显示，实施批次生产和可视化管理 1 年后，母猪配种分娩率提高了 20%左右，返情率降低了 8%，空怀率降低了 12%，7 d 发情率提高了 13%，同时后备母猪利用率提高了 13%；另外，产房内仔猪成活率提高了 6%，保育舍内仔猪成活率提高了 4%，非生产天数降低了 49 d。

吴俊辉等（2017）从母猪的性周期同步化、卵泡发育同步化、排卵同步化和配种同步化 4 个方面介绍了母猪定时输精技术与原理，并结合当前我国猪场生产模式存在的一些问题，简要介绍了猪场批次化管理的流程和导入方式，为定时输精和批次化管理技术应用于养猪生产提供了一定的参考。同年，邱河辉等以福建某种猪场的扩繁场为例，探讨了实施批次生产与可视化管理，结果显示，断奶后 7 d 发情率从 85%提高到 92%，母猪分娩率从 83%提高到 87%左右；产房的仔猪成活率在原先的 92%基础上进一步提高，而且断奶仔猪的均匀度和断奶重均得以改善；保育舍成活率由 27 周的 93%上升到 47 周的 95.5%，每周死亡数有所下降，选育舍成活率从 27 周的 92%提高到 48 周的 98%。冯迎春等对母猪场大批次生产的设计与实践进行了探讨，指出对于一个 500 头规模以下的猪场，大批次生产体系是一个不错的选择。张建松对雏鹰农牧集团采用的母猪批次管理生产模式进行了分析和探讨，并建议有条件的猪场可以尝试采用批次生产技术来提高养猪效益。

张锁宇等（2018）对批次管理体系进行了深入分析，结果显示，由单周批次管理体系转变为 4 周批次管理体系后，母猪繁殖性能会出现不同程度的下降，产活仔数、断奶仔猪数和 21 日龄窝重分别降低 0.51 头、0.61 头和 10.13 kg。同年 6 月 14—15 日，2018 年（第三届）国际畜牧业创新论坛暨母猪生产批次化管理峰会于宁波召开，会议上，全国定时输精协作组组长田见晖和副组长翁士乔分别围绕“养猪业迎来母猪批次化生产技术”和“母猪生产批次化的繁殖效率”

的主题做了报告。另外，三生公司养猪事业部技术总监杨远荣女士和广西鑫垚农牧有限公司林晓先生结合批次化生产的实际应用，分享了他们对批次化生产的实施体会。

目前，母猪批次管理技术在我国养猪生产中总体尚处于起步阶段，相关研究和应用较少，仅一些大型养猪企业在尝试实行这一技术，通过母猪生产批次化，实现全流程多环节批次化高效生产，推动养殖业工业化生产和精细化管理业态变革，有效规避重大疫病交叉传染风险，也为疫病净化创造条件，有助于告别劳动密集、生产内容无法预知、工作安排不可控、人与动物福利无法兼顾等经营管理状态，有利于实现技术与管理水平的双重提升，大幅提高我国养猪业生产效率和国际竞争力。

参考文献

程静祥．规模化猪场母猪分胎次饲养之探讨[J]．猪业科学，2011，28(1)：104-105.

党龙，韩玉帅，邱河辉，等．现代化猪场的批次生产与可视化管理体系的建立与应用[J]．猪业科学，2016，33(9)：112-114.

冯立婧，苏党林，杨玉坚．分胎次饲养技术[J]．今日养猪业，2013，2：3-5.

冯迎春，刘志强，王帅．母猪场大批次生产的设计与实践[J]．猪业科学，2017，34(2)：120-123.

盖德(英)．现代养猪生产技术[M]．周绪斌，张佳，潘雪男，译．北京：中国农业出版社，2015：132-163，389-394.

高勤学，杨文科，李虎生．批次化生产导入及效果评价[J]．猪业科学，2017，34(1)：48-50.

郭长义，谭会泽，邹仕庚，等．规模化猪场母猪分胎次饲养营养策略分析[J]．养猪，2012，3：33-34.

何若钢，张文明，邓志欢，等．分胎次饲养技术试验研究[J]．猪业科学，2008，25(11)：84-86.

洪国华，柯芙容，林国忠．批次生产——猪场新的选择[J]．猪业科学，2013，30(11)：106-108.

胡燕蓉．母猪分胎次饲养技术[J]．畜禽业，2014，5：36-37.

黄瑞华．健康养猪之猪场科学规划与设计的工艺比较[J]．猪业观察，2013，6：13-15.

李琼华．广西农垦永新原种猪场实行母猪分胎次饲养的经验[J]．养猪，2007，3：78.

林新仁，林国忠，李军山．探讨猪“全进全出批次式”现代化新管理模式[J]．国外畜牧学(猪与禽)，2013，33(3)：70-74.

刘春生，邓跃林，刘文宽．集约化养猪公司分胎次饲养管理的必要性及可行性分析[J]．广东饲料，2006，15(4)：22-23.

刘学陶，孙群超，龙迪银．批次生产之猪场应用[J]．养殖与饲料，2015，1：23-26.

刘远佳．猪场批次化管理生产系统的应用[J]．猪业科学，2017，34(6)：24-25.

刘自逵．批次化生产模式的优与劣[J]．猪业科学，2017，34(1)：46-46.

满少鹏，赵黎．宁波三生：批次化管理助推养猪工业化[J]．今日养猪业，2017，5：56-60.

邱河辉，党龙，江宝堂，等．批次生产与可视化管理在猪场的应用[J]．猪业科学，2017，34(1)：58-60.

任巧玲．浅析母猪分胎次饲养新技术[J]．中国畜牧兽医文摘，2010，3：24-25.

宋克军,Joo H S. 分胎次饲养:一种提高生产增进健康的可能方法[J]. 国外畜牧学(猪与禽),2003,23(1):25-27.

孙华伟,张小飞,张敬峰,等. 猪场批次生产的管理要点与分析[J]. 猪业科学,2017,34(2):118-119.

翁士乔,裘永浩,崔贞亮,等. 德式母猪生产批次化技术流程管理[J]. 今日养猪业,2017,2:35-37.

吴昊. 集约化养猪分胎次饲养管理分析[J]. 安徽农业科学,2008,36(26):11350-11351.

吴俊辉,翁士乔,刘艳婷,等. 母猪定时输精与批次化管理[J]. 猪业科学,2017,34(1):52-54.

吴先华,吴晓珊,徐雯,等. 国内猪场母猪分胎次饲养新模式[J]. 中国猪业,2013,8(5):58-60.

虞志军. 法国养猪批次化管理[J]. 今日养猪业,2017,3:85-87.

张建松. 雏鹰养殖3.0模式下的批次生产[J]. 国外畜牧学(猪与禽),2017,37(9):92-95.

张亮,朱丹,潘红梅,等. 北美母猪的定时输精和批次化管理研究进展[J]. 上海农业学报,2017,6:118-122.

张玲清. 猪场的批次管理——现今养猪生产唯一实用的生产方式[J]. 国外畜牧学(猪与禽),2016,36(12):8-9.

张敏. 猪分胎次饲养模式的利与弊[J]. 农业技术与装备,2012,11:59-60.

张锁宇,张哲,李秋梦,等. 杂谈猪的遗传改良——冻精与批次分娩对大白猪繁殖性状遗传参数估计或繁殖性能的影响[J]. 中国畜牧杂志,2018,54(1):151-155.

赵必迁,周安国. 母猪的分胎次饲养技术及营养需求研究进展[J]. 养猪,2010,6:19-21.

周泽忠. 阳江某规模化猪场推行生猪健康养殖的实践分析[J]. 广东饲料,2016,25(10):42-44.

Bown P. Advantages and disadvantages of batch farrowing [J]. In Practice, 2006, 28(2): 94-96.

Miquel C. Batch management: the only option to produce today [J]. International Topics, 2015, 30 (1): 11.

Suls L. Batch management production systems [J]. Pig Progress, 2009, 25(5): 29-31.

Vangroenweghe F, Suls L, Van Driessche E, et al. Health advantages of transition to batch management system in farrow-to-finish pig herds [J]. Veterinarni Medicina, 2012, 57(2): 83-91.

第 7 章

地方猪遗传资源发掘、保护与利用

本章内容提要

开展地方猪遗传资源的发掘、保护和利用对我国养猪业可持续发展具有重大的战略意义。20 世纪 70 年代后期以来，我国先后开展了两次全国性畜禽遗传资源调查，较为系统地掌握了我国猪遗传资源状况；DNA 标记等遗传多样性评估技术应用、保种理论与技术的完善为地方猪种保护提供了有力支撑；相关法规体系的建立健全、保种名录优化及保种场(区)建设等系列举措有效促进了地方猪资源保护；针对市场需求和地方猪种质特性，开展了形式多样的选育利用。80 年代以后，我国猪新品种(品系)培育目标与时俱进，逐渐由肉脂型转向瘦肉型。1996—2018 年，利用地方猪种先后育成了 16 个新品种、8 个配套系。在资源评估、发掘、保种基础上开展多样化利用，必将有力地促进地方猪种保护与利用的良性互动。

我国多样化的生态地理条件和悠久的养猪历史孕育了丰富的地方猪种资源。根据 2007 年联合国 FAO 的数据显示，我国共有地方猪种 114 个(包括台湾省的 6 个猪种)，约占全球现有猪种资源的 1/3(联合国粮食与农业组织，2007)。这些地方猪种普遍具有肉质优良、抗逆性强、耐粗饲等优良特性，且各具特色，是我国养猪业可持续发展的重要种质基础，对国内外优良猪种的育成也做出了重要贡献。包括猪种遗传资源在内的畜禽遗传资源是生物多样性的重要组成部分，是维护国家生态安全、农业安全的重要战略资源，是畜牧业可持续发展的重要物质基础。

我国养猪界一直都十分重视地方猪种资源的发掘、保护与利用工作，改革开放以来，随着外国猪种的大量引入，在单纯追求高产高效的市场背景下，为数不多的瘦肉型猪品种在养猪生产中占据了支配地位，我国地方猪遗传资源的保护与利用遭遇着严峻的考验。近年来，我国通过建立和完善相关政策法规，加强地方猪遗传资源的保护体系建设，创新保种技术和利用方式等途径综合进行地方猪遗传资源的发掘、保护和利用，在地方猪遗传资源调查、种质特性研究、保种体系建设及多样化利用方面开展了大量富有成效的工作，为促进我国地方猪遗传资源的保护与利用提供了有力支撑。

7.1 地方猪遗传资源调查与发掘

猪种的形成和演化与自然环境、社会经济和文化背景有密切的关系。因此，特定品种都具有明显的地域性，地方猪种的普查与发掘就是从品种的产地着手，在调查分析品种形成的诸多因素中逐步深入的(王林云，2012)，包括：①摸清品种的产地和数量，即中心产区和分布地区、范围、数量，特别是公母猪的数量。②了解产地的自然生态条件，即调查产地特别是中心产区的自然生态条件(如温度、湿度、降水量、气压、光照等)及其对猪种形成的影响。③调查农业生产条件和耕作制度，即调查产区特别是中心产区的农业条件、耕作制度、饲料条件和饲养习惯等对猪种形成的影响。④了解产地的民族生活习惯和要求，以及地域文化的民族渊源对猪种形成的影响等。

7.1.1 地方猪遗传资源调查

中华人民共和国成立以来，我国政府十分重视地方猪种资源的调查与发掘工作。20世纪50年代开始在全国范围内组织大量的人力，投入大量财力、物力开展畜禽品种的普查工作，发现了包括猪在内的数以百计的地方畜禽遗传资源。

为了摸清我国猪种资源状况，曾数次组织力量对全国猪种资源进行了普查。1953年，中国畜牧兽医学会组织有关专家制订了《全国各类家畜品种调查提纲(草案)》。1954—1956年，由各地区畜牧兽医主管部门、科研单位和农业院校协作，开展了部分地方优良家畜的调查，编写了《祖国的优良家畜》(Ⅰ～Ⅳ集)。这次调查的地方猪种有：东北地区的民猪，华北地区的定县猪、项城猪，华东地区的金华猪、龙游乌猪，华中地区的宁乡猪、大围子猪、沙子岭猪，西南地区的内江猪，华南地区的梅花猪(归属于大花白猪)等。1960年，中国农业科学院畜牧研究所在有关省、市、自治区对畜禽资源调查的基础上，编辑了《中国猪种介绍》第一集，汇编了全国35个优良地方猪种。根据1972年9月召开的全国猪育种科研协作座谈会建议，由中国农业科学院、上海市农业科学院和北京市农林科学院主持，于1973年组织全国有关单位，再次对全国猪种资源进行了调查，对一些“同种异名”的猪种，在调查研究的基础上进行了归并和重新命名，依此编辑了《中国猪种》一、二集，汇集了全国17个优良猪种。1976年，农业部将畜禽品种资源调查列为重点研究项目，由中国农业科学院组织14个省、自治区、直辖市进行了部分家畜家禽的试点调查，为在全国范围内开展调查取得了初步的经验，1979年4月，在湖南长沙召开了全国畜禽品种资源调查会议，会后29个省、自治区、直辖市均按全国统一的调查提纲，开展了大规模系统、全面的畜禽品种资源调查。

在发掘我国地方猪种资源的初期，往往是以行政区划命名地方猪种的，在初步调查的基础上，根据来源、体型外貌、生产力方向、生长发育和生产性能整理归并，解决异名同种问题，统一命名。猪种资源发掘是一项长期持续的工作，1950年以来共发掘129个地方猪种，不断发掘出诸如贵州的剑河白香猪、山东的里岔黑猪等优良地方猪种。在猪种资源调查中，发掘出了一批地方品种，研究解决了大部分地区的“同种异名”和“同名异种”问题，为进一步保存、开发和合理利用猪种资源，科学开展品种区划和品种改良工作奠定了良好的基础(王林云，2012)。与此同时，猪种选育提高作为发展养猪业的重要举措，引起了党和各级政府的高度重视。

在前期工作基础上，改革开放以来我国又进行了多次猪的品种资源普查。其中，1979—1984年开展的规模空前的猪品种资源调查，基本摸清了我国猪种资源的家底，对原有的100多个地方猪种经整理归纳，仍有76个猪种之多。1986年出版的《中国猪品种志》共收录了66个品种，其中地方品种48个、培育品种12个、引入品种6个（中国家畜家禽品种志编委会，1986）。1995年又做了补充调查。

农业部在2002年开展试点的基础上，于2006年5月启动了我国第二次全国性的畜禽遗传资源调查工作，进一步全面系统地掌握了我国猪遗传资源的最新状况以及30年来的重要变化，进一步解决了部分地方猪种"同种异名"或"同名异种"的问题，发现了一些地方猪种具有较高的肌内脂肪含量（如山东的莱芜猪，云南的高黎贡山猪、滇南小耳猪、大河猪和撒坝猪等）（王林云，2012）。在这次资源调查基础上，全国畜禽遗传资源委员会于2011年组编出版的《中国畜禽遗传资源志・猪志》收录了100个品种，为了解品种数量和生产性能动态变化，科学开展地方猪遗传资源的保护与利用奠定了重要基础。

7.1.2　我国猪遗传资源概况

1986年出版的《中国猪品种志》收录了48个地方品种；2004年出版的《中国畜禽遗传资源状况》统计，我国已经认定的猪品种有99个，其中地方品种为72个，培育品种为19个，引入品种有8个。2011年，由国家畜禽遗传资源委员会组编的《中国畜禽遗传资源志・猪志》（以下简称《猪志》）正式出版，全书共收录了100个猪品种（遗传资源），其中地方品种76个、培育品种18个、引入品种6个。地方品种数量较2004年出版的《中国畜禽遗传资源状况》的收录数增加了4个，较1986年出版的《中国猪品种志》的收录数增加了28个。

继2011年《猪志》出版以后，我国又有7个新培育的猪品种通过审定，分别是苏淮猪（2011年）、湘村黑猪（2012年）、苏姜猪（2013年）、晋汾白猪（2014年）、吉神黑猪（2018年）、苏山猪（2018年）和宣和猪（2018年），使我国培育猪品种的数量增至25个。

据第二次全国畜禽遗传资源调查的结果，我国猪品种共有125个，其中地方品种88个，85%左右的地方猪群体数量呈下降趋势，31个品种处于濒危状态和濒临灭绝。这次普查中发现，各地方猪品种的群体数量大大减少，其中福建的福州黑猪、平潭猪，江苏的横泾猪，浙江的虹桥猪、潘郎猪、雅阳猪、北港猪、龙游乌猪，甘肃的河西猪等9个地方猪种未发现（王林云，2012）。早在1999年，项城猪、深县猪、豪杆嘴型内江猪、大普吉猪等4个品种就已经灭绝，受到严重威胁的猪品种有17个，包括五指山猪、版纳微型猪、巴马香猪、金华猪、嵊县花猪、蓝塘猪、乐平猪、杭猪、武夷黑猪、达县碑庙猪、东串猪、浦东白猪、沙乌头猪、潘郎猪、龙游乌猪、碧湖黑猪和温州白猪（陈幼春等，2008）。

7.1.3　地方猪种质特性与遗传多样性研究

通过调查和研究，深入了解和掌握地方猪种遗传资源的种质特性和遗传多样性状况，是科学开展地方猪种保护与开发利用的基础性工作。改革开放以来，我国先后开展了两次全国性的猪种资源调查，并结合不同时期的技术手段，对地方猪种遗传资源的种质特性和遗传多样性开展了大量研究，为地方猪种遗传资源的发掘、保护与利用提供了有力的基础和依据。

7.1.3.1 地方猪种质特性研究

1979—1983年，东北农学院（现东北农业大学）等10家单位在全国范围内开展了地方猪种质特性的协作研究，对东北民猪、姜曲海猪、内江猪、二花脸猪、金华猪、嘉兴黑猪、香猪、大花白猪、大围子猪和河套大耳猪等10个主要猪种的生长发育、繁殖性能、肉质、生理生化指标、抗逆性等种质特性进行了较为全面深入的研究，并与一些新培育品种和引入品种进行了对比，从总体上摸清了我国地方猪种的主要遗传特征（许振英，1985），为进行地方猪种资源的保护、开发和利用提供了科学的依据。在这一时期开展的全国大规模猪品种资源调查，并在此基础上出版的《中国猪品种志》，进一步揭示了我国地方猪种的品种形成、产地分布、体型外貌和生产性能特性。

2006年开始的第二次全国畜禽遗传资源调查，进一步补充测定了部分地方猪种的生长、繁殖、胴体及肉质等生产性能，进一步完善了我国地方猪种的种质特性数据，为《猪志》的顺利出版奠定了坚实基础。

自2015年我国地方猪品种登记工作启动以来，成立了地方猪品种登记领导小组和专家组，制定了《地方猪品种登记管理办法（试行）》和《地方猪品种登记实施细则（试行）》，建设了"中国地方猪品种登记"网络平台（http://www.pigbreeds.org），持续开展了地方猪品种登记工作。截至2017年底，全国已有40家地方猪保种场的8.22万头种猪进行了登记，登记条目达130.8万条，对适时监测地方猪种群数量及性能变化，促进地方猪品种资源的保护与选育利用提供了良好平台。

7.1.3.2 地方猪细胞和生化遗传多样性研究

20世纪90年代之前，对于我国地方猪种遗传多样性的研究主要集中在细胞遗传和生化遗传学层面。大量研究发现，我国地方猪种的染色体数目和形态无异于外种猪，各地方品种间染色体的G带也基本相似，但C带在品种和类群间存在一定的多态性。80年代期间，有关猪血液蛋白（酶）多态性的研究是一个热门课题。研究指标包括红细胞血型和酶型、血清蛋白及酶的多态等4个系统。但几乎所有的研究结果表明：地方猪种（类群）间血液蛋白（酶）的多态性并不丰富，各蛋白（酶）的等位基因频率具有品种特征，各品种群体的位点近交系数与育种实际相吻合。地方品种间、引进品种间的遗传距离小，地方猪种和引进种猪间的遗传距离大，培育品种有别于地方品种和外种猪。血液蛋白（酶）的多态性与中国地方猪种类型划分、亚洲和欧洲猪种系统的起源进化基本一致。1999年，吴小秋等对中国5大类型9个品种地方猪品种和1个引入品种的30个遗传座位进行血液蛋白遗传多样性研究，结果发现只有MDH、PEPB、AK、6PGD、ADA、PHI共6个座位具有多态性，表明中国地方猪种地理关系远近与遗传关系远近并不完全一致。

国内许多学者还研究了血清蛋白（酶）型与猪生产性能的相关关系，试图寻找一些能够对育种有用的遗传标记，虽然取得了一些进展，如根据与氟烷基因（*HAL*）紧密连锁的磷酸己糖异构酶基因（*PHI*）、6-磷酸葡萄糖酸脱氢酶基因（*PGD*）、血清后白蛋白2基因（PO_2）、H血型和A/O（S因子）血型系统，以PHI、PO_2、PGD蛋白多态性作为猪氟烷敏感性的遗传标记，根据Phi-Po_2-Pgd单倍型推断个体的*HAL*基因型，准确率达到了90%（熊远著等，1996）。然而，有关生化遗传标记用于猪经济性状选择的实际应用极为少见。

7.1.3.3　基于 DNA 水平的地方猪种遗传多样性研究

20 世纪 90 年代中后期以来，DNA 分子标记技术的迅猛发展与应用，为人们从 DNA 分子水平揭示地方猪种的种质特性及遗传多样性提供了强有力的工具。我国学者借助微卫星 DNA、线粒体 DNA(mtDNA)等不同的分子标记对地方猪种的遗传多样性开展了大量研究，并取得了丰硕成果(黄勇富等，1998；官时玉等，2004；王昕等，2005；张冬杰等，2015；张军霞等，2016；胡慧艳等，2017)。

1999 年，农业部畜牧兽医局启动了地方猪品种遗传距离测定项目，由全国畜牧兽医总站畜禽牧草种质资源保存利用中心(即国家家畜基因库)主持，中国农业大学和华中农业大学等单位参加。项目组在全国 21 个省、市、自治区 80 多个乡镇采集了 57 个地方猪种和 3 个外种猪 3 300 余头猪的样品，采用联合国 FAO 和国际动物遗传学会(ISAG)推荐的 27 个微卫星 DNA 标记(张桂香等，2003)，以及 8 个血液蛋白质标记，分析了中国地方猪种的遗传关系，客观地度量了我国地方猪种间的遗传距离，为国家制订保种策略、地方猪种的合理利用提供了科学依据，同时也为国际上地方猪种的研究和利用提供了可以相互比较的结果。李世军(2004)采用 20 对微卫星 DNA 引物，检测了我国 10 个地方猪品种的遗传多样性，指出仅依据地理分布、生产性能和外貌特征等分类，并不能完全反映各个品种间的遗传关系和彼此遗传本质的差异，猪品种的亲缘关系和分化时间在某种程度上反映了人类历史的变迁。

2002 年，任军等利用 12 对 AFLP 引物组合检测了 19 个中国地方猪种(群)、1 个培育猪种和 4 个欧美引进猪种混合基因组 DNA 的遗传变异，结果显示：中国地方猪种与欧美引进猪种间的遗传分化十分明显，两类猪群间的亲缘关系较远；南昌白猪与大白猪、铅山黑猪与玉山黑猪有着极近的亲缘关系，分别与其育成历史、地理分布和 RAPD 分析结果相一致。另外，还对部分猪种(群)的聚类分析结果与其形态学、地理分布和现行分类情况不相一致的原因进行了探讨。

在借助 mtDNA 标记研究中国地方猪种遗传多样性方面已有大量研究报道。1998 年，黄勇富等用 24 种限制性内切酶分析了我国 21 个具有代表性的地方猪品种的 mtDNA 多态性，发现中国地方猪种的 mtDNA 的 4 种单倍型间的遗传距离较小，遗传多态程度低，并推断中国地方猪可能起源于一个野猪亚种。2015 年，张冬杰等从 mtDNA D-loop 区序列和线粒体全基因组全序列角度，分析了分布于我国 14 个省市的 21 个地方猪种的遗传多样性及彼此间的遗传进化关系，指出由于受到人类迁徙活动以及不同猪种间基因交流的影响，猪种的聚类关系与地理分布不存在显著相关，很难利用线粒体基因组序列对中国地方猪品种进行准确分类。2017 年，胡慧艳等比较分析了我国 6 个类型 22 个地方猪品种的线粒体基因组全序列，结果显示地方猪种具有丰富的遗传多样性，但彼此间的遗传距离较小。

李文婷(2017)采用全基因组重测序研究了太湖猪高繁殖力的种质特性，以藏猪、滇南小耳猪、长白猪和杜洛克为对照，鉴定出了 39 个太湖猪分子种质特性区段，对太湖猪特有 SNP 位点功能富集分析发现这些基因主要参与胚胎发育过程。结合繁殖性状 QTL 数据的分析，发现位于 8 号染色体 134.05～134.15 Mb 的选择信号区段是影响繁殖性状重要的候选区段，并在其中发现了关键候选基因——骨形态发生蛋白受体 1B 基因(*BMPR1B*)，推断太湖猪优势单倍型能够促进其与结合雌激素受体(*ESR1*)的结合能力，影响猪子宫内膜腺体的发育；同时还进行了基于猪保种群体全基因组 SNP 标记模拟试验，分析保种世代间遗传多样性的变化模式，为猪品种种质特性的开发和保护提供了新思路。

7.2 地方猪遗传资源保护

近几十年来，世界性的品种资源危机，已经引起了国际组织和许多国家政府的重视。1992年6月，世界各国在巴西首都里约热内卢的联合国环境与发展大会上签署了《生物多样性公约》，包括我国在内的157个国家在公约上签了字，并于1993年底正式生效。加强生物多样性保护已经成为世界性的义务。猪种遗传资源保护是生物多样性保护的重要组成部分，也是保证养猪业持续发展的基础。许多发达国家由于长期以来过分强调培育高产高效的专门化品种，忽略了地方品种资源的保存和利用，造成品种单一、多样性贫乏，难以适应复杂变化的自然条件与经济社会要求的变化。因此，加强地方猪种遗传资源的保护，对促进我国养猪业可持续发展具有重大的战略意义。

改革开放以来，我国在地方猪种遗传资源的保护方面开展了大量工作，先后制定实施了一系列法律法规和政策性文件；成立畜禽遗传资源委员会并下设猪专业委员会，协助行政管理部门开展猪遗传资源的管理；分批优化确定了地方猪遗传资源保护名录，建设了一批地方猪遗传资源保种场和保护区，实施了一系列保种措施，初步建立了地方猪种资源保护体系，并取得了积极成效。

7.2.1 地方猪遗传资源保护的意义与紧迫性

我国地方猪种大多具有繁殖力强、肉质优良、适应性强的优良特性，是培育新品种（品系）、开展优质特色肉猪生产、满足未来不可预见消费需求和保证我国养猪业可持续发展的重要战略性资源。改革开放以来，大量高产瘦肉型猪种的引入，养猪生产呈现了少数高产商业品种（如杜洛克、长白、大白）一统天下的局面，对我国地方猪种遗传资源造成了严重冲击。近年来，尽管全国都加强了地方猪种的保护力度，但形势仍不容乐观。如前所述，地方猪种面临着品种数量减少、种群数量减少、品种内遗传丰富度降低的问题（于福清，2012）。加强地方猪种资源的保护，不仅具有重大的战略意义，而且显得十分紧迫。

7.2.1.1 地方猪遗传资源保护的意义

我国丰富多彩的地方猪种资源，是我们的祖先几千年来在中华大地这块得天独厚的自然环境中创造出的珍贵遗产，开展地方猪遗传资源的保护，不仅具有重要的经济意义，还具有重要的科学、文化和历史意义。

1.经济意义

对现有地方猪遗传资源进行保存具有潜在的重要经济价值。在过去的50多年中，人们对猪肉产品消费的变化和生产条件的改变，生产者都能够迅速地做出相应的反应，这很大程度上是由于实际地方猪群体中存在有相当广泛的可利用遗传变异。然而，人们对未来猪肉产品需求变化的性质和程度是难以准确预测的，因而对遗传资源保存的成本和效益进行准确分析显得相当困难，而要维持一个特定保种群的成本很大。但是，这种投入与完全忽视遗传多样性保存，从而导致对未来变化丧失应变能力所带来的损失要低得多。

2.科学意义

猪的遗传多样性是猪遗传育种研究的基础，人们可以利用群体间以及个体间的遗传变异来研究动物的发育和生理机制，深入了解驯化、迁徙进化、品种形成过程以及其他一些生物学基础问题，因而遗传多样性保存对科学研究有着重要价值。

3. 文化和历史意义

我国地方猪种是在特定的自然生态环境和社会历史条件下，经过长期驯化、培育而成的。对这些遗传资源的保存，也为一个国家的文化历史遗产提供了活的见证，与建筑物和地理遗址具有历史价值一样，地方猪品种资源也同样具有重要的历史价值。

7.2.1.2 地方猪遗传资源保护的紧迫性

在过去较长的一段时间内，由于单纯追求养猪业的发展数量，忽视其独特的资源特性和生态意义，缺乏对地方品种的足够认识，普遍存在“重引进、轻培育，重改良、轻保护”的现象，片面认为改良就是“改洋”，就是引进外来“洋种”，淘汰地方“劣种”，引进外来猪品种开展大规模的杂交改良。这种情况起始于 20 世纪 50 年代，80 年代其势加剧，陆续危及一些优良猪种。20 世纪 50 年代，我国曾引进苏联大白猪、约克夏(中型)猪、巴克夏猪、米克洛夫猪等兼用型和脂用型品种与我国地方品种猪开展杂交改良。改革开放以来，我国又引进大量新型瘦肉型猪种，如杜洛克、长白猪、大白猪、汉普夏猪、皮特兰猪以及商业配套系猪，开展瘦肉型猪的杂交。长期的大面积盲目杂交，使得许多地方猪品种血缘混杂、数量减少、品质下降，有的品种濒于灭绝或已经灭绝。

由于人们对地方猪遗传资源重要性的认识不足(曾经一段时间甚至存在一种将良种等同于外种猪的思想)，导致地方猪遗传资源发掘、评估与利用工作滞后，严重影响了资源的有效保护与合理利用。据 2004 年《中国畜禽遗传资源状况》统计，全国有 40%以上的地方猪品种群体数量有不同程度的下降，相继有 14 个地方猪品种被确定为濒危资源，有 5 个品种为濒临灭绝资源，深县猪、项城猪、豪杆嘴型内江猪、大普吉猪等 4 个品种(类群)已经灭绝。更为普遍的是不少地方品种(类群)的种猪数量急剧下降，品种内遗传丰富度降低，遗传变异日益枯竭，遗传基础愈来愈狭窄。据初步调查，在全国地方猪种的保种群中，拥有 15 个公猪血统的品种已很少，不少地方品种保种群的种公猪数只有 10 头左右，保种效果不理想。根据联合国 FAO 颁布的畜禽濒危等级划分标准，对地方猪品种的濒危等级进行划分后发现，与 2004 年相比，只有 14 个品种(类群)的群体数量呈增加趋势，其余 82 个品种(类群)数量下降，其中 9 个处于危险状态，22 个处于脆弱状态，26 个处于濒危状态，5 个濒临灭绝，10 个已基本灭绝(杨红杰，2013)。有些地方品种甚至在其优良特性尚未被认识之前就已消失。因而，加强地方猪遗传资源的保护显得十分紧迫。

7.2.2 地方猪遗传资源保护的理论与技术进展

改革开放以来，随着我国地方猪遗传资源保护工作的不断深入，国内学者在保种理论与技术方面开展了大量研究并取得了丰硕成果。随着保种理论和技术不断发展，一个以活体原位保种(in situ conservation)为主，冷冻精液和冷冻胚胎保存、体细胞保存、DNA 保存等异地保存(ex situ conservation)为辅，宏观与微观相结合的猪遗传资源保种技术体系已基本形成。

7.2.2.1 保种理论与思想的发展

长期以来，地方畜禽遗传资源保护的基本理论依据都是以维持群体遗传平衡为主要手段的随机保种理论。1989 年，盛志廉教授提出了系统保种理论。保种理论与技术研究的不断深入，有力地推动了包括地方猪在内的畜禽遗传资源保种技术进步。

1. 随机保种理论

随机保种理论的研究可追溯到20世纪20—30年代。其基本思想是通过控制群体近交系数的上升速率，避免选择并防止遗传漂变造成的基因丢失，以维持群的遗传平衡，实现遗传资源的保护。该理论认为一个品种就是一个基因库(gene pool)，保种就是要尽可能完整地保存每个品种的遗传结构，使其每个基因都不致丢失，其目的是尽量增加群体有效含量(effective population size，Ne)、保持群体遗传平衡，其基本措施是：①组建一个具有相当规模的保种群，公母畜头数尽量相等；②不进行选择，实行各家系等量留种；③实施随机交配；④适当延长世代间隔(芒来，1993；盛志廉，2005)。由此看来，在随机保种中，畜禽品种资源的保种与选育利用是互不相容的，二者无法结合进行。随机保种理论的优点是使群体中全部位点上的基因都得到一定概率的保存，保种具有全面性，但缺乏明确的保种目标，盲目性很大，且不进行选择、随机交配等措施在实际中难以做到(芒来和潘玉春，1993)。

2. 系统保种理论

1989年，盛志廉教授将系统科学的思想引入保种，提出了系统保种理论(盛志廉，1989)，即把一个畜种各个品种的保存当作一个系统，统一分配各品种的保存特性，避免相同遗传特性的过多重复保存，允许品种同时选择保存特性和生产特性，尽量使保种与利用相结合。该理论是依据系统科学的思想，在明确保种目标的前提下，结合选择对目标特性进行保存。依据该理论实施保种的原则是：①遗传特性尽可能在表现突出的品种中保存，减少重复保存；②单个品种保存的特性不宜过多，一般3～5个，多为2个；③保存特性与选育特性之间的遗传正相关尽可能大、负相关尽可能小(张志武等，1993；张志武和盛志廉，1994；盛志廉，2005)。系统保种方法汇集了诸多学科的知识，强调了保种与选育利用的有机结合，但脱离了具体的品种，无法考虑品种的未知特性(性状)及性状间的相互制约关系，不可避免地会丢失一些品种和性状(盛志廉，2005)。

3. 保种理论与思想的发展与完善

针对国内外畜禽遗传资源保存存在的问题，在大量理论和技术研究基础上，吴常信(2001)指出：①保种的对象是群体而不是某些性状或基因，最大群体是一个畜种，最小的群体是一个家系，保种群体大小应有一定数量。②将群体划分成亚群有利于保种实践。在亚群间有隔离的情况下，可以保持品种或遗传资源的多样性；在亚群间有迁移的情况下，可以有效延长保种世代数而不发生退化。③保种与育种不是选与不选的关系，许多育种技术可用于保种群体，但对保种群的选育必须和保种目标相一致，不一定要追求某一方面的高产。保存的目的是为了利用，不仅要考虑到当前的可利用性，而且也要考虑到以后的可利用性。对一些目前无法知道是否有用的品种，如果确有其特色，在条件许可的情况下，尽可能多保一些。④保种群内不一定要采用随机交配，因为有目的地避免全同胞和半同胞交配可以降低近交增量，提高保种效果。这进一步回答了保种对象、保种与选育利用的关系等系列问题，进一步发展和完善了我国畜禽保种的理论和技术。

7.2.2.2 保种方法与技术的发展

对猪遗传资源保护的传统和经典方法是活体保种(living conservation)，随着繁殖生物技术、DNA标记技术等现代生物技术的发展和应用，配子和胚胎冷冻保存、体细胞保存和DNA保存等技术也在包括猪在内的畜禽遗传资源保护中逐渐应用。

1. 活体保种

通过建立保种场或保护区进行品种的活体保存，是目前猪遗传资源保护最普遍、最实用的方法。这种方法可以在利用中动态地保存资源，而且可持续保留地方猪品种对环境条件的适应能力，但需要投入大量资金和设施，且受基因突变、选择、遗传漂变、近交、疫病等因素的影响较大。在猪活体保种的实践中，制定并实施合理保种方案是保证保种效果的前提。根据吴常信(2001)的建议，如按照100年内群体近交系数不超过10%的保种目标，适宜的保种群规模不低于200头、公母比例为1∶5、世代间隔为2～3年，实行各家系等量留种，并严格禁止与其他品种杂交。

2. 配子和胚胎冷冻保存

通过配子及胚胎的冷冻保存，结合体外受精、胚胎移植等技术，既可快速重建群体，实现猪种资源的长期保存，又可有效防止群体遗传信息的丢失。随着猪精液、卵母细胞和胚胎冷冻保存技术的发展和完善，该技术在地方猪遗传资源保护中将发挥重要的作用。然而，这种方法高度依赖可靠的冷冻保存技术和设备，因而目前仅作为活体保种的补充方式之一。

3. 细胞系保存

随着细胞保存及猪克隆技术的日趋成熟，通过细胞系的长期保存，再结合克隆技术，即可实现猪群重建，从而达到长期保存遗传资源的目的。

4. DNA 保存

从理论上讲，通过建立 DNA 文库保存猪遗传资源最为安全、可靠、维持费用也低，可长期保存猪的基因。但这种方式只是一种遗传信息的片段式保存，如果基因文库不能精确集合全部基因组，或者在文库的保存或扩增过程中发生基因的突变与重组，则其有效性将大大降低。而且数千个不同的 DNA 片段与活的动物个体并不是对等的。迄今为止，通过基因文库实现畜禽的保种还没有成功的案例。

7.2.3　我国地方猪遗传资源保护政策与组织实施

7.2.3.1　我国地方猪遗传资源保护政策

我国先后制定了一系列旨在加强畜禽遗传资源保护与管理工作的法律法规和政策性文件。2004年，国务院办公厅下发了《关于加强生物物种资源保护和管理的通知》，对全面加强包括畜禽在内的生物种质资源的保护与管理提出了明确要求。

《中华人民共和国畜牧法》(2005年颁布，2015年修订)的第二章，专门对畜禽遗传资源保护做出了全面规定，为新时期进一步加强包括猪在内的畜禽遗传资源保护与利用提供了法律基础和依据。

除全面贯彻落实《畜牧法》外，还制定了《畜禽遗传资源进出境和对外合作研究利用审批办法》等法律法规，配套法规《畜禽新品种配套系审定和畜禽遗传资源鉴定办法》《畜禽遗传资源保种场保护区和基因库管理办法》等，有效提高猪种资源保护工作的法治化水平，深化畜禽遗传资源保护制度改革与创新，强化主体责任，确保资源保护与利用事业依法、有序、规范、有效推进。

2016年，农业部办公厅印发了《全国畜禽遗传资源保护和利用"十三五"规划》，进一步明确了"十三五"期间我国畜禽遗传资源保护和利用工作的指导思想、总体目标、基本原则、主要畜种重点保护与利用方向、工作重点及保障措施。

7.2.3.2　我国地方猪遗传资源保护的组织与实施

按照我国《畜牧法》规定，国务院畜牧兽医行政主管部门负责组织畜禽遗传资源的调查工作，发布国家畜禽遗传资源状况报告，公布经国务院批准的畜禽遗传资源目录；根据畜禽遗传资源分布状况，制定全国畜禽遗传资源保护和利用规划，制定并公布国家级畜禽遗传资源保护名录，对原产我国的珍贵、稀有、濒危的畜禽遗传资源实行重点保护；根据全国畜禽遗传资源保护和利用规划及国家级畜禽遗传资源保护名录，建立或者确定畜禽遗传资源保种场、保护区和基因库，承担畜禽遗传资源保护任务。

省级人民政府畜牧兽医行政主管部门根据全国畜禽遗传资源保护和利用规划及本行政区域内畜禽遗传资源状况，制定和公布省级畜禽遗传资源保护名录，并报国务院畜牧兽医行政主管部门备案；根据省级畜禽遗传资源保护名录，分别建立或者确定畜禽遗传资源保种场、保护区和基因库，承担畜禽遗传资源保护任务；对新发现的畜禽遗传资源在国家畜禽遗传资源委员会鉴定前，应当制定保护方案，采取临时保护措施，并报国务院畜牧兽医行政主管部门备案。

为加强我国畜禽遗传资源的管理和保护，1996年农业部批准成立了国家畜禽遗传资源管理委员会（下设有猪品种审定专业委员会），2007年更名为国家畜禽遗传资源委员会（下设猪专业委员会），负责畜禽遗传资源的鉴定、评估和畜禽新品种、配套系的审定，承担畜禽遗传资源保护和利用规划论证及有关畜禽遗传资源保护的咨询工作。国家家畜禽遗传资源委员会成立后，先后审定通过了16个猪品种、13个猪配套系（其中8个以地方品种为育种素材），启动实施了地方猪品种登记等工作，对促进我国地方猪遗传资源的保护和利用发挥了重要作用。为促进地方猪遗传资源的保护与利用，我国还成立了中国地方猪保护与利用协作组。各省、自治区、直辖市还成立了相应的畜禽遗传资源委员会，进一步加强对资源保护利用的技术指导和服务。我国现行的地方猪遗传资源保护管理组织机构见图7-1。

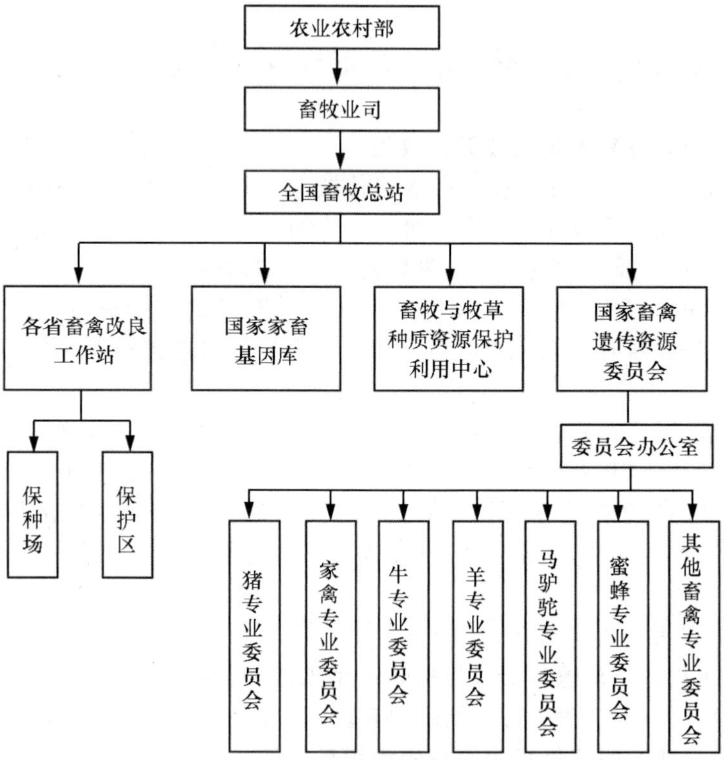

图7-1　我国现行的地方猪遗传资源保护管理组织机构

7.2.4　我国地方猪遗传资源保护成效

我国政府十分重视地方猪遗传资源的保护工作。改革开放以来，在健全法律法规体系、保护体系与能力建设、行业服务与技术指导、保种技术创新等方面开展了大量工作，成功构建了中国地方猪品种登记网络平台（贺鹏飞等，1994），初步建立了地方猪遗传资源的保护体系，对我国乃至世界猪种遗传资源的保护起到了重要作用。

截至 2017 年，我国共优化确定了 55 个国家级地方猪遗传资源保种场，6 个国家级畜禽遗传资源保护区，2 个国家级畜禽遗传资源基因库；成功构建了 68 个地方猪种的 DNA 库；在 90 个地方猪品种中，42 个为国家级保护品种，32 个为省级保护品种，16 个为其他品种；抢救性保护了 19 个濒临灭绝的地方猪品种。地方猪遗传资源保护工作取得了显著成效。

7.2.4.1　优化确定了地方猪遗传资源保护名录

为了加强我国珍贵、珍稀或濒危地方猪种资源的保护，我国自 2000 年公布首批《国家级畜禽遗传资源保护名录》（简称《名录》）以来，结合资源动态变化，按照连续性、可操作性、突出重点的原则，在广泛征求专家及各省意见的基础上，相继于 2006 年、2014 年对《目录》进行了修订，进一步优化了地方猪遗传资源保护名录。

与 2000 年的《目录》相比，2014 年修订的《目录》中，42 个地方猪遗传资源被列为国家级保护品种，分别较 2006 年和 2000 年的《目录》增加了 8 个和 23 个。42 个国家级猪遗传资源保护品种分别为：八眉猪、大花白猪、马身猪、淮猪、莱芜猪、内江猪、乌金猪（大河猪）、五指山猪、二花脸、梅山猪、民猪、两广小花猪（陆川猪）、里岔黑猪、金华猪、荣昌猪、香猪、华中两头乌猪（沙子岭猪、通城猪、监利猪）、清平猪、滇南小耳猪、槐猪、蓝塘猪、藏猪、浦东白猪、撒坝猪、湘西黑猪、大蒲莲猪、巴马香猪、玉江猪（玉山黑猪）、姜曲海猪、粤东黑猪、汉江黑猪、安庆六白猪、莆田黑猪、嵊县花猪、宁乡猪、米猪、皖南黑猪、沙乌头猪、乐平猪、海南猪（屯昌猪）、嘉兴黑猪、大围子猪。

7.2.4.2　建设了一批地方猪遗传资源保种场和保护区

为加强对地方猪遗传资源的保护，早在 20 世纪 80 年代，国家就建立了一批优良地方品种的保护场，之后一直持续开展这项工作。1995 年开始建设地方猪品种基因库（家畜基因库的一部分），尝试探索原地保种与异地基因保存相结合的保种方式。2009—2017 年，我国共确定了 6 批共 55 个国家级地方猪遗传资源保种场（表 7-1），通过建立健全畜禽遗传资源保护制度，创新保种模式，各地也根据当地品种优势和特点，建立了一批地方猪养殖场，划定保护区，制订保种方案和进行良种登记，有计划地开展了地方猪遗传资源的保种和选育工作。

目前，已初步建立了保种场与保护区相结合、原地保种与异地保存相结合的地方猪遗传资源保护体系。

表 7-1　国家级地方猪遗传资源保种场

序号	保种场名称	建设单位	建设批次
1	五指山猪保种场	中国农业科学院北京畜牧兽医研究所	第一批
2	黄淮海黑猪（马身猪）保种场	山西省大同市种猪场	第一批
3	民猪（荷包猪）保种场	辽宁省荷包猪原种场	第一批

续表 7-1

序号	保种场名称	建设单位	建设批次
4	民猪保种场	黑龙江省兰西县种猪场	第一批
5	太湖猪(梅山猪)保种场	上海市嘉定区梅山猪育种中心	第一批
6	浦东白猪保种场	上海市南汇区种畜场	第一批
7	太湖猪(梅山猪)保种场	江苏农林职业技术学院	第一批
8	太湖猪(二花脸)保种场	江苏省常熟市畜禽良种有限责任公司	第一批
9	太湖猪(二花脸,梅山猪)保种场	江苏省苏州苏太企业有限公司	第一批
10	姜曲海猪保种场	江苏姜曲海种猪场	第一批
11	黄淮海黑猪(淮猪)保种场	国营江苏省东海种猪场	第一批
12	金华猪保种场	浙江加华种猪有限公司	第一批
13	黄淮海黑猪(淮猪)保种场	安徽省定远县种畜场	第一批
14	莆田黑猪保种场	福建省莆田市乡里香黑猪开发有限公司	第一批
15	槐猪保种场	福建省上杭县绿琦槐猪育种场	第一批
16	玉江猪(玉山黑猪)保种场	江西省玉山黑猪原种场	第一批
17	黄淮海黑猪(莱芜猪)保种场	山东省莱芜市种猪繁育场	第一批
18	华中两头乌猪(通城猪)保种场	湖北省通城县种畜场	第一批
19	清平猪保种场	湖北省当阳市清平种猪场	第一批
20	宁乡猪保种场	湖南宁乡猪原种场	第一批
21	大花白猪/蓝塘猪保种场	广东省新丰板岭原种猪场	第一批
22	香猪(环江香猪)保种场	广西环江香猪原种保种场	第一批
23	巴马香猪保种场	广西巴马香猪原种场	第一批
24	两广小花猪(陆川猪)保种场	广西陆川县良种猪场	第一批
25	五指山猪保种场	海南五指山猪原种场	第一批
26	荣昌猪保种场	重庆市种猪场	第一批
27	内江猪保种场	四川省内江市种猪场	第一批
28	香猪(从江香猪)保种场	贵州省从江香猪原种繁育场	第一批
29	滇南小耳猪保种场	云南省西双版纳州种猪场	第一批
30	乌金猪(大河猪)保种场	云南省富源县大河种猪场	第一批
31	撒坝猪保种场	云南省楚雄州种猪场	第一批
32	八眉猪保种场	陕西省定边县种猪场	第一批
33	湘西黑猪保种场	湖南省桃园县湘西黑猪(桃园黑猪)资源场	第一批
34	八眉猪保种场	甘肃省灵台县八眉猪种质资源保护场	第一批
35	八眉猪保种场	青海省互助八眉猪原种育繁场	第一批
36	太湖猪(梅山猪)保种场	太仓市种猪场	第二批

续表 7-1

序号	保种场名称	建设单位	建设批次
37	嵊县花猪保种场	上虞市嵊县种猪有限公司	第二批
38	黄淮海黑猪(淮猪)保种场	河南三高农牧股份有限公司	第二批
39	粤东黑猪保种场	潮州市绿岛生态农业有限公司	第二批
40	粤东黑猪保种场	蕉岭县泰农黑猪发展有限公司	第二批
41	大蒲莲猪保种场	济宁东三大蒲莲猪原种场	第三批
42	里岔黑猪保种场	青岛里岔黑猪繁育基地	第三批
43	安庆六白猪保种场	安庆市望江县良种养殖有限公司安庆六白猪保种场	第三批
44	湘西黑猪保种场	湖南湘西牧业有限公司	第三批
45	沙乌头猪保种场	上海崇明县种畜场	第四批
46	米猪保种场	金坛米猪原种场	第四批
47	沙乌头猪保种场	江苏旺农牧科技发展有限公司	第四批
48	嘉兴黑猪保种场	嘉兴青莲黑猪原种场有限公司	第四批
49	华级华中两头乌(沙子岭猪)保种场	湖南省湘潭市家畜育种站	第四批
50	大围子猪保种场	湖南天府生态农业有限公司	第四批
51	海南猪(屯昌猪)保种场	海南龙健畜牧开发有限公司	第四批
52	汉江黑猪保种场	陕西省勉县黑河猪种猪场	第四批
53	华中两头乌猪(监利猪)保种场	湖北荆贡种猪有限公司	第五批
54	乐平猪(东乡花猪)保种场	江西省东乡县欣荣农牧发展有限公司	第五批
55	梅山猪保种场	昆山市梅山猪保种有限公司	第六批

7.2.4.3　抢救性保护了一批濒临灭绝的地方猪遗传资源

截至 2016 年 11 月，通过遗传物质交换、建立保种场等方式，全国已累计抢救性保护了 19 个濒临灭绝的地方猪品种，具体为：马身猪、大蒲莲猪、河套大耳猪、汉江黑猪、两广小花猪（墩头猪）、粤东黑猪、隆林猪、德保猪、明光小耳猪、湘西黑猪、仙居花猪、莆田猪、嵊县花猪、玉江猪、滨湖黑猪、确山黑猪、安庆六白猪、浦东白猪、沙乌头猪。

7.3　地方猪遗传资源的多样化利用

加强我国地方猪遗传资源保护的目的并不仅仅只是保存，而是为了更加充分有效地利用，使之更好地为人类服务。从我国地方猪遗传资源的特性上看，既有繁殖力和抗逆性强、耐粗饲、肉质优良等共同的优良特性，以及生长慢、精饲料转化效率和瘦肉率低等共同缺点，各品种又有其自身独特的特性。如从市场需求的角度看，不同历史时期、不同地域和不同消费群体对猪肉的消费需求各异。改革开放以来，随着我国养猪生产的发展和人民消费及生活水平的不断提高，猪肉消费已逐渐饱和，人们对猪肉消费的需求已逐渐从“有猪肉吃”向“吃好猪肉”转变，猪肉市场的多样化、优质化、品牌化已是大势所趋。而我国地方猪肉正好具备生产优质品牌猪肉禀赋。从生态环境与养殖条件看，我国地域辽阔，生态地理条件多样，各地经济社会发展程度、养殖条件和技术水平各异。因此，对我国地方猪遗传资源的利用不应拘泥于某一单一模式，而应根据具体猪种、市场需求、养殖条件等实际实施多样化的利用。坚持地方猪遗传资源评估、发掘、保种与选育利用有机协同，通过形式多样的利用，实现在保护中开发利用，在开发利用中保种的良性循环。

7.3.1 直接利用地方猪开展杂交利用

从总体上看，我国地方猪种生长速度慢、瘦肉率和精饲料转化效率低等缺点，在优质优价机制尚未形成的市场条件下，直接利用地方猪进行商品化生产的效益较低。而我国地方猪种与引进瘦肉型猪种的遗传差异较大，两者杂交通常可产生较大的遗传互补效应和杂种优势。因而直接利用地方猪种与引进瘦肉型品种杂交开展杂优肉猪的生产是我国长期以来开展地方猪遗传资源利用的一种普遍方式。随着人们观念的改变和畜牧科技的发展，我国猪杂交利用的方式也在不断发生变化。

新中国成立初期，农民群众普遍认识到杂交的好处，群起争用外国、外地猪与本地猪杂交来生产杂交猪，一时对养猪业确实带来了很大的效益。但杂交乱配在猪种上造成很大的混乱，带来了不小的负面影响。为了纠正这种偏向，畜牧行政部门提出了“三化”方针（即母本本地化，父本良种化，肥猪杂种化）来初步规范猪的杂交利用，但由于这种规范较为笼统和粗糙，其实际收效一般（盛志廉，2006）。此后又提倡进行杂交试验选择最佳杂交组合。但由于当时国外优良品种的进口数量较少，指导思想和育种技术不够先进，品种间杂交试验的品种纯度不够和试验样本有限等，使得最佳杂交组合的筛选受到了很大制约。

改革开放以后，国外瘦肉型猪品种被大量引入我国，以数量遗传学为指导的现代动物育种技术逐渐在我国养猪领域得以应用和普及，全国普遍开展了地方猪种的选育工作，地方猪种的生产性能在持续不断的选育中有了不同程度的改善，地方猪种作为杂交母本在商品猪生产中被广泛利用。20世纪80—90年代，在单一追求经济效益的市场背景下，以地方猪为基础的杂交利用在养猪生产中未能进一步发挥更大的作用，我国养猪业的种源愈来愈依赖引进品种，逐渐形成了“杜长大”一统天下的局面，杂交利用也逐渐摒弃地方猪种，以“杜长大”为代表的“洋三元”逐渐替代了以地方猪为基础的“二洋一土”或“一洋一土”杂交模式。

近20年来，随着我国养猪生产效率及居民收入和消费水平的提高，一方面猪肉消费逐渐趋于饱和，另一方面猪肉消费需求也逐渐由追求数量转向追求质量，猪肉市场逐渐呈现多样化、优质化、品牌化的发展态势。我国地方猪种优良肉质的种质特性无疑更能满足优质化、品牌化的市场需求，地方猪种的杂交利用再次受到了养猪业届的高度关注。进入21世纪后，国内外市场对猪肉质量的要求也显得愈发强烈。在过去相当长的时间里，“洋三元”杂交繁育体系长期发展的不良后果之一就是肉质明显下降。而利用肉质优良的地方猪种与国外猪种杂交，可以生产出肉质较优的猪肉，因而地方猪种作为杂交母本直接利用又重新受到重视。各地在加强地方猪选育的基础上，进一步筛选和推广了一批地方猪杂交组合，有力推动了我国地方猪遗传资源的杂交利用。由于以地方猪种为基础的杂优猪既集成了地方猪抗逆性强、肉质优良、利用青粗饲料能力强等特性，又具备瘦肉型猪种生长快、瘦肉率和精饲料报酬高等优点，在猪肉市场需求优质化、多元化的发展背景下将具有广阔的前景。藉此，有人甚至预测地方猪的杂交猪肉将逐渐成为我国猪肉市场的主流(魏述东和李萌，2015)。

7.3.2　利用地方猪培育新品种(品系)和配套系

我国丰富的地方猪种资源为开展新品种(品系)培育提供了宝贵的种质基础。早在 20 世纪 50—60 年代，我国就开展了一些猪新品种的培育工作，如新淮猪、上海白猪、北京黑猪、伊犁白猪、汉中白猪等；70 年代开始有计划地培育地方猪新品系；90 年代开始进行配套系的选育研究。在 80 年代前后，我国育成了许多肉脂型猪新品种和新品系，对于提高商品猪生产水平起到了重要作用。随着市场对瘦肉型猪需求的日益增长，80 年代以后，以三江白猪(1983 年鉴定)、湖北白猪(1986 年鉴定)为代表的一批瘦肉型猪新品种，以 9 个中国瘦肉猪新品系为代表的一批猪新品系相继育成。1999 年，光明猪配套系和深农猪配套系通过国家审定，但均是以引进猪种为素材培育的；2006 年我国第一个以纯地方猪种选育的专门化品系配套而成的配套系(滇撒猪配套系)通过国家审定。这些新品种(品系)及配套系的培育，进一步丰富了我国猪种遗传资源，保护了地方猪遗传资源，促进了我国猪种资源的多样化利用，提高了我国猪良种覆盖率和生产效率，同时也推动了我国猪育种技术的进步。

7.3.2.1　利用地方猪培育新品种

在利用地方猪遗传资源培育猪新品种方面，我国老一辈猪育种学家开展了大量卓有成效的工作。据《养猪词典》记载，在 1996 年国家畜禽遗传资源委员会成立前，我国育成的猪新品种就达 30 余个。但在改革开放之前，我国培育的猪新品种几乎都为脂肪型或肉脂兼用型品种，受技术条件和市场需求的影响，新品种培育过程中对背膘厚、瘦肉率的关注度不高。1983 年，我国第一个瘦肉型猪新品种三江白猪育成，开创了我国瘦肉型猪新品种培育的先例。时隔 3 年，我国第二个瘦肉型猪新品种湖北白猪也成功育成。自 1996 年国家畜禽遗传资源委员会成立以来，又审定通过了 16 个猪新品种(表 7-2)。

从总体上看，这些培育品种都不同程度地利用了我国地方猪资源，不仅有效保留了我国地方猪种肉质优良(不少品种肌内脂肪含量都在 3%以上)、抗逆性强等特性，引进猪种血统的导入还使新品种的生长速度、料重比、瘦肉率等性能也较地方品种获得了明显改进和提升。这些品种的培育都在一定程度上顺应了特定市场需求，在一定区域范围内得到了推广应用，并产生了一定的经济效益，为推动我国地方猪遗传资源的种质创新与利用发挥了重要作用。

表 7-2　我国自 1998 年来审定的猪新品种

品种名称	审定时间	选育世代	育种素材	培育单位
南昌白猪	1999	5	滨湖黑猪、大白猪	江西省畜牧兽医局
军牧 1 号白猪	1999	5	三江白猪、斯格猪	中国人民解放军农牧大学
苏太猪	1999	9	太湖猪、杜洛克	苏州市太湖猪育种中心
大河乌猪	2003	6	大河猪、杜洛克	云南省曲靖市畜牧局
鲁莱黑猪	2006	6	莱芜猪、大白猪	莱芜市畜牧办公室

续表 7-2

品种名称	审定时间	选育世代	育种素材	培育单位
鲁烟白猪	2007	7	烟台黑猪、长白猪、斯格猪	山东省农科院、莱州市畜牧兽医站
豫南黑猪	2008	9	淮南猪、杜洛克	河南省畜禽改良站、河南农业大学、固始县淮南猪原种场
滇陆猪	2008	10	乌金猪、太湖猪、长白猪、大白猪	云南省陆良县种猪试验场、云南省畜牧兽医科学院、云南省陆良县畜牧兽医局
松辽黑猪	2010	10	民猪、杜洛克、长白猪	吉林省农业科学院
苏淮猪	2011	7	新淮猪、大白猪	淮安市淮阴种猪场、南京农业大学、江苏省畜牧总站、江苏省淮安市农业委员会
湘村黑猪	2012	6	桃源黑猪、杜洛克	湘村高科农业股份有限公司、湖南省畜牧兽医研究所、湖南省畜牧水产局
苏姜猪	2013	6	姜曲海猪、杜洛克	江苏农牧科技职业学院、扬州大学、江苏省畜牧总站、泰州市农业委员会、姜堰市种猪场、江苏姜曲海种猪场
晋汾白猪	2014	6	马身猪、太湖猪、长白猪、大白猪	山西农业大学、山西省畜禽繁育工作站、大同市种猪场、运城市盐湖区新龙丰畜牧有限公司
吉神黑猪	2018	12	北京黑猪、大白猪	吉林精气神有机农业股份有限公司
宣和猪	2018	8	乌金猪、长白猪	宣威市畜牧兽医局、云南农业大学、宣威市永丰余畜牧科技有限公司、宣威市海河良种猪扩繁场
苏山猪	2018	8	二花脸猪、梅山猪、长白猪、大白猪	江苏省农业科学院

7.3.2.2 地方猪新品系培育

我国猪新品系的培育工作早在20世纪70年代初期就已开展，据文献记载，明确提出培育猪新品系任务始于1973年广东大花白猪新品系的培育(彭中镇，2008)。改革开放以后逐渐兴起，相继培育了一大批地方猪新品系。其间，全国猪育种协作组下设的猪品系繁育专题研究协作组开展了大量猪品系培育的技术普及和推广工作，于1984年制订了《猪的品系鉴定方法与标准》，并于1986年在《东北养猪》第一期上公布。1986年启动的国家“七五”科技攻关项目“中国瘦肉猪新品系的选育”，历时10年，经全国8家单位联合攻关，成功育成了9个猪新品系(以引进瘦肉型猪种为素材培育4个父系，基于地方猪种培育5个母系)，累计在28个省(区)推广种猪15万头，研究成果于1999年获国家科技进步二等奖。这一工作对后来我国猪品系培育产生了较大影响。

改革开放以来，围绕地方猪生产性能的改进、提高或专门用途，全国各地结合当地实际，开展了类型各异的新品系培育工作。从育种素材上看，大致可以分为以下几种类型（彭中镇，2008）：①直接在地方猪品种内开展新品系的培育，如广东大花白猪体长系与快长系，金华猪快长系、体长系与腿臀丰满系，宁乡猪快长系、撒坝猪专门化母系、版纳小耳猪群体系、大河猪火毛快长系、藏猪新品系、民猪新品系等；②在地方猪品种中导入外血来培育新品系，如广花猪新品系（导入长白猪血统）、四川白猪Ⅰ系（由长白猪、梅山猪、成华猪杂交合成）、大河猪新品系（导入杜洛克血统）、嘉兴黑猪新品系（导入外血不详）、辽宁黑猪瘦肉系（导入杜洛克血统）、新清平猪（导入杜洛克血统）、淮南猪新品系（导入杜洛克血统）、姜曲海猪优质瘦肉型新品系（导入杜洛克血统）、里岔黑猪新品系（导入巴克夏血统）等。

从培育的目的上看，地方猪新品系的培育又可分为改进和提高生产性能的新品系培育和实验动物化新品系培育两种类型，其中，多数新品系的培育目的都是为了改进或提高地方猪品种的某些性能，但亦有部分学者利用我国小型猪遗传资源培育近交系的实践，如中国农业科学院北京畜牧兽医研究所培育的五指山猪近交系，云南农业大学等培育的版纳微型猪近交系等，已在动物疾病模型、新药检测、异种器官移植等医学研究领域得到了一定应用。

在我国地方猪新品系培育工作的进程中，贯穿了育种体系、育种技术和方法的变迁。在20 世纪 70—90 年代开展的猪新品系选育中，几乎无一例外地采用了闭锁群继代选育的育种体系，种猪的选留也主要依据表型或根据表型值构建的选择指数来进行。90 年以后，闭锁与开放相结合的育种体系逐渐成为地方猪新品系选育的主流，BLUP 方法、基因辅助选择等技术也在一定范围内得以应用。各类猪新品系培育工作的实践，对推动我国猪育种技术进步，丰富我国猪新品系培育的理论和实践及提升养猪生产水平起到了重要作用。

7.3.2.3　利用地方猪培育配套系

配套系培育作为杂种优势利用的高级形式，与传统的杂交利用途径相比，配套系杂交具有明显的优势：①由于配套系中专门化品系的遗传纯度相对较高，品系间遗传差异较品种间大，且杂交配套模式是经过严格的杂交组合试验筛选确定的，可充分利用各亲本品系间的杂种优势和遗传互补性。②商品代猪群的性能稳定、整齐度高，产品的规格化程度高。③配套系育种的过程是动态的，灵活性强，可根据市场需求的变化调整选育方向。④以纯地方猪种选育的专门化品系参与的配套系杂交繁育体系中，不仅可有效开展优质高效特色肉猪的产业化生产，还有利于地方猪遗传资源的保护，达到资源保护与利用的双重效果。

国外猪配套系的培育工作早在 20 世纪 50—60 年代就已经开始，我国从 20 世纪 90 年代开始，相继从国外引进了一批猪配套系（如迪卡配套系、PIC 配套系、斯格配套系、达兰配套系等），并开始了杂交配套系的研究，相继培育了一批猪配套系。不少学者还对猪配套系的育种方案、方法和技术进行了研究与总结（彭中镇，2005；王爱国，2005；刘孟洲，2005；盛志廉，2006；彭中镇，2015），对促进我国猪配套系育种技术进步起到了积极的促进作用。

1996 年至今，国家畜禽遗传资源委员会累计审定通过了 13 个猪配套系（表 7-3），其中冀合白猪配套系、滇撒猪配套系、鲁农Ⅰ号猪配套系、渝荣Ⅰ号猪配套系、天府肉猪配套系、龙宝 1 号猪配套系、川藏黑猪配套系、江泉白猪配套系 8 个配套系的育种素材中使用了地方猪品种。

表 7-3　我国自 1998 年来审定的猪配套系

配套系名称	审定时间	杂交模式	培育单位
光明猪配套系	1999	二系配套	深圳光明畜牧合营有限公司
深农猪配套系	1999	三系配套	深圳市农牧实业公司
冀合白猪配套系	2003	三系配套	河北省畜牧兽医研究所
中育猪配套系	2005	四系配套	北京养猪育种中心
华农温氏Ⅰ号猪配套系	2006	四系配套	广东华农温氏畜牧股份有限公司
滇撒猪配套系	2006	三系配套	云南农业大学、楚雄州种猪场
鲁农Ⅰ号猪配套系	2007	三系配套	山东省农业科学院、莱芜市畜牧办公室、山东农业大学、得利斯集团
渝荣Ⅰ号猪配套系	2007	三系配套	重庆市畜牧科学院
天府肉猪配套系	2011	三系配套	四川铁骑力士、四川农业大学、四川省畜牧总站
龙宝 1 号猪配套系	2013	三系配套	广西扬翔股份有限公司、中山大学
川藏黑猪配套系	2014	三系配套	四川省畜牧科学研究院
温氏 501 猪配套系	2015	五系配套	温氏集团、华南农业大学
江泉白猪配套系	2015	三系配套	山东华盛江泉、山东农业大学

在通过国家审定的 8 个含有地方猪血统的配套系中，冀合白猪配套系是第一个使用了地方猪品种的配套系，其母系父本以大白猪、定县猪、深县猪为素材，母系母本以长白猪、汉沽黑猪、二花脸猪为素材杂交育成，含有一定的地方猪血统。2006 年通过审定的滇撒猪配套系，其专门化母系以云南地方猪种撒坝猪为育种素材育成，是第一个以地方猪种选育的专门化品系配套而成的配套系（盛志廉，2006）。此后育成的 7 个配套系中，鲁农Ⅰ号猪配套系、渝荣Ⅰ号猪配套系、龙宝 1 号猪配套系和江泉白猪配套系 4 个配套系的专门化母系都以地方猪品种为素材进行培育，所用的地方猪品种分别为莱芜猪、荣昌猪、陆川猪和沂蒙黑猪；天府肉猪、川藏黑猪 2 个配套系的专门化母系培育中也分别引入了地方猪的血统。

从上述含地方猪血统的 8 个配套系来看，父母代母猪的产仔数（经产母猪总产仔数均超过 11 头），商品代肉猪的生长速度、料重比（大多低于 3∶1）、瘦肉率（大多在 60％以上）等主要性能均有较大幅度的改进和提高（郭源梅等，2017），且较好地保持了地方猪种肉质优良、耐粗放饲养等优良特性。在配套系培育中，将经过选育的纯地方猪种作为杂交配套的母系，有利于培育出具有中国特色的，能较好满足多样化、优质化市场需求的配套系品牌，同时还有利于推动地方猪遗传资源的保护（彭中镇等，2015），应该是当前和今后我国地方猪遗传资源保护与利用的一个重要方向。

7.3.3　利用纯种地方猪开展高端品牌猪肉生产

随着人们生活水平的提高，对猪肉品质的要求也越来越高。同时，多样化、优质化、品牌化猪肉消费市场的逐步形成，使得一些高收入人群对猪肉品质也提出了更高的要求。因此，充分利用地方猪种肉质优良的特性，开发高端地方品种品牌猪肉，也具有一定的市场空间。

有业界专家认为，差异化是指猪肉产品应分“安全、好吃、保健”3个质量层次，其中，“安全”用以满足大众需求，是指没有残留、没有污染、没有疫病；“好吃”用以满足“富豪”式需求，是在安全基础上进一步迎合感官需求，包括好看、好闻、好口感(鲜、香、嫩、滑、糯等)等；“保健”用以满足“贵族”式需求，是在安全、好吃基础上能进一步保障健康，或者无害于健康，如诱发心脑血管病等(潘玉春，2017)。据此观点，在确保猪肉安全的前提下，我国多数地方纯种猪的猪肉都可以满足“好吃”的要求；而部分肌内脂肪含量(IMF)较高的地方猪种，如产于山东的莱芜猪(IMF 高达 10%以上)、云南的高黎贡山猪(6.87%)、滇南小耳猪(8.29%)、大河猪(6.05%)和撒坝猪(6.53%)等，以及肌肉不饱和脂肪酸含量较高的猪种，如高黎贡山猪(67.47%)、保山猪(59.31%)等则具有发展“保健”猪肉的潜质。

当然，在以地方猪种肉质优良作为“卖点”的同时，也要注意兼顾生产效率。在开发利用的同时，通过加强本品种选育，针对其生长慢等缺点进行必要改进，尤其是要综合利用地方猪种繁殖力高、耐粗饲、抗逆性强等优良特性(盛志廉，2008；潘玉春，2013)，以提高优质地方猪产业的效率和效益。针对我国大宗常规能量、蛋白饲料原料对外依存度高的实际，重视并加强地方猪种耐粗饲特性的研究与发掘利用，开发并利用非粮型饲料资源，降低我国养猪业对常规能量、蛋白饲料原料的依赖度，具有尤为重要的现实意义。此外，加强地方猪种特性的深入研究，进一步发掘各猪种的特色优异性状，对促进地方猪遗传资源的开发利用也具有重要意义。

借用盛志廉教授的一段话作为本章的结束语：改革开放是我国的基本国策，养猪业当然也不应例外。改革开放以来，我国养猪业确实已经得到很大发展。但是在这个大变革的年代，我们必须保持清醒头脑，不能把我们自己必须保留的好东西全部抛弃，盲目向外国模仿，走全盘西化的道路。我们应该结合自己的国情，吸收国外先进的东西，充分利用我国特有的丰富的遗传资源，走出一条具有中国特色的养猪之路。

参考文献

陈幼春，马月辉，何晓红，等．地方、培育、引入品种资源的保存与发展的研究进展[J]．中国畜牧兽医，2008，35(1)：5-11.

官时玉，蒋曹德，邓昌彦．我国地方猪品种资源遗传多样性研究进展[J]．湖北农业科学，2004，5：79-82.

郭源梅，李龙云，赖昭胜，等．中国地方猪种利用现状与展望[J]．江西农业大学学报，2017，39(3)：427-435.

国家畜禽遗传资源委员会．中国畜禽遗传资源志．猪志[M]．北京：中国农业出版社，2011.

贺鹏飞，王起山，薛明，等．中国地方猪品种登记网络平台的构建[J]．上海交通大学学报(农业科学版)，1994，32(5)：89-94.

胡慧艳，贾青，刘津，等．中国地方猪种线粒体基因组遗传多样性及其系统发育分析[J]．中国畜牧兽医，2017，44(8)：2360-2368.

黄勇富，张亚平，邱祥聘，等．猪线粒体 DNA 多态性与众多地方猪种起源分化的关系[J]．遗传学报，1998，25(4)：322-329.

李世军．利用微卫星标记评估 10 个中国地方猪品种的遗传多样性[D]．武汉：华中农业大学硕士学位论文,2004.
李文婷．基于全基因组SNP对猪品种分子种质特性挖掘与保护的研究[D]．北京:中国农业大学博士学位论文,2017.
联合国粮食与农业组织．世界粮食与农业动物遗传资源状况[M]．北京:中国农业出版社,2007.
刘孟洲．猪配套系育种的理论基础和方法[J]．动物科学与动物医学,2005,3:23-26.
罗明．地方猪种遗传资源保护和利用[J]．猪业科学,2008, 8:100-102.
芒来,潘玉春．畜禽随机保种理论可行性的探讨[J]．青海畜牧兽医,1993,23(1):33-35.
芒来．畜禽保种理论的研究[J]．草食家畜,1993,1:12-14.
潘玉春．"走中国特色"的养猪业发展道路[J]．中国畜牧杂志,2017,53(9):165-158.
潘玉春．浅谈地方猪种开发中的几个问题[J]．中国猪业,2013,12:43-45.
彭中镇,刘榜,樊斌,等．关于保护利用我国地方猪遗传资源的若干建议[J]．猪业科学,2006,23(4):32-36.
彭中镇,刘榜,樊斌,等．进一步加强我国地方猪保护利用工作的几点建议[J]．中国畜牧杂志,2010,46(24):3-6.
彭中镇,刘榜,樊斌,等．如何培育猪的配套系和制定培育方案[J]．养猪,2015,1:65-72.
彭中镇．30年来我国猪育种工作进展与展望(续1)[J]．猪业科学,2008,2:86-89.
彭中镇．试析配套系与猪配套系育种[J]．动物科学与动物医学,2005,3:19-22.
任军,黄路生,艾华水,等．24个中外猪种(群)的AFLP多态性及其群体遗传关系[J]．遗传学报,2002,29(9):774-781.
盛志廉．地方猪应该加强纯种选育[J]．猪业科学,2008,6:96-97.
盛志廉．论家畜保种[J]．当代畜禽养殖业,2005,6:25-27.
盛志廉．探索畜禽保种的新理论[C]．全国畜禽遗传育种学术讨论会论文集,1989:1-5.
盛志廉．中国地方猪种的杂交利用[J]．中国畜牧杂志,2006,42(1):3-4.
王爱国．猪配套系育种目标与技术体系[J]．动物科学与动物医学,2005,3:27-31.
王林云．对中国地方猪遗传资源的再认识[J]．猪业科学,2012,10:120-122.
王林云．我国猪遗传资源现状和优质猪肉的开发[J]．现代畜牧兽医,2012,9:10-13.
王昕,陈宏,曹红鹤．10个地方猪群体的系统聚类分析[J]．遗传,2005,27(5):715-718.
魏述东,李萌．地方杂交猪猪肉将逐渐成为我国猪肉市场的主流[J]．猪业科学,2015,6:54-55.
吴常信．畜禽遗传资源保存的理论与技术[J]．家畜生态,2001,22(1):1-4.
吴小秋,张亚平,丁波,等．中国主要地方品种猪血液蛋白遗传多样性研究[J]．动物学研究,1999,20(4):252-257.
熊远著,蒋思文,邓昌彦,等．猪应激敏感性生化遗传标记的研究[J]．畜牧兽医学报,1996,27(2):131-136.
许振英．中国一些地方猪种质特性的研究[J]．中国农业科学,1985,2:1-13.
杨红杰．立足现有猪种资源积极开展品种登记[J]．中国畜牧兽医报,2013,6:6-7.
于福清．我国地方猪种资源最新状况与保护利用建议[J]．中国猪业,2012,3:21-23.
张冬杰,刘娣,何鑫淼,等．中国地方猪品种的遗传多样性与聚类分析[J]．畜牧与兽医,2015,

47(10):1-4.

张桂香,王志刚,孙飞舟,等. 56 个中国地方猪种微卫星基因座的遗传多样性[J]. 遗传学报,2003,30(3):225-233.

张军霞,杨葆春,马辽伟,等. 线粒体 DNA 在家猪遗传多样性研究中的应用[J]. 当代畜牧,2016,30:28-31.

张沅,李金泉,陈瑶生,等. 家畜育种学[M]. 北京:中国农业出版社,2001.

张志武,盛志廉,冯维祺. 中国地方猪种遗传资源系统保存策略与方案[J]. 中国畜牧杂志,1993,29(5):5-7.

张志武,盛志廉. 家畜遗传特性系统保存数学模型及应用研究[J]. 畜牧兽医学报,1994,25(4):306-310.

中国家畜家禽品种志编委会. 中国猪品种志[M]. 上海:上海科学技术出版社,1986.

第 8 章
猪育种技术进展大事记
（1978—2018 年）

8.1 数量遗传学在猪育种领域的传播与应用

20 世纪 70—80 年代，数量遗传学得以向我国猪育种领域传播、渗透和应用，对促进我国猪育种工作发展和观念改变起到了历史性作用。其间，全国猪育种科研协作组及吴仲贤、许振英、陈润生、盛志廉等老一辈科学家对我国数量遗传学在猪育种领域中的传播和应用做出了不可磨灭的贡献。

1978 年，华中农学院举办了为期 5 个月的“数量遗传学师资培训班”，盛志廉、吴常信、张斌、徐继初等学者在培训班上进一步广泛传播了数量遗传学及相关育种方法，会后成立了全国动物数量遗传理论及其应用科研协作组。1979 年，由盛志廉教授主持的“畜禽遗传规律及其应用的研究”项目立项实施。1980 年出版的全国统编教材《动物遗传学》《家畜育种学》，引入了大量现代遗传育种的概念和方法；同年，东北农业大学举办生物统计师资培训班，培养了一批高校生物统计教师。1981 年，吴仲贤教授翻译的李景均名著《群体遗传学》第二版出版。1982 年，陈效华教授牵头起草的《关于优良猪种选育若干技术问题的意见》被确定为国家标准(GB 3038—82)。1983 年，中国畜牧兽医学会数量遗传研究会（现动物遗传育种学分会）成立，持续坚持定期召开全国性学术讨论会开展学术交流。1984 年，“畜禽遗传规律及其应用的研究”成果获农牧渔业技术改进一等奖。1985 年，陈幼春、张沅、李学伟等教授以各种形式介绍、推广 BLUP 方法，全国掀起了持续 10 余年的 BLUP 热。在这一期间，全国各地还举办了大量生物统计、计算机应用、线性模型和遗传育种的讲习班和学术讨论会，开展了大量关于 BLUP

方法、杂种优势、选择理论与方法、育种方案优化、保种理论与技术等系列研究,大大加速了动物数量遗传学在我国的传播与研究应用,加速了我国猪育种技术进步。

8.2　种猪性能测定

1985 年,我国第一个种猪测定站——武汉种猪测定中心正式建立,开创了我国种猪中心测定的历史,1994 年农业部种猪质检中心在武汉建立,标志着我国种猪测定向制度化、标准化方向发展。在测定中心建立之初,其功能主要是为外贸出口核心猪场开展性能测定,为推动商品猪的质量迅速提高起到了积极作用。20 世纪 90 年代,北京、广东、浙江、四川等省市也相继建立了种猪测定站,一些种猪企业也积极开展种猪现场测定工作,对我国猪遗传改良起到了积极的促进作用。之后,许多省市都相继建设了种猪测定中心(站),开展了中心测定工作。随着国家生猪遗传改良计划的推进,我国已基本形成以核心场为主的场内测定体系,主要测定指标为达 100 kg 体重日龄、100 kg 活体背膘厚和总产仔数。全国种猪性能测定呈现了以场内测定为主、中心测定为辅的格局。

结合种猪的中心测定,1994 年,广东省养猪行业协会在东莞塘厦、大岭山两个猪场举行了全国首次种猪拍卖活动,至 2017 年已连续举办了 43 届。2001 年,湖北省举办首届种猪拍卖会,至 2017 年已连续举办了 17 届。我国很多省市都相继举行过种猪拍卖会,种猪拍卖逐渐向规范化和理性化方向发展。

2004 年,集中发布了《种猪登记技术规范》(NY/T 820—2004)、《猪肌肉品质测定技术规范》(NY/T 821—2004)、《种猪生产性能测定规程》(NY/T 822—2004)、《瘦肉型猪胴体性状测定技术规范》(NY/T 825—2004),为种猪性能测定提供了统一的技术规范。

在猪肉质测定方面,东北农业大学陈润生教授等于 1978 年在三江白猪培育的后期率先在国内进行了猪肉质评定方法的探索研究。1979 年,由许振英、张照、龙天厚主持的“中国地方猪种质特性测定”课题将肉质列为重要的测定性状进行了测定,先后开展了民猪、姜曲海猪、二花脸猪、嘉兴黑猪、金华猪、内江猪、香猪和大花白猪共 8 个代表性地方猪种及大白猪、长白猪等外来品种猪的肉质测定,开创了我国大规模猪肉品质测定的先河。1983 年,全国猪育种科研协作组在浙江农科院召开了第一次全国猪肉质评定经验交流会,开展了广泛的学习讨论和交流,对提高肉质研究的理论水平和规范测定方法起到了重要推动作用。1989 年,农业部标准局委托中国农业科学院畜牧研究所组织编写《瘦肉型猪肉质评定方法》国家标准,先后作了六次修订并通过了专家鉴定,但因种种原因未见颁布。直到 2004 年,《猪肌肉品质测定技术规范》行业标准(NY/T 821—2004)才正式发布,使猪肉质测定有了全国统一的技术规范。

8.3　猪新品种(系)与配套系培育

改革开放以来,伴随着我国猪育种技术的不断进步,新品种(系)及配套系选育也取得了丰硕成果。在 1996 年国家畜禽遗传资源管理委员会成立前,培育了 30 余个新品种。1996—2018 年,又审定通过了 16 个猪新品种,分别为南昌白猪(1999)、军牧 1 号白猪(1999)、苏太猪

(1999)、大河乌猪(2003)、鲁莱黑猪(2006)、鲁烟白猪(2007)、豫南黑猪(2008)、滇陆猪(2008)、松辽黑猪(2010)、苏淮猪(2011)、湘村黑猪(2012)、苏姜猪(2013)、晋汾白猪(2014)、宣和猪(2018)、吉神黑猪(2018)和苏山猪(2018)。其间,1983年我国第一个瘦肉型猪新品种——三江白猪成功育成,改变了我国之前培育的品种均为肉脂兼用型品种的历史,顺应了商品猪生产需要多样化杂交亲本的要求及世界养猪生产的发展趋势;1986年,我国第二个瘦肉型猪新品种——湖北白猪通过鉴定。三江白猪和湖北白猪的成功育成,开创了我国猪新品种选育从总体思路到具体措施都较好地体现数量遗传学理论指导作用的先例。

1996年以来,先后培育了通过国家审定的13个猪配套系,分别为光明猪配套系(1999)、深农猪配套系(1999)、冀合白猪配套系(2003)、中育猪配套系(2005)、华农温氏Ⅰ号配套系(2006)、滇撒猪配套系(2006)、鲁农Ⅰ号配套系(2007)、渝荣Ⅰ号配套系(2007)、天府肉猪配套系(2011)、龙宝1号配套系(2013)、川藏黑猪配套系(2014)、温氏501配套系(2015)和江泉白猪配套系(2015)。其中,1999年光明猪配套系和深农猪配套系的成功育成,标志着我国从此有了自己的猪配套系;2006年,我国第一个以地方猪种(撒坝猪)为专门化母系培育的滇撒猪配套系通过国家审定,开创了我国猪配套系亲本中采用纯地方品种猪的先例。

我国明确提出猪新品系的培育工作最早始于1973年广东大花白猪新品系的培育。之后,新品系的培育工作得以广泛开展,并取得了丰硕成果。1986年,国家"七五"科技攻关项目"中国瘦肉猪新品系的选育"启动实施,至1995年结束,经全国8家单位联合攻关,成功育成了9个猪新品系(以引进瘦肉型猪种为素材培育4个父系,基于地方猪种培育5个母系),累计在28个省(区)推广种猪15万头,研究成果于1999年获国家科技进步二等奖。全国各地结合当地实际,开展了类型各异的新品系培育工作,先后培育了一批猪新品系,对推动我国猪育种技术进步,丰富我国猪新品系培育的理论和实践以及提升养猪生产水平起到了重要作用。

我国学者基于猪新品种(系)及配套系选育研究,取得了一批重大科技成果,相继获得了一批国家级科技成果奖。其中,黑龙江省国有农场总局红兴隆农场等单位完成的"瘦肉型三江白猪新品种"(1985)、华中农业大学等单位完成的"'杜湖'商品瘦肉猪生产配套技术和繁育体系的研究"(1988)、湖南省畜牧兽医研究所等单位完成的"湘白猪新品种选育研究"(1996)、中国农业科学院畜牧兽医研究所等单位完成的"中国瘦肉猪新品系选育与配套技术"(1999)、华中农业大学等单位完成的"中国瘦肉猪新品种系DIV系优良种猪及综合配套技术示范推广"(1999)、华中农业大学等单位完成的"瘦肉型猪新品种(系)及配套技术的创新研究与开发"(2006)、山东省农业科学院畜牧兽医研究所等单位完成的"鲁农Ⅰ号猪配套系、鲁烟白猪新品种培育与应用"(2010)、重庆畜牧科学院等单位完成的"荣昌猪品种资源保护与开发"(2015)、黑龙江省农业科学院畜牧研究所等单位完成的"民猪优异种质特性遗传机制、新品种培育及产业化"(2017)等成果先后获国家科技进步二等奖;河北省畜牧兽医研究所等单位完成的"河北省瘦肉猪配套系'冀合白猪'培育"(1996)、江西省畜牧兽医局等单位完成的"南昌白猪选育"(1998)、中国人民解放军军需大学等单位完成的"军牧Ⅰ号白猪选育"(1999)、胜利油田胜大集团农业总公司等单位完成的"瘦肉型猪高产品系选育及配套系生产的研究"(1999)等成果先后获国家科技进步三等奖。

8.4　引进猪种选育提高与全国生猪遗传改良

改革开放以来,各地养猪企业从国外引进了大量杜洛克、长白猪、大白猪等瘦肉型猪品种。早期主要用作杂交亲本与地方品种杂交生产杂优猪或开展杂交育种,随着引进猪种数量的不断增加,我国养猪生产逐渐进入了杜、长、大模式阶段,引进猪种的选育提高成了我国猪育种界不得不面对的问题。为了有效地保持和提高引进种猪的性能,1993 年开始实施中加瘦肉型猪合作项目,相继援助中国在浙江金华、河北玉田和四川内江示范猪场,项目持续 10 年,对中国瘦肉型猪选育和推广起到了重要作用。同样是在 1993 年,成立了大白猪、长白猪、杜洛克猪育种协作组。在此后的 13 年间,3 个协作组成员单位由最初的 15 个扩大到 155 个,成员单位辐射了全国近 2/3 的省(自治区、直辖市),各育种协作组开展了形式多样的专题学术报告、经验交流和技术培训,积极推进种猪性能测定、遗传评估技术和联合育种,为后来的全国猪联合育种奠定了重要基础。

1998 年成立全国种猪遗传评估工作小组;1999 年讨论制订《全国种猪遗传评估方案》;在实际调研的基础上,充分研究借鉴国外养猪业发达国家在种猪育种方面的经验和做法,于 2000 年 5 月颁布了《全国种猪遗传评估方案(试行)》,对我国种猪测定性状、测定数量及遗传评估方法等做了规范,开始利用动物模型 BLUP 方法进行种猪遗传评估,为区域及全国计算机联网和信息共享,建立种猪遗传联系,实现全国种猪联合育种奠定了基础。

2006 年,在原长白猪、大白猪和杜洛克猪 3 个品种育种协作组基础上,整合成立了全国猪联合育种协作组。协作组成立以来,开展了大量卓有成效的工作,有力推进了我国生猪联合育种进程。至 2017 年,全国猪联合育种协作组成员单位已达 327 家。2009 年,农业部颁布了《全国生猪遗传改良计划(2009—2020)》,并制定了《〈全国生猪遗传改良计划(2009—2020)〉实施方案》。根据《实施方案》的规定,进一步明确和细化了我国生猪遗传改良计划的总体思路、目标、工作要求和重点工作任务,全国生猪遗传改良计划正式启动实施。

全国生猪遗传改良计划的推进,遴选了一批国家生猪核心育种场,组建了一支由 22 名知名专家组成的猪遗传改良专家队伍,研发建立了我国基于动物模型 BLUP 的种猪遗传评估技术体系,大力推进种猪性能测定、数据收集与管理、育种技术人员培训等工作,对促进我国种猪企业加强基础育种工作条件的保障和工作的开展,规范种猪性能测定与选育,提升我国种猪选育整体水平和市场竞争力产生了深远的影响。

我国生猪联合遗传评估已开展了 20 年、全国生猪遗传改良计划已实施近 10 年,经历了学习借鉴到因地制宜开展创新的发展历程。在全国猪联合育种协作组专家开展的大量研究工作基础上,2014 年结合生产实际将种猪测定体重范围由过去的 85～115 kg 调整为 85～130 kg,优化调整了父系指数和母系指数中各性状的相对权重;2016 年优化调整了种猪达 100 kg 体重日龄和达 100 kg 体重活体背膘厚校正公式,进一步提高了种猪目标体重和背膘厚校正的准确性。截至 2017 年,全国共遴选了 92 家国家生猪核心育种场和 2 个国家级种公猪站,核心群种猪数量达 15 万头,成为全球最大的生猪育种核心群,为我国生猪遗传改良与联合育种奠定了扎实的种群基础。

8.5 现代分子生物技术在猪育种上的应用

人工授精是猪育种和生产中应用得最成功的繁殖生物技术。20世纪70年代,常规猪人工授精技术日益成熟,21世纪初开始在全国推广应用。1979年,猪统一供精技术在江苏太仓、武进两个县先后试行成功,农业部先后两次召开技术推广现场会向全国推广。1985年,江苏省农业厅施玉麟等完成的"猪统一供精"成果获国家科技进步三等奖。2005年,国家开始实施畜牧良种补贴政策,对项目省(自治区、直辖市)养殖场(户)购买优质种猪精液给予价格补贴,进一步促进了猪人工授精技术的推广普及。近年来,母猪深部输精、定时输精等技术也逐渐得到应用。2016年,由中国农业大学牵头,成立了全国母猪定时输精技术研究与产业化应用协作组,母猪定时输精技术逐步在我国规模化猪场推广应用。1990年,江苏省农业科学院畜牧兽医研究所通过体外授精技术成功获得我国首批"试管猪";1993年"试管猪技术研究"成果获国家科技进步三等奖。1988年,中国农业大学利用原核显微注射技术制备了我国首例转生长激素基因猪,生长速度和饲料利用率明显改善。2005年,中国农业大学成功获得我国第一头体细胞克隆猪。2008年,由中国农业大学克隆的我国第一头携带人溶菌酶基因的转基因克隆猪诞生;吉林大学与军事医学科学院合作,克隆了世界首例带有抗猪瘟病毒基因的克隆猪。全国一些省市区的科研院所也相继成功获得了克隆猪或转基因克隆猪,标志着我国克隆猪和转基因克隆猪已达到国际先进水平。

20世纪90年代后期以来,我国科学家在猪重要经济性状的功能基因发掘及全基因组选择方面开展了大量卓有成效的研究,取得了卓著成果。2003年,中国农业大学李宁教授等完成的"猪高产仔数 *FSHβ* 基因发现及其应用研究"成果获国家技术发明二等奖,该研究在国际上率先发现促卵泡素β亚基基因(*FSHβ*)是影响猪产仔数的主效基因或遗传标记,并在国内多家企业成功应用。2005年,江西农业大学黄路生教授等完成的"猪重要经济性状功能基因的分离、克隆及应用研究"获国家技术发明二等奖,该研究系统研究了16个重要经济性状相关候选基因,其中包括首次在国际上分离、定位的4个新基因——脂肪沉积相关基因 *SCD*、公猪精液量相关基因 *PGK*2、大肠杆菌F18侵染抗性相关基因 *FUT*1,以及影响精子授精能力相关基因 *SPAM*1 的新变异,并在国内部分省市种猪场得到了成功应用。2011年,江西农业大学黄路生教授等完成的"仔猪断奶前腹泻抗病基因育种技术的创建及应用"成果获国家发明奖二等奖,该成果在国际上首次确定了 *MUC*13 为决定断奶前仔猪大肠杆菌K88腹泻易感性的关键基因,由此建立了广泛适用于杜洛克、长白和大白3个主要商业猪种的断奶前仔猪腹泻抗病育种新技术,利用该技术选育改良了覆盖我国20个省的84个核心育种群,使受试种群的腹泻易感基因型个体比例下降20%以上,仔猪腹泻发病率显著下降。同年,在国家"十二五"科技计划和国家"863"计划重大专项的重点支持下,我国猪的基因组选择研究正式启动。2013年,我国首例采用基因组选择技术选育的1头杜洛克公猪诞生。2017年,中国农业大学研发的CAUporcine55K、江西农业大学研发的"中芯1号"DNA芯片相继发布;在2017年全国猪联合育种协作组年会上,"猪全基因组选择育种平台"项目正式启动,该平台汇聚了全国7家科研单位和 31 家生猪核心育种场，标志着我国猪育种技术已开始步入基因组选择时代，我国生猪育种将翻开崭新篇章。

2010 年以后，随着 ZFN、TALENs 和 CRISPR/Cas9 等基因编辑技术的相继出现，使得人们对功能基因进行修饰的效率和特异性得以极大提升，基因编辑逐渐成为备受关注的一种育种新技术。2012 年，中国农业科学院北京畜牧兽医研究所首次制备培育出了国际首例 *Myostatin* 基因编辑梅山猪，该猪具有明显的双肌表型，瘦肉率提高了 16%以上。2016 年，中国科学院广州生物医药与健康研究院利用精确基因编辑技术对猪胰岛素基因进行无痕定点修饰，使猪胰岛素基因编码生产人胰岛素，成功建立了完全分泌人胰岛素的基因编辑猪。2016 和 2017 年，中国农业科学院北京畜牧兽医研究所、浙江大学等单位利用基因编辑技术和体细胞核移植技术，先后成功获得了抗蓝耳病的 *CD*163 基因编辑猪。2017 年，中国科学院动物研究所通过 CRISPR 技术向猪细胞内插入解偶联蛋白 1(*UCP*1)基因，成功获得了低脂肪的基因编辑瘦肉猪。2018 年，中国科学院广州生物医药与健康研究院等单位利用 CRISPR/Cas9 基因编辑技术和体细胞核移植技术，成功培育出世界首例亨廷顿舞蹈症基因敲入猪。随着猪基因编辑研究的不断深入开展，将为我国猪育种领域开辟一片崭新的天地。

8.6　猪育种相关领域五位科学家当选院士

1995 年，中国农业大学吴常信教授当选中国科学院院士，内蒙古大学旭日干教授当选中国工程院院士；1999 年，华中农业大学熊远著教授当选为中国工程院院士；2007 年，中国农业大学李宁教授当选中国工程院院士；2011 年，江西农业大学黄路生教授当选中国科学院院士。